1. 国家社科基金重大项目“中国慈善通史”（批准号：11＆ZD091）系列成果

2. 国家社科基金项目“近代中国慈善组织公信力研究”（批准号：15BZS019）系列成果

3. 教育部人文社会科学研究规划基金项目“近代以来我国应对海洋灾害机制变迁研究”（批准号：13YJA770002）系列成果

4. 青岛市社科规划项目“青岛红十字会研究（1914-2014）”（批准号：QDSKL1501005）最终成果

5. 中国海洋大学“985工程”海洋发展人文社会科学研究基地建设经费资助出版成果

中国学术出版联盟

中国学术精品文库

青島红十字运动史

蔡勤禹　王付欣　刘云飞　著

人民出版社

目　录

上编（1914—1949）

第一章　青岛红十字会沿革……3

　　第一节　建会背景……3

　　第二节　组织诞生……9

　　第三节　重新成立……14

　　第四节　走向兴盛……18

　　第五节　艰难生存……24

　　第六节　组织复员……26

第二章　组织结构及其运作……32

　　第一节　会内结构……32

　　第二节　直属机构……38

　　第三节　会员征募……49

　　第四节　经费收支……63

第三章　战地救护与灾害赈济……74

　　第一节　战地救护……74

第二节　本埠救灾赈饥……84
第三节　外埠人道救助……92

中编（1950—1979）

第四章　青岛红十字会改组、调整与停滞……101
第一节　改组方针……101
第二节　改组与整顿……104
第三节　开展工作……111
第四节　工作停滞……113

第五章　卫生救护与急救培训……115
第一节　抗美援朝救护……115
第二节　急救培训与医疗下乡……123
第三节　爱国卫生运动……130
第四节　抗震救灾……135

下编（1980—2014）

第六章　青岛红十字会恢复与发展……139
第一节　组织恢复……139
第二节　理事会沿革……141
第三节　全面发展时机成熟……145
第四节　基层组织发展……155
第五节　红十字青少年……161

第七章 传统功能延续与完善……169
第一节 备灾救灾……169
第二节 救危助困……177
第三节 救护培训……187
第四节 志愿服务……192

第八章 新功能产生与发展……200
第一节 无偿献血……200
第二节 捐献造血干细胞……207
第三节 人体器官捐献……214

第九章 品牌培育与文化传播……220
第一节 “微尘”……220
第二节 “博爱人间”……226
第三节 文化传播……229
第四节 “感动青岛”……235

第十章 国际救助与交流合作……243
第一节 大爱无疆……243
第二节 中韩跨国救助……246
第三节 国际交流合作……250

结 语……261
附录一 青岛市红十字会历任名誉会长、会长、副会长……265
附录二 大事记（2006—2014）……267
参考文献……320
后 记……327

上　编
（1914—1949）

第一章　青岛红十字会沿革

青岛红十字会是应战争而生，并在战争救护中成长壮大起来的人道主义组织。它成立于硝烟弥漫的第一次世界大战期间，此后，只要青岛及周边有战事发生，青岛红十字会就会出现在那里。青岛红十字会的出现使得青岛第一次将国际人道主义旗帜在胶州湾畔高高竖起，并随着时间推移，将“人道、公正、中立、独立、志愿、统一及普遍”的红十字会七项原则在这座新兴城市传播开来。

第一节　建会背景

青岛红十字会是青岛历史上成立最早的民间组织之一，其成立离不开国际红十字会运动进入中国及青岛社会政治环境。

一、上海万国红十字会诞生

国际红十字会运动始于19世纪60年代，此时的中国学习西方的洋务运动刚刚开始，一些先进的中国人开始传播西方的思想文化，红十字会运动及其传播的人道思想开始受到中国人关注，特别是其“不分种族和群体，一视同仁”

的理念在当时的中国引起了很多人的关注。而在19世纪末爆发的中日甲午战争，“日本赤十字社人员救护的对象不以日军为限，甚至对清军士兵受伤者，也同样的加以救治”①的实际行动给国人带来了巨大震撼。此后，红十字会运动开始迅速影响中国。

关于中国红十字会早期的成立，有一个不为大家所熟悉的人，他就是清廷早期日本留学生之一的孙淦（字实甫）。1894年7月甲午海战爆发后，旅居日本的侨胞孙淦深切地感受到红十字会组织给当地人民带来的巨大帮助，他认为加入国际红十字组织可以帮助中国尽快融入国际社会，摆脱中国野蛮不文明的形象，否则“以亚洲文明之国，而万国共行之善政，我独阙如，坐令西方之人，以野蛮相待，蔑我兹甚，其于国体，所关非轻”②。他在1897年一篇提倡建立红十字会的文章中写道：“方今地球各国，联约者四十有三国，未经入会者，为朝鲜与我耳，毋怪人之不我齿也。……不入此会则不仁，居今之时，不入此会则不智。不仁不智，则吾华人之所不安，而敢逆料是会之必能兴起矣。”③于是，他与志同道合者翻译红十字组织章程，传播红十字“人道”理念。由此，他被誉为“中国倡导红十字会第一人”④。加之红十字的“人道”理念和中国的仁爱、行善积德的传统道德思想有契合之处，红十字精神很快得到中国社会认同。在诸多有识之士的共同努力之下，红十字思想开始在神州大地传播。而中国红十字会能够成立的现实催化剂则得益于1894年甲午战争期间日本赤十字社的示范效应。日本赤十字社严守中立，不分国籍和地域，不仅救助日本人，也救护中国人。有记载称：“往昔日本会众，于营口设立医院，疗治病兵，中国人万目共睹，吾军士之受拯救者，难可缕数。”⑤

虽然有民间和部分官员的共同努力，但是直到1904年，我国才成立了自

---

① 闵杰：《近代中国社会文化变迁录》第2卷，浙江人民出版社1998年版，第182页。

② 池子华、郝如一等著：《近代江苏红十字运动（1904—1949）》，安徽人民出版社2007年版，第19页。

③ 《录大阪侨商上海孙淦君于前清光绪二十三年提倡中国红十字会说》，《中国红十字会杂志》第2号，引自池子华、丁泽丽主编：《中国红十字运动史料选编》，合肥工业大学出版社2015年版，第400页。

④ 转引自何克明：《中国的红十字启蒙运动》，《中国红十字》1991年第11期。

⑤ 周秋光：《晚清时期的中国红十字会述论》，《近代史研究》2000年第3期。

己的红十字组织。1904 年 2 月，日本和沙皇俄国为争夺我国东北，在旅顺爆发了日俄战争，东北的数十万同胞深受战争荼毒。当时，在旅顺的外国侨民都由本国政府或者红十字会出面接运撤离战区。宣布中立的清政府也派船只接运中国同胞，却遭到了俄国的拒绝，船只不准入港。出于义愤的上海记名海关道沈敦和与施则敬、任锡汾、曾铸等人为了救助中国难民，于 1904 年 3 月 3 日在上海英租界仁济善堂集会，发起成立了“东三省红十字普济善会”①。这是中国最早的与红十字有关联的组织。但是，这一组织带有善堂痕迹，只是借用红十字这一符号而已。7 天之后，一个真正意义上的红十字会——上海万国红十字会出现，取代了“东三省红十字普济善会”。

在上海万国红十字会成立过程中，时任驻沪商约大臣吕海寰的贡献值得一书。吕海寰生于 1842 年，山东莱州掖县人。1897 年，吕海寰经李鸿章推荐，被清政府任命为出使德国大臣，1901 年任期届满回国，与盛宣怀一同主办修订商约事宜，先后六七年始竣事。②1904 年日俄战争在东北点燃，中国慈善组织出于人道前往救护同胞，不被交战双方接受，只有具备独立、中立品格的红十字才能解燃眉之急。吕海寰深感救死扶伤、施行人道主义是当务之急，他便与同任商约大臣的工部左侍郎盛宣怀、驻沪会办电政大臣吴重熹等人在上海于 3 月 10 日邀请中立的英、美、法、德代表，共同协商成立“上海万国红十字会支会”，之所以名为“万国”，是因为该会非中国一国所办，包含中、英、法、德、美五国，具有国际性意义；之所以名为“支会”，是因为瑞士日内瓦有国际红十字总会，怕与之混淆而加以区别，一星期后，“支会”一词也去掉。③一星期之后即 3 月 17 日，“上海万国红十字会”正式成立，共同推举吕海寰、盛宣怀、吴重熹为领袖。清政府发布上谕称：“此会医治战地受伤军士，并拯救被难人民，实称善举。现经中国官绅筹款，前往开办，深惬朝廷轸恤之怀，着颁发帑银十万两，以资经费。传谕该员绅等尽心办理，切实筹办。”④

---

① 周秋光、曾桂林：《沈敦和与中国红十字会》，《史林》2008 年第 6 期。

② 袁荣叟纂：《胶澳志 · 侨寓》，胶澳商埠局 1928 年版。

③ 池子华：《从中国救济善会到上海万国红十字会》，《史林》2005 年第 2 期。

④ 中国第一历史档案馆馆藏《外务部》档，第 5082 卷，转引自周秋光：《晚清时期的中国红十字会述论》，《近代史研究》2000 年第 3 期。

上海万国红十字会为了方便和规范自己的管理，中西董事于1904年7月12日制订了《上海万国红十字会暂行简明章程》，对于万国红十字会的宗旨、性质、任务、经费、分会等作了原则性规定。《章程》规定："此会系中、英、法、德、美五中立国联合倡办，由中国政府知照两战国政府，转告交战国军队将帅士卒，皆知此会，其名曰上海万国红十字会。"经费来源"以电报、轮船、火车为三大宗，均承北洋核准免费，沪汉火车亦免半费，蒙中国皇上钦奉皇太后慈恩，又承中西官商输助"①。

上海万国红十字会成立过程中，社会各善会及报刊纷纷发布公告，倡导社会民众从各方面援助红十字会工作。1904年3月25日，杭州协德善堂在上海《申报》刊发《筹劝东三省救助义捐启》，呼吁各省善堂协助上海万国红十字会筹募捐款，"共襄盛举"②。《申报》馆专门组织了一个"协赈所"，从4月10日起多次刊登《劝捐万国红十字会经费启》，动员各界人士慷慨解囊。这些助赈宣传产生了良好的作用与影响，不仅在短期内募集到相当数量善款，而且使国人加深对红十字事业的了解并踊跃投身其中。

二、战区附近红十字会涌现

中国红十字会在上海成立了，但毕竟距离东北战区遥远，不便开展救护。万国红十字会的中西董事们为了便于各地灾民的救护而费尽心思。按照国际惯例，红十字会总会可以根据需要，随时随地添设分会。有鉴于此，《上海万国红十字会暂行简明章程》特别规定："所有附近战地之紧要地方，由总董会呈请中国钦差吕（海寰）、盛（宣怀）、吴（重熹）三大臣给该分会华董印札，以专责成而昭慎重。""各分会或西董主持，华董襄理，或华董主持，西董襄理，皆与上海总董联络一气。"③也就是说，由上海万国红十字会延聘热心慈善的绅

① 《国家图书馆藏清代孤本外交档案》第37册，转引自周秋光：《晚清时期的中国红十字会述论》，《近代史研究》2000年第3期。

② 《杭州协德善堂募劝东三省救助义捐启》，《申报》1904年3月25日。

③ 中国红十字会总会编：《中国红十字会历史资料选编（1904—1949）》，南京大学出版社1993年版，第27—30页。

商，签发凭照，使其奔赴关外，在兵灾严重的地区，联系当地乡绅和外国传教士，开办红十字分会。而分会的设立往往又是随着战争的发展、战线的转移而不断进行的。最早的分会是营口红十字分会（即牛庄分会）。营口红十字分会因其一系列严密的规则，成为其他地区设立分会的样板，并在救护中起到了重要作用。另外，新民屯、沟帮子、辽阳、开源、奉天、铁岭、安暑河、海城、山海关、塘沽等分会也在战争背景下相继开办。日俄战争至 1906 年结束，历时三载，中国红十字会救护出险、收治伤兵病民、留养资遣、赈济安置难民总计达 46.7 万人，因伤重不治而亡者仅 331 人，堪称“成绩特佳”①。在“上海万国红十字会”的影响下，红十字会从此之后在全国遍地开花，这是青岛红十字会建立的一个外在因素。

三、德租青岛时期的经济与社会

1898 年中德《胶澳租界条约》签订后，青岛逐渐从一个落后的小渔村蜕变为胶州湾畔的现代城市。青岛日益受到日本在内国际社会的关注，将其视为进入中国的又一扇门户，国内许多工商业者等移民涌入，既给青岛的发展带来了机遇，也为很多社会问题的爆发埋下了伏笔，青岛红十字会就是在这样的社会背景下产生和发展起来的。

1. 青岛经济状况

1898 年 2 月 8 日，德国外交大臣布洛夫在德国议会发表声明，代表德国政府公开声称：“胶州作为一个自由港最符合德国将来的利益”②。中德《胶澳租借条约》签订后，1898 年 9 月 2 日德国正式宣布青岛为自由港，实施自由贸易政策。自由贸易政策的实施是推动青岛从一个贸易量极少的渔村发展成为在东亚具有重要影响的沿海口岸的关键性因素之一。1913 年是德国租界时期青

① 中国红十字会总会编：《中国红十字会历史资料选编（1904—1949）》，南京大学出版社 1993 年版，第 499 页。

② 《德国外交文件有关中国交涉史料选翻译》第一卷，孙瑞芹译，商务印书馆 1960 年版，第 125 页。

岛港的鼎盛年份，海关的贸易额达到了6044.8万余两。[①]而作为山东重要通商口岸的烟台，其山东贸易的头把交椅也被后来居上的青岛所取代[②]。到1907年，青岛的关税收入在全国海关中排在上海、广州、天津、汉口、汕头和大连之后，位居全国第7位。开埠之前的青岛由于工业不发达，出口的货物多属于原生品和粗制品，如花生、煤炭、鸡蛋、棉花等。随着工商业的发展，除上述货物仍是大宗出口外，一些制成品的出口也日渐增多，如棉纱、土布、麦酒等。青岛经济实力的迅速积累，不仅为德租青岛时期青岛红十字会的建立提供了经济基础，也为民国时期青岛成为北方工商业重镇奠定了基础。工商业的发展使得工商业者数量增加，许多工商业者出于社会责任或者道德目的及其他考虑，主动参与和发起红十字会这样的人道主义组织，为青岛社会发展献上一份力量。

2. 传教士进入青岛

德国占领青岛后，致力于将青岛建设成一个展示、传播德国文化的中心和“向中国大规模传播德国精神”的基地。他们一方面培养喜爱德意志文化、熟悉德国工业产品的人才，另一方面扶植政治上和思想意识上亲近德国的中国未来一代领导层，从而“促进德国本身的经济利益”的文化政策[③]。在占领青岛初期，德国当局无暇顾及实施文化政策，将这一任务赋予了基督教和天主教会。当时在青岛的德国教会组织主要有3个：柏林信义会、天主教圣言会、德国同善会（又称“魏玛传教会”），同善会对于近代青岛影响是最大的。1898年同善会传教士花之安在青岛设立同善会分会，但不久之后花之安去世，将该会发扬光大的是随后主持该会的卫礼贤(Richard Wilhelm，原名理查德·威廉，后取名卫希圣，字礼贤)。考虑到同善会经费的不足，卫礼贤将该会的主要精力投入到了文化活动中，而不是像柏林会一样大肆发展教徒。作为一个传教

---

① 《全国实业调查报告之三·中国实业志（山东省）》，1934年，第44—45页。

② 交通部烟台港务管理局编：《近代山东沿海通商口岸贸易统计资料》，对外贸易教育出版社1986年版，第6—7页。

③ 青岛市档案馆编：《青岛开埠十七年——〈胶澳发展备忘录〉全译》，中国档案出版社2007年版，第719页。

士，卫礼贤在中国“没有发展一个中国人加入基督教”①，而是致力于办学和中西文化交流事业，从一位基督教传教士变成一位著名的汉学家。②1897年，花之安创办德文书院，培养小学师资。花之安去世后由卫礼贤接办，1901年更名为“礼贤书院”，逐渐发展为一所中学。该学校分为小学、中学两级。中学部又分为两个部，一个传授科学知识，另一个传授商业技能，常年经费3000余元大部分由同善会等教会组织捐助。学校由卫礼贤任监督，聘中国人周书训为总教习。该校师资水平高，数、理、化教师都是“文登会馆”的毕业生，教国文的老师则是举人或者进士出身，教德语和德国历史的是德国大学的毕业生。因此，该校在整个山东省都享有很高的声誉。为了奖励卫礼贤在教育方面作出的杰出贡献，1906年清政府颁给卫礼贤四品顶戴。1904年，同善会又创办了以卫礼贤夫人命名的“美懿女子中学”，后来改为“淑范女子学堂”，开青岛地区女子上学的先河，就学人数是当时青岛同类学校中最多的。③

以上简要地对国内红十字会发展情况及青岛本地经济社会文化发展进行了概述，青岛红十字会就是在国际红十字运动进入中国和移居青岛人士的推动下建立和发展起来的。

第二节　组织诞生

1914年第一次世界大战的爆发打破了德国长期侵占青岛的原有企图。一

---

① 张君劢：《世界公民卫礼贤》，《中国学报》1930年第5期。

② 卫礼贤（1873—1930），德国著名汉学家，1899年受德国教会同善会派遣来到青岛传教，期间将《论语》、《老子》、《列子》、《庄子》、《孟子》、《易经》、《吕氏春秋》等中国典籍翻译到德国。1920年夏，随着青岛被日本占领，卫礼贤离开中国回德国。1922年再次来到中国，任德国驻华使馆文化顾问，并担任北京大学德语系教授。1925年回到德国，任法兰克福大学汉学教授。著有《中国文明简史》、《实用中国常识》、《中国心灵》、《中国的经济心理》等书。见孙立新、蒋锐主编：《东西方之间——中外学者论卫礼贤》，山东大学出版社2003年版，第35—51页。

③ 袁荣叟纂：《胶澳志·教育》，胶澳商埠局1928年版。

战爆发后，受欧洲战场的牵制，德国无暇东顾，对山东觊觎已久的日本打着“驱赶西方帝国主义出东亚，保护中国在胶州湾的利益”的旗号，于1914年8月23日向盘踞在青岛的德国侵略者宣战，并对中国政府以武力相要挟。8月24日，驻京日本公使日置益面见中国外交总长孙宝琦，野蛮要求划定黄河以南为日本对德作战区，并撤走胶济铁路沿线的中国驻军。8月30日北京政府外交部驻日公使告知日本政府：胶济铁路潍县以东至青岛，日本可以任便布置军队。[①]9月3日，日军第十八独立师团在山东龙口登陆后向青岛发起全面进攻，青岛成为第一次世界大战亚洲地区唯一战场。[②]10月31日，日英联军近3万人向盘踞在青岛的德军发起总攻，11月7日德军投降。从日军在龙口登陆到打败德军，经过两个多月的惨烈战斗，日本夺取了青岛的控制权，并开始了第一次对青岛的殖民统治。[③]

战争的爆发，造成了大量的伤残士兵，仅日本陆军前后就有400多人阵亡，伤1441人；海军伤亡人数不计在内；德国伤亡失踪人数多达550多人，被俘4500余人。[④]战争给青岛地区普通民众也带来了巨大灾难，据统计，青岛居民受害者1548户，中弹身亡40余人，财产损失1900余万元，仅李村区在外避难者达12100人，战斗最激烈的台东镇一带房屋几乎全部毁于战火。[⑤]北洋政府无暇顾及青岛的战祸，而以救死扶伤为己任、广泛开展人道主义救援的红十字会参与了此次战争救援。此次救援的红十字会组织一共分为三支力量：日本赤十字社、中国红十字总会和青岛红十字会。

最先为此次战争做救护准备工作的是中国红十字总会。早在1914年8月15日，日本以“确保东亚和平”为借口向德国发出最后通牒的时候，中国红十字总会就已经敏锐地意识到战争的不可避免，时势紧迫，组织医队、救护队刻不容缓。与此同时，因病请辞的中国红十字会理事长江绍墀向会长和常议会提出中肯建议。他认为“中国处中立国地位，而列强于中国领海

① 青岛市档案馆编著：《青岛回归话沧桑》，青岛出版社2012年版，第6—8页。
② 青岛市档案馆编：《青岛历史上的今天》，青岛出版社1999年版，第206页。
③ 陆安：《青岛近现代史》，青岛出版社2001年版，第43页。
④ 青岛市档案馆编：《帝国主义与胶海关》，档案出版社1986年版，第154页。
⑤ 陆安：《青岛近现代史》，青岛出版社2001年版，第44页。

及海口租借地区域内，设有战端，各该国红十字会断难超越重洋从事救援，应如何预筹救护方法组织救护船驰赴战域救护以尽地主而崇人道”，“兵祸在在可虞，唯经费竭蹶，支持为难。而组织救护队、医队尤不容缓，而筹款一层尤为第一问题”。[①] 简而言之，他提出了组织救护医队和筹款两大基本问题。

此外，沈敦和副会长还电请政府“照会各（大）使转知前敌各军保护”。寓居青岛的中国红十字会会长吕海寰也参与了红十字医院的建设，“以备就近救护伤兵”。烟台由于接近战地，交通便利，总办事处特别关照烟台分会建立临时医院“以为疗治伤兵之根据地，并择冲要之区组织分医院数处以便重伤军士就近救治”[②]。除了鼓励当地群众自发组织红十字分会等救护机构外，中国红十字总会还于 1914 年 9 月 16 日派遣总会总办事处的救护队赶赴战场，在平度设立临时医院[③]，在地方分会的配合下实施救护，大大缓解了救护人员和物资短缺的窘境。据《中国红十字会二十年大事纲目》记载，此次救援中国红十字会“由沪出发救护队，设临时医院于胶州各区，会同日本赤十字社赴战地，且于青岛、平度、即墨等县设立分会，并设临时医院。又于高密大刁村一带多设救护机关。死亡载道，孑遗之民，为状至惨，济南分会，会同救护。济渡灾民，数以千计”[④]。中国红十字总会的此次战争救护不仅在很大程度上弥补了政府救济的不足，减轻了灾区民众的苦难，更为青岛红十字会的成立提供了重要的经验。

日本赤十字社最先投入此次救护。1914 年 8 月底，日本赤十字社派遣“博爱丸”和“弘济丸”两艘病员船只参与救护。期间分别往来中日之间 8 回，共收容转移伤员 2084 人，其中包括德军的 31 名俘虏。日本赤十字社还派遣了两支救护班前来，于 11 月 21 日抵达青岛，在德华大学（原为德国与中国政府合办的高等学堂，战争爆发后德军以此处收容患者）设置病房，从事俘虏患者的

---

① 《红十字会江理事之意见》，《申报》1914 年 8 月 7 日。

② 《红十字会国际救护问题》，《申报》1914 年 8 月 26 日。

③ 池子华：《1914 年中国红十字会的胶东救援》，《文化学刊》2008 年第 1 期。

④ 中国红十字会总会编：《中国红十字会历史资料选编（1904—1994）》，南京大学出版社 1993 年版，第 13 页。

图 1—1　青岛红十字会创始人吕海寰

救护，前后共救助德军俘虏患者 250 名[①]。

参与此次救援的第三支力量是“中国红十字会青岛分会”。青岛红十字的成立离不开吕海寰（见图 1—1）和德国传教士卫礼贤的积极推动。吕海寰曾出使德国，辛亥革命后寓居青岛，与周馥等清朝遗老在青岛组织“十老会”[②]。他本想在偏居一隅的青岛安度晚年，未料到 1914 年 8 月德日战争爆发，作为中国红十字会会长的吕海寰大约在 10 月召集青岛商绅宗教界人士，组成了中国红十字会青岛分会。但是，它只是一个临时性的组织，为救护日德战争的受伤士兵和难民所设立。分会由卫礼贤任会长（见图 1—2）。这是考虑到他作为一个德国人，便于同德军和德国租界地当局打交道。青岛红十字会设理事长、医疗队长，共有医生、看护、杂务、担架员 45 人。由于战争爆发的突然性，没有充足的时间建设新的场馆作为会址，就将会址设在了礼贤书院。另外，将同善会医院和礼贤书院西偏房作为养伤疗病所，淑范女学堂作为妇女避难所。卫礼贤在书中写道：“战争爆发了。建筑经历了炮击，不过未受损伤。战争期间，有数百名德国妇女和儿童躲避青岛，图书室似乎成了德国人社团的起居室。”[③]成

① ［日］川俣馨一：《日本赤十字社发达史》，日本高岭堂印刷社 1916 年初版，1917 年再版，第 481—482 页。

② 1911 年爆发了辛亥革命，民国政府的成立，导致一大批清王朝王公显贵逃亡到外国租界，包括青岛德租界，以求得租界当局的庇护，粗略统计当时逃到青岛的清朝“遗老”多达一百二十人，他们内部还组织了各种社交活动和联谊会，如“尊孔文社”，当时劳乃宣见到遗老中有九人在七十岁以上，即七十八岁的周馥，七十四岁的陆润痒，七十三岁的吕海寰、刘云樵，七十二岁的劳乃宣、王石坞，七十一岁的赵尔巽、童次山、李惺园，再加上六十九岁的张人俊，组织了一个“十老会”。见鲁勇：《清朝遗老的青岛“联谊会”》，《半岛都市报》2012 年 10 月 8 日。

③ ［德］卫礼贤：《青岛的故人们》，王宇洁、罗敏、朱晋平译，国际文化出版公司 2005 年版，第 121 页。

图 1—2　首任青岛红十字会会长卫礼贤

立初期的青岛红十字会管理人员很少，卫礼贤继续写道：“那些日子像梦魇一样，终于过去了。我的朋友只有一些留了下来。曾始终和我站在一起的恭亲王（溥伟）和高天元帮助我管理红十字会，经管中国学校。”[①]配备有救护车 2 辆，救护箱 1 个，担架 2 副，用作受伤士兵和灾民的救护。由于战争的惨烈性，红十字会的组织人员不足以应对如此多的伤员，临时发展正式会员 14 人，临时会员 38 人[②]，活动经费则主要依赖于会员缴纳的会费和募捐。

图 1—3　建会初期的青岛红十字会成员合影

---

① ［德］卫礼贤：《青岛的故人们》，王宇洁、罗敏、朱晋平译，国际文化出版公司 2005 年版，第 138 页。

② 山东省红十字会编著：《山东红十字事业九十年》，山东友谊出版社 2002 年版，第 3 页。

由于活动经费的欠缺以及工作人员经验的缺乏，成立伊始的青岛红十字会主要工作是帮助非战斗人员躲到安全的地方。这一点在时任会长卫礼贤的著作中体现得非常清楚："经过德国当局的批准，我和几个朋友组织了一个红十字会机构，它的主要工作是帮助非战斗成员躲到安全的地方。"① 吕海寰、卫礼贤等发起并创立了青岛红十字会，是为了救助日德战争中伤亡的士兵和难民而设立的，战争结束后即宣布解散（见图 1—3）。

由于历史资料的欠缺，我们并不能通过具体的数字来展示青岛红十字会在这一阶段的详细工作。但是，它的成立却实实在在地弥补了青岛红十字会历史上的空白，使红十字的旗帜第一次在青岛飘扬，国际人道主义精神在青岛开始传播。

第三节 重新成立

1914 年，青岛红十字会的设立打开了近代青岛人道主义事业的大门，但随着战争的结束，青岛红十字会活动的身影再难觅到。一直到中国政府从日本手中收回青岛后，1922 年 12 月 29 日，到青岛筹备红十字会事宜的张清江给胶澳商埠局写信，寻求政府支持成立青岛红十字会。1923 年 1 月，胶澳商埠局督办公署训令：

据中国红十字会青岛分会会长张清江呈，称以奉驻沪总会总办事处凭照来青组织分会，并给分会通则一纸，第五条内载：分会成立后呈请总办事处备案，由总会报明外交、内务、陆军、海军各部暨该省军民长官立案，依据日来弗（日内瓦）第五、第六、第九、第十各条请予尊重保护等因。奉此，分会来青，因无宽润驻址，暂借西大森洪兴公司楼房为住所，俟有久住之地点择吉开办，除照章将青埠该管各机关及各长官姓名呈报总办事处备案，并给通知书准

① ［德］卫礼贤：《青岛的故人们》，王宇洁、罗敏、朱晋平译，国际文化出版公司 2005 年版，第 166 页。

予尊重保护外，理合另行具文呈请立案以资保护等因。奉此，查该红十字会系属慈善性质，在北京已有总会，创办历有年所，此次在青组织分会，自应力予保护合行。令知该队转饬巡官长警一体遵照，除分行外，仰即认真保护。此令。

中华民国十二年一月一日

警察厅长程立①

从上面这段文字可以看出，青岛红十字会此次重新设立是由中国红十字会总办事处直接派人到青岛来发展。原因大概是青岛被德占据20多年，总会希望直接派人到青岛发展会务，更好地推动红十字事业在青岛的发展；另一原因是红十字会在中国扎根不久，尚没有被国人所熟悉，总会担心只靠地方力量难以开展工作，故派张清江到青岛来发展会务。

青岛红十字会重新成立后直接成为中国红十字会青岛分会，并以青岛分会名义开展活动（以下简称“青岛红十字会”）。在1924年中国红十字会创会20周年之际，青岛红十字会还给总会发去贺词：

皇皇仁术，普及万有。
密布慈云，辉煌前后。
兵豕疫疠，谁肯援手？
惟我红会，视若朋友。
水旱饥荒，谁施升斗？
惟我红会，恩溥日久。
廿年已周，有碑在口。
敬上祝词，千载不朽。②

从1924年中国红十字会总会公布的各省分会一览表，也可以清楚地看到青岛红十字会赫然在列（见图1—4）。青岛红十字会重新成立后的活动如何，由于资料欠缺，尚不能够展开论述。但从有限的资料中，我们发现青岛红十

① 青岛市档案馆藏：《关于中国红十字会在青岛筹备成立分会的训令》，档案号：A0017—002—00023。

② 中国红十字会总会编：《中国红十字会二十周年纪念册》，1924年。

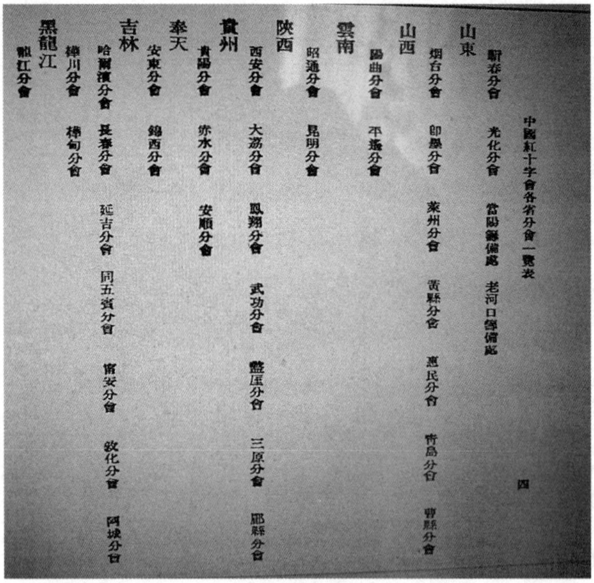

中國紅十字會各省分會一覽表

蘄春分會　光化分會　當陽籌備處　老河口籌備處

山東
烟台分會　即墨分會　萊州分會　黃縣分會　惠民分會　青島分會　曹縣分會

山西
陽曲分會　平遥分會

雲南
昭通分會　昆明分會

陝西
西安分會　大荔分會　鳳翔分會　武功分會　盩厔分會　三原分會　郿縣分會

貴州
貴陽分會　赤水分會　安順分會

奉天
安東分會　錦西分會

吉林
哈爾濱分會　長春分會　延吉分會　同五賓分會　甯安分會　敦化分會　阿城分會
樺川分會　樺甸分會

黑龍江
黚江分會

四

图 1—4　1924 年中国红十字会各省分会一览表，青岛分会赫然在列

字会发扬人道博爱精神，救灾恤邻得到很好体现。1923 年日本发生大地震，青岛红十字会会长左雨农积极与岛城各团体一道参与赈灾募捐，本书在第三章第三节进行详细论述。胶澳商埠局时期的青岛红十字会活动极为有限，在澳胶商埠局修撰并于 1928 年出版的《胶澳志》中，也没有记载青岛红十字会，可见，此阶段青岛红十字会虽然出现，但又没有太多的活动，在青岛影响有限，这大概与这次组织者是外来人士且没有真正发动起青岛工商阶层参与有关。民国时期很多民间组织都昙花一现，但红十字会毕竟是一个具有广泛认知度的国际性组织，一地的红十字组织可能暂时消失，一旦时机成熟，就会重新出现。因为从整个中国来说，中国红十字会总会不遗余力地推动红十字事业，是各地红十字组织不断发展的巨大推动力。

图 1—5　晚年的左雨农

根据史料记载，这一时期的青岛红十字会，有一位颇有名气的胶东革命志士曾任会长，他就是左雨农。左雨农，又名左汝霖，字雨农，号施普，山东莱阳左家夼村人（见图 1—5）。莱阳左氏家族是明清时代山东著名世家望族，曾涌现出民族英雄左懋第、诗文大家左懋泰等胶东显赫人物。左雨农在家族文化熏陶下，于清末留学

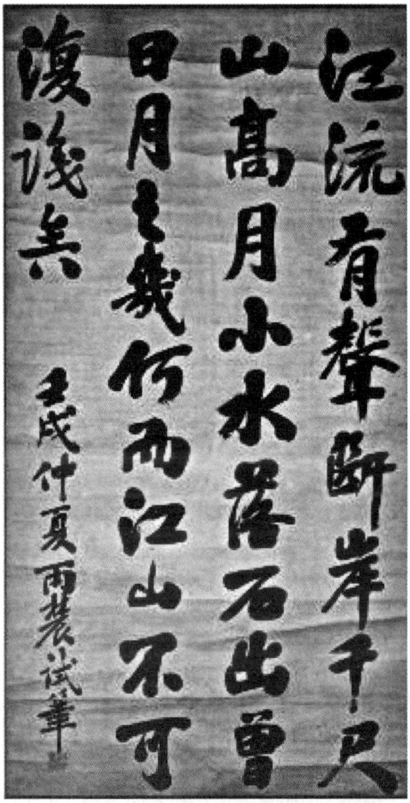

图 1—6　1922 年夏，左雨农作诗一首，表达其忧国忧民之情

热潮中，负笈东瀛，留学日本，结交了徐镜心、居正等一批立志推翻清廷、建立民国的革命志士。1905 年 8 月，孙中山在东京创立中国同盟会，左雨农与烟台籍留日学生徐镜心、谢鸿焘、邹秉绶、邱丕振、于洪起、栾忠尧、丛珠、孙椒臣、徐镜古、徐文炳、陈命官、丁世峄等人成为第一批同盟会会员。同盟会北方支部设在烟台，由徐镜心任支部负责人，左雨农是主要骨干。1906 年初，革命志士刘冠三于济南创建山左公学，左雨农、徐镜心等莅校任教，向学生传播革命思想。谢鸿焘、徐镜心等同盟会员在烟台通伸村创办东牟公学，聘左雨农等为教员，招揽革命人才，进行革命活动。左雨农亲自编写油印小报，揭露清政府的专制腐败，积极宣传资产阶级民主革命思想。1911 年武昌起义胜利消息传到山东，鼓舞了山东同盟会会员，他们拟订了“先据烟台，后取登州，再图济南”的作战战略。1912 年 11 月，徐镜心等烟台“十八豪杰”发动起义，光复了烟台。宣布烟台独立后，革命党推举舞凤舰舰长王传炯为司令。王暗中排挤革命党人。12 月 12 日，徐镜心、左雨农等在烟台商业学堂成立北方共和急进会。18 日，共和急进会召集社会各界代表在毓材学堂开会，推举左雨农为司令，执掌兵权，领导武装斗争。王传炯发动戒严，派兵包围学校，逮捕急进会成员，左雨农、徐镜心等被迫撤往大连，以图再举。1912 年 1 月初，被孙中山任命为关外大都督的蓝天蔚率革命军抵达烟台，沪军参谋长刘基炎也率军抵达烟台，王传炯逃走。南北议和，孙中山派胡瑛率军进驻烟台，成立都督府，任命刘基炎为登州镇守使，左雨农为烟台镇守使。1 月，革命军先后光复文登、牟平、荣成，左雨农发挥了重要作

用。1913年，孙中山发动“二次革命”讨伐袁世凯，1915年，蔡锷发动讨袁护国战争，左雨农都积极响应，在北京成立旅京山东国民协会。因反对袁世凯复辟，左雨农在天津遭软禁，幸赖名媛陆竹茹救助脱险，逃往大连。1916年5月，革命军占领潍县，左雨农任军务知事。后历任山东西南招抚使、巨野县知县，继续从事革命斗争。20世纪20年代，孙中山逝世后，军阀混战，民不聊生。由于政见不同，左雨农退出政坛，寓居辽宁丹东。在丹东，他以教私塾为生，不忘向学生灌输孙中山的“三民主义”思想，教育学生爱国抗日（见图1—6）。1942年前后病逝于丹东，享年73岁。①

第四节　走向兴盛

青岛红十字会在沉寂了一段时间后，终于在1928年再次引起人们的注意。这年青岛有识之士开始重新筹划设立红十字会，发起者有李涵清、张雨田、程伯良、于敬丞等，都是青岛打拼多年的工商名流，在青岛有事业、有成就的实业界人士，所以，这次创立与之前不同的是，这次红十字会的建立完全是由青岛本地工商界精英自发组织的，注定了青岛红十字会将与青岛社会紧密联系在一起，在青岛历史上将发挥比以往更大作用，也创造了青岛红十字会的一个兴盛时期。

1. 李涵清发起青岛红十字会并任会长

1928年3月22日，李涵清、张雨田、程伯良等重新筹备设立青岛红十字会，他们在与总会沟通得到总会同意后，于1928年10月27日举行正式成立大会，并进行选举。李涵清作为青岛著名人士，人望素孚，热心慈善，为青岛红十字会重新创立贡献颇大，被选举为会长，程伯良被选举为理事长，于敬丞

① 左言新:《志士挺身起 胶东纷易旗》,《烟台晚报》2011年10月12日;“左汝霖在烟台辛亥革命时的两个重要片段”，莱阳左氏家族博客，见http://blog.sina.com.cn/s/blog_601cbc6d0100zi8t.html。

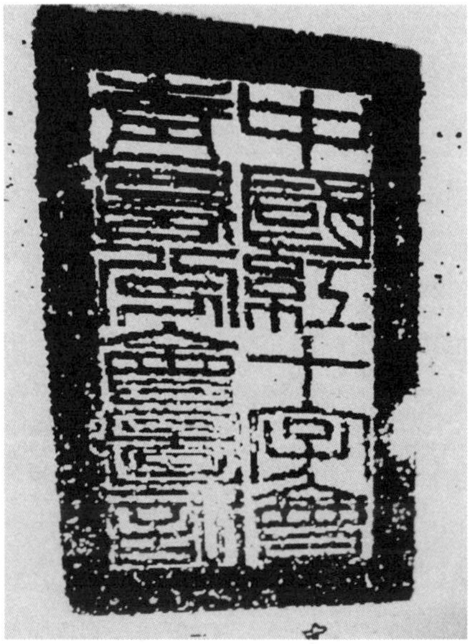

图 1—7　青岛红十字会使用的钤记

为议长。[①] 新成立的青岛红十字会，实行议事、决策、执行三权分立，保证了未来青岛红十字会的健康发展。新会刚刚成立，苦无相当房舍，暂时借用南村 17 号清洁房舍十余间权作会址，后迁至广州路 34 号，才有了自己固定的会址。成立当天，青岛红十字会启用“万国帝盟中国红十字会青岛分会”图钤，1929 年，定名为“中国红十字会青岛分会”[②]，并启用新图钤（见图 1—7），表示已是中国红十字会的一员，接受总会的领导。成立伊始，李涵清会长就明确规定了青岛红十字会的宗旨：“博爱、恤兵、救灾、赈饥”，实际上概括了青岛红十字会未来的主要任务。青岛红十字会下设红十字医院以及沧口、东镇两个办事处。此外，青岛红十字会还设有负责具体工作的职员 6 人，夫役 10 人，此时有会员 107 人。[③] 由于当时青岛市政权的频繁更替，青岛红十字会活动经费的主要来自总会的支持和热心慈善公益事业人士的捐助。

从青岛红十字会各职员的履历表中（见表 1—1）我们不难看出，青岛红十字会创立之初的工作人员大多具有较高的文化水平，并且具有相对丰富的社会经历，这就为青岛红十字会事业的高起点发展奠定了坚实的基础。历届青岛红十字会的名誉会长都是由当时青岛的行政要员担任。1929 年 2 月 8 日，青岛红十字议事会公推蓝田为青岛红十字会名誉会长，为青岛红十字会救护事业的开展提供了行政上的便利。张云璞因为热心会务，对红十字事业的贡献巨大，于当年 8 月 14 日被公推为副会长。

① 青岛市档案馆藏：《中国红十字会青岛分会成立大会、职员表》，档案号：B0038—003—01453。

② 山东省红十字会编著：《山东红十字事业九十年》，山东友谊出版社 2002 年版，第 7 页。

③ 青岛市档案馆藏：《青岛市社会局调查公益慈善团体概况表》，档案号：B0038—0102—0145。

表 1—1　中国红十字会青岛分会职员履历表

职别	姓名	别号	工资	年龄	籍贯	出身履历	上任时间
理事长	程伯良		40 元	31 岁	河北静海	天津高小毕业，毕业后曾任大沽口造船厂办事员	1927 年
秘书长	徐绩达	瑞柏	30 元	45 岁	湖北武昌	湖北高等警校毕业，历任科长、秘书等职	1932 年
医官	匡耀宗		20 元	39 岁	山东福山	济南齐鲁医学校毕业，曾在湖南湘雅医院实习	1933 年
会计	潘家祥	世祯	20 元	32 岁	河北天津	天津新学书院毕业，现任胶济路会计处事务员	1928 年
办事员	李次山	鸣川	16 元	31 岁	山东潍县	山东省立第四师范学校毕业，曾任高小教员	1927 年
办事员	邢富运		16 元	27 岁	河北天津	天津小学毕业	1930 年
公役	吴凤翔		10 元				

资料来源：青岛市档案馆藏：《中国红十字会青岛分会职员履历表》，档案号：A0021—001—00226—0055。

2. 宋雨亭当选会长

1932 年，青岛红十字会进行换届选举，宋雨亭被推举为会长，增设姚中拔、张立堂为副会长。

宋雨亭（1884—1950），名润霖，号甘泉，山东掖县（今莱州市）珍珠村人（见图 1—8），民族实业家，自小在青岛练习经商。宋雨亭能够在战祸频发的民国青岛史上留下自己光辉的一页，不仅仅依靠的是“民族实业家”这个称号，更多的是因为还热心公益事业，在最大限度地作出自己贡献的同时，还能够广泛联络青岛本地的乡绅，筹款捐物，为保护和救助身处战祸的普通民众伸出了援助之手。

宋雨亭的人生起点始于 1903 年，接任其叔的“瑞记”商号习商，该商铺的主要顾客为外国人。为了能和外国顾客流利地交流，宋雨亭在经商期间学会了英语和德语。20 岁时，他已经独自担任商号经理，后又兼任怡和洋行买办。由于他虚心好学，善于经营和交往，结交了广泛的社会人脉关系，开始在青岛工商界崭露头角。后来，他担任青岛通聚福草编行经理、胶澳电气公司协理、青岛交易所理事长。1916 年，被选为青岛工商会董事；1925 年，被推选为商务公断处处长；1926 年，出任青岛市总商会董事；1927 年 12 月，被推选为青岛市总商会会长，此后四届连任，主持青岛商会工作长达 12 年之久。

图 1—8　青岛红十字会会长宋雨亭

在积累了足够的商业资本之后，宋雨亭开始了他的慈善事业。1931 年 5 月，兼任青岛市救济院院长，下设育婴所、济良所等 8 所，开始了兴办慈善事业的征程。其间，所需经费除部分由当地政府拨付外，其余全部由他自己捐赠和募集。同年 8 月，他主持商会成立青岛市物品证券交易所，自任理事长。1932 年，兼任青岛红十字会会长。在每年的“端午”至“中秋”期间，他在青岛各主要路口、街亭等设立饮水供应点，以备行人和运输工人饮用。另外，每年还调查登记青岛市民中无力购买棉被、棉衣者，在农历十月进行分发。作为青岛红十字会会长，宋雨亭为青岛的红十字事业作出了重要贡献。

1937 年“七七事变”后，宋雨亭携眷属匿归故里，并将所有的小卧车献给了胶东抗日游击第三支队。1938 年 1 月青岛沦陷之后，日军将其资产全部查封。为了利用宋雨亭的社会影响力开展工作，日军派人游说其出任青岛维持会长，但遭到了他的严词拒绝。当日军派出军队胁迫他就范时，他只好逃往上海，做小买卖维持一家人的生活，终留一身清白。抗日战争胜利后，他又以生病为由，拒绝了国民党的一切委任，直至 1951 年 1 月 16 日病逝于青岛。[①]

宋雨亭以其精明的商业头脑带领着青岛的工商业走出了近代史上的一片新

---

① 青岛市史志办公室编：《青岛市志 · 人物志》，五洲传播出版社 2002 年版，第 45—46 页。关于宋雨亭去世时间，还有一种说法，说他 1950 年病逝于上海，见青岛百科全书编纂委员会编：《青岛百科全书》，中国大百科全书出版社 1999 年版，第 738 页。

天地，但是更为世人所铭记的无疑是他的博爱之心。一位民国记者曾用一句话高度评价了宋雨亭的一生："以往——毁家纾难为国家保留正气；将来——赓续前志替地方再效荩劳。"①

3. 程伯良出任会长

1933年青岛的政治局面相对混乱，时任市商会主席的宋雨亭由于公务太多暂时辞去青岛红十字会会长，由原来的理事长程伯良暂代会长一职。期间，红十字会的一切事务照常进行，为1935年宋雨亭重新担任红十字会会长起到了很好的过渡作用。

宋雨亭的辞职源于时任青岛市长的沈鸿烈请辞事件。1931年底就职青岛市长的沈鸿烈，在兼任渤海舰队司令时工作过失，导致"海圻号"、"海琛号"与"肇和号"三艘舰艇叛逃，投奔广东军阀陈济棠，编入粤海舰队。由于三艘舰艇是东北海军的主力，这一事件直接导致了东北海军实力的大幅下滑。无奈之下，沈鸿烈不得不向国民党军事委员会和行政院自请辞去渤海舰队司令和青岛市长的职务。时任青岛市商会会长的宋雨亭等人闻讯立即组织了一批有社会影响力的人，于1933年6月28日、29日召开了各级委员及工会主席并报界联席会议。会议的主要议题只有一项——讨论沈市长辞职与挽留。经过大会一致表决，最终一致赞成挽留。另外，会议还做出了三项决议：第一，电请南京行政院暨北平政务委员会力事挽留；第二，公推代表赴市府挽留；第三，预推代表5人赴南京力事挽留。为了向南京政府施压，沈鸿烈于7月2日再次致电行政院请求辞去青岛市长一职。与之呼应的是7月8日"挽留沈市长市民大会"的召开，青岛市民盛况空前，参加民众数十万人、各界团体共计140多个。市民大会最后做出提议案决定：一、无论如何要达到挽留沈市长目的不止；二、全市市民齐赴市府当面陈情挽留，务请市长打消辞意，有必要时决由地方民选市长；三、分电中央北平请始终立予慰留。②

① 以上关于宋雨亭的资料，引自田野：《宋雨亭连任五届青岛总商会会长》，载《城市信报》2014年6月24日。

② 资料来源：山东省情网 http://sd.infobase.gov.cn。

除此之外，7 月 12 日至 15 日，由沈鸿烈主持的“第十七届华北运动会”的成功召开使得其在青岛的威望更高，挽留沈市长的呼声也更高了。最终，在民意的高压下，蒋介石、汪精卫、韩复榘等均发来电报，力劝沈鸿烈不要辞职。沈鸿烈接受大家挽留，在青岛继续任职，他后来还接受宋雨亭邀请，担任青岛红十字会名誉会长（见图 1—9）。

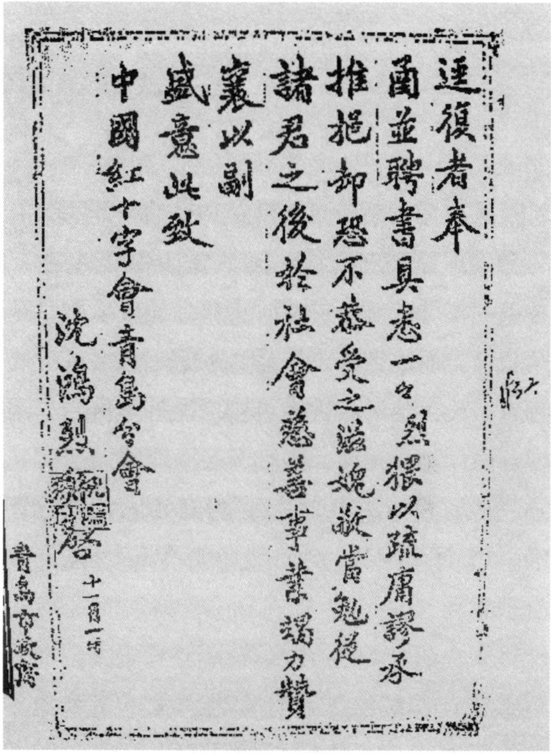

逕復者奉
函並聘書具悉一一烈猥以疏庸謬承
推挹却恐不恭受之滋媿敬當勉從
諸君之後於社會慈善事業竭力贊
襄以副
盛意此致
中國紅十字會青島分會
沈鴻烈啓
十一月一日

图 1—9　沈鸿烈接受青岛红十字会名誉会长的复函

4. 宋雨亭重新出任会长

在经历了 1933 年的“请愿”事件后，宋雨亭在青岛各界的影响力日升，同时，由于青岛红十字会的前会长李涵清于 1935 年病故，且各职员的任期差不多届满，面临换届问题，青岛红十字会需要一名德高望重的人士出任会长。于是，宋雨亭重新出山任会长就成了众望所归。

青岛红十字会也及时地发出了公告：“经议事会决议，公推议长宋雨亭继任会长。青岛红十字会核准的任命通知书于 1935 年 9 月颁发，青岛红十字会系议事会制度，会长由会员大会推定，议长、副议长、副会长、资产委员等的任期均已届满。介于新增会员 30 多人，理应由会员大会另行选举，以符合青岛红十字会的既定章程。特函请前理事长程伯良赴会。”① 此时青岛红十字会会址在馆陶路 13 号。

① 青岛市档案馆藏：《中国红十字会青岛分会公函第壹号》，档案号：B0038—003—0149。

第五节　艰难生存

抗战爆发后一片混乱，1938 年 10 月广州、武汉先后沦陷，中国红十字会总会随国民政府迁到重庆，于 1940 年 4 月 1 日开始办公。在上海、昆明两地各设办事处。总会在战时实行会长理事制，一切重大事项分别取决于理监事联席会议，而以会长王正廷为主席。总会机关除设一、二、三处外，还根据战时特点，设有临时救护委员会、经济委员会、医务委员会、购料委员会，接收国内外医疗物质援助，艰难开展医疗救助。

1937 年 12 月 18 日，青岛市长沈鸿烈下令炸毁日本纱厂及部分港口设施。12 月 27 日，沈鸿烈撤出青岛，退向鲁南。1938 年 1 月，日本第二次占领青岛。1 月 17 日成立“青岛治安维持会”，前胶澳商埠局总办赵琪任会长。青岛红十字会在沦陷情况下开展会务十分艰难。作为会长的宋雨亭因不愿在日本统治下苟且偷生，又不愿受迫于日军的政治威胁，他放弃在青岛的事业，被迫辗转于掖县和上海等地。其他红十字会职员大多星散，在这种情况下，青岛红十字会重新设立。根据 1939 年 3 月新会长李涵清的信中可以看到当时情况：“去岁二月间敝会在青岛成立，历经举办施医赠药发放赈粮棉衣诸善事宜，早已有口皆碑，颂声载道。”① 说明确实在抗战爆发后重设。李涵清继续苦撑红十字事业，并聘请宋雨亭任议长，因宋雨亭不久离开青岛已难以为继，特别是日本占领青岛后相继组织“青岛市治安维持会”等伪政权机构，全面控制青岛，青岛红十字会的其他成员和负责人也在青岛沦陷后星散。在抗战期间青岛红十字会的医药器具损失巨大。在抗战时期的诸城之战及胶南、良乡、南山里铺等地，损失药箱 6 个，担架床和行军 30 个，手术器械 2 套，药包 14 个，手术包 1 套及骨锯、消毒器等。损失最为惨重的当属 1941 年 4 月，青岛红十字会在撤出青岛的时候，由于时间紧迫、军情严峻，会中所有的器具、医疗器具、救护汽车均未带出，全部

① 青岛市档案馆藏：《关于在胶县设立办事处的函稿》，档案号：B0038—003—01456。

损失。①

值得敬佩的是，当原来青岛红十字会成员纷纷四散时，由程伯良任队长的青岛红十字会救护队出发胶济铁路沿线，忠实履行国际人道主义精神，在胶县、高密间对战争受难者进行救助，在外埠救死扶伤八年，极为辛勤。在胶济线担任救护任务的青岛红十字会救护队一直坚守到抗战胜利才返回青岛。

图 1—10　1942 年 3 月，伪青岛特别市政府批准使用的青岛红十字会新钤记

需要说明的是，1937 年 12 月，伪中华民国临时政府在北京成立后，基于救护的需要，伪中华民国临时政府于 1940 年 2 月 27 日在北京中南海成立中华民国红十字会，由伪内政部总长王揖唐任正会长，王克敏、日军将领喜多中将为名誉会长，江朝宗为名誉副会长。② 一些省市伪政府支持成立地方红十字会，从事人道主义灾难救助。1942 年 3 月，伪中华民国红十字会青岛特别市分会会长林德先写给青岛特别市市长赵琪的公函写道："敝会向称为中华民国红十字会即墨分会，设立施药处于沧口，并附设第二慈善医院在案，前因青岛改为特别市，经总会颁布复称为青岛特别市红十字会分会，附发钤记一方，其文曰：中华民国红十字会青岛市分会图记。兹敬于三十一年三月二十日启用新钤记。相应函达贵局，查照为荷。"③（见图1—10）伪红十字会在战争期间也从事了一些救护、防疫等工作，本书除特别注明外，对伪青岛红十字会不进行研究。

---

① 青岛市档案馆藏：《中华民国红十字会青岛分会状况调查表》，档案号：B0028—002—00128—0017。

② 《中国红十字会恢复成立，王揖唐任会长》，《青岛新民报》1940 年 2 月 29 日。

③ 青岛市档案馆藏：《中华民国红十字会青岛分会一九四二年三月启用新钤记》，档案号：B0023—001—02337—0038；"沧口红十字会普遍种痘"，《青岛新民报》1940 年 4 月 19 日。

第六节　组织复员

1945 年 8 月，抗战胜利使得青岛的主权重新回到国人手中，青岛红十字会也进入到战后复员时期。根据国民政府行政院于 1945 年 11 月通过的《复员时期管理中华民国红十字会办法》，规定改以行政院为主管机关，并依业务之性质受社会部、卫生部、善后救济总署指挥监督。各市县分会调整管理办法由总会拟定报行政院核定后实施。①中国红十字会为了促进各地分会恢复和重建，在上海、汉口、北平、广州、重庆设立 5 个区办事处，由各区办事处分辖数省。山东省由上海区管辖。为了使恢复和新建分会工作有序进行，总会规定，“战前原有而战后需恢复的市、县红十字分会，恢复前须填调查表，详实呈报抗战期间情况及今后工作计划，经总会核查确无附逆行为且符合条件，由总会颁发聘书及立案证书，然后召开分会会员大会，宣布恢复”。②可以看到，总会对各地分会的恢复是有相当条件限制的。

抗战结束后，在胶县从事八年救护工作的青岛红十字会副理事长兼救护队队长程伯良带着随员数名回到青岛，到市政府接洽复员事宜。按照总会的要求，为筹划青岛红十字会复员计划，选派赵士英、尹致中、李代芳、宋雨亭、王绍季等十余人为筹备发起人，基于“抗战以来八载有奇，胜利之后更兼内乱继起，以致满目疮痍、民生涂炭，政府对收复地区普施救济工作。……当地市民当奋起而继之于后以收辅佐之效”。③拟将青岛红十字会重组，经呈李先良市长核定，正式开始筹备复会。按照总会要求，他们填具《中国红十字会光复区分会战时工作情形调查表》，呈报给总会，确实没有附逆行为，作为总会同意复员的先决条件，寻找办公地点，联络会员。曾担任青岛红十字会职务的一些流亡职员也陆续返回青岛。经过半年的筹备大致就绪。1946 年 4 月 13 日向

① 《复员时期管理中华民国红十字会办法》，《青岛市政府公报》1946 年第 1 期。

② 中国红十字会总会编著：《中国红十字会的九十年》，中国友谊出版社 1994 年版，第 95 页。

③ 青岛市档案馆藏：《中国红十字会青岛市分会第一次常务理事会议报告事项》，档案号：A0023—001—02337。

青岛市社会局提交了“关于重新筹备中华民国红十字会青岛分会的申请”。后经青岛市社会局4月17日审核通过后，中华民国红十字会青岛分会得以重新组建，名称为“中华民国红十字会青岛分会”。1946年11月底，青岛红十字会筹备组得到经过总会核准拟聘任名单，并由总会分别聘任并颁发聘任证书。复员后青岛红十字会聘请了18人担任名誉正副会长及理事等职务。重要职员是：名誉会长李先良，名誉副会长葛覃、延国符，会长兼常务理事宋雨亭，副会长兼常务理事赵士英、姜黎川，常务理事兼总干事程伯良，常务理事还有赵化程、曾让之。另设理事9人，分别是：郭致文、宫少华、刘复华、尹朴斋、付敬之、宋与可、田星五、刘子东、李发亭。办公地点暂借宋雨亭官邸观海一路33号为临时办公地址，宋雨亭还捐助一部分办公费及药品，以便办理医疗及救护之工作。另在上海路76号设立诊所，设有一个救护队两个分队。①

1. 第一次理事会

1947年4月12日，青岛红十字会召开复员期的第一次理事会，出席会议的理事有姜黎川、赵士英（郭致文代）、宋雨亭、刘子东等十余人，由宋雨亭任主席（见图1—11）。会议就今后的会务发展进行了商议。会议讨论通过了五项议案：

第一案：开始征募运动案。1947年初总会来电略开：“查征募运动为发展会务之基本工作，各分会或限于环境未能办理征募，或已办理而成绩未达预定目标。现复员已逾一年，各地分会多已调查就绪，征募工作，必须赓续办理。上年度已举行征募运动者，今年如届满一年，仍应举行；而上年度未必办理者，尤应迅即拟订征募计划，定期办理，以期推进会务。”②青岛红十字会为此制订《青岛市分会征募会员计划书》，成立征募委员会，组成“博爱”、“和平”两队具体领导和负责大规模征募会员工作。

第二案：募集基金案。青岛红十字会复员期，经费无着，一切应进行的工

① 《红十字会抗战八载，胜利归来复员就绪》，《青岛时报》1946年11月30日。

② 青岛市档案馆藏：《中国红十字会青岛市分会第一次常务理事会议报告事项》，档案号：A0023—001—02337。

作无法实施。为了推进会务起见，拟即开始募集基金一亿至二亿元，募集事宜由负责征募运动的“博爱”、“和平”两总队同时负责兼办。

紅十字會青市分會
召開首次理事會議
主席朱雨亭報告復員之經過

图 1—11　1947 年 4 月 21 日，《青岛时报》报道青岛红十字会在抗战结束后召开首次理事会消息

第三案：医疗器具药品拟请政府予以协助案。青岛红十字会诊疗所恢复，救护队亦组织成立，但医疗器具及药品严重短缺，因会中经费无着，无法购备，决定拟请总会、青岛市卫生主管机关暨善后救济分署、敌产处理局等赐以协助拨发。

第四案：会址暨附属医院院址，拟请市政府拨借案。青岛红十字会复员初期暂借观海一路 33 号为办公处，附属诊疗所则设在上海路 76 号，两处房产狭小，不敷应用，拟另觅一适当宽敞房地为办公处所，并成立病院，以备救恤兵民之用，会址暨附属医院院址，拟请政府拨借，推举姜副会长、郭理事、尹理事与政府沟通协商。

第五案：临时动议，拟加聘理事案。姜黎川临时提议，青岛红十字会恢复期间，基金无着以致一切工作推展困难，为求会务顺利进行起见，拟选照总会规章，必要时得加聘名誉理事及理事之规定，加聘政府各机关首长及工商团体领袖为名誉理事。会议决定加聘警备司令部副司令杨宗鼎、参议会参议长李代芳为名誉副会长，市政府姜秘书长、参事张秀峰、社会局局长曹沛滋、财政局局长孔福民等 10 人为理事，中纺公司总经理澄川、行政院善后救济总署鲁青分署副署长孙继丁、中央信托局经理沈铭盘等 9 人为名誉理事。上述加聘呈请总会加聘后生效。①

第一次理事会讨论了制约青岛红十字会发展的突出因素，通过讨论，大家达成议案，为组织下一步发展指明了思路，理清了工作重点，对于青岛红十字会下一步发展起到指导作用。

2. 第二次理事会

1947 年 6 月 18 日，青岛红十字会借市参议会会议室，举行第二次理事会。出席会议的会长、常务理事及各理事有：延国符、李代芳、宋雨亭、姜黎川、赵士英、赵化程、姜可麟、孔福民等 20 余人。会议由会长宋雨亭主持，主要讨论了四个问题：

（1）加聘常务理事。第一次理事会增加 10 位理事已经奉总会核准并发聘书。青岛红十字会理事增加到 25 人，而常务理事只有 5 人，增加曹沛滋、郭致文为常务理事。

（2）关于会址及医院院址。因观海一路办公处及上海路诊疗所房屋颇小不敷应用，拟请各理事分别协助，商请政府从速拨借或拨租适当房屋以充会址及医院院址，由姜黎川副会长、郭致文常务理事和宫会青理事负责筹觅会址及医院院址。

（3）关于基金和会员筹募。第一次理事会已就征募数额确定，现关于征募基金捐款经销清单及收据印就，拟请各理事分别代为征募。会员征募即日开始，增设总队成员，加聘政府各机关首长及工商团体领袖为总队长，宣传事宜由尹朴斋理事担任。

（4）关于医疗器具、药品。第一次理事会已经讨论请政府各机关和总会拨发。现夏令已界时疫发生，拟请各机关从速拨发医疗器具及药品，以便分发救护队应用。会议决定由郭致文理事和蔡同方理事准备卫生医药材料及救济物资，于院址觅妥后即请求拨发。②

① 《红十字会青岛市分会召开首次理事会议》，《青岛时报》1947 年 4 月 21 日。

② 《红十字会青岛分会昨开第二次理事会》，《军民日报》1947 年 6 月 19 日。

这次会议再次就青岛红十字会面临的紧要问题和长远发展进行讨论，在第一次理事会基础上进行了总结，对开展工作遇到的问题进行分析，并提出了更具体政策，来加快青岛红十字会的发展。这是青岛红十字会在民国时期召开的最后一次理事会议，值得留存史书。

会议最后，姜黎川副会长提议，因宋雨亭会长年老体弱，不能经常驻会主持会务，决议由姜副会长和赵士英副会长轮流主持。

1949 年 5 月 12 日，会长宋雨亭鉴于年龄和身体原因，提出由副会长曾让之做会长，与理事长程伯良一起主持会务，当即通过。宋雨亭到此结束了担任青岛红十字会职务 10 多年历史。作为青岛红十字会历史上任职时间最长的会长，宋雨亭在这一职位上发挥了他应有的作用，为青岛红十字会兴盛作出了突出贡献。

纵观复员期的青岛红十字会，可以说这是该会发展艰难的一个阶段。战争不仅为普通民众带来巨大的创伤和破坏，更给整个城市带来了深重灾难。青岛红十字会作为一个人道主义组织，既不能从频繁更替的政府那里得到资金支持，又难以从流离失所的普通民众处募得善款，组织面临极为艰难的处境。即便处于如此艰难境地，以宋雨亭为代表的青岛红十字人也没有放弃自己的努力，通过每个人掌握的社会关系，继续为青岛红十字会的生存和发展募捐经费。

复员期间，除青岛红十字会成立外，尚有青岛周围邻县也在青岛成立红十字会。

即墨红十字会在 1945 年 9 月复员，于 9 月 4 日召开选举大会，到会会员 50 余人，公选黄醴亭充任常务理事兼会长，宋中田、姜世恺任常务理事兼副会长，宋中曾、陆金三任常务理事，宋中曾兼总干事，宋中良、宋中才、宋明道、赵世友任理事。9 月 6 日，恢复即墨红十字会慈善医院。①

平度红十字会自 1946 年内战爆发后，会员纷纷逃亡青岛，复员伊始，在河南路 58 号设立临时办事处为逃亡来青会员进行登记，并聘请姜铭琛、盛铭玉为名誉会长。1947 年 12 月，平度分会假东镇人和路 11 号平度同乡会内作

① 任智经：《八年来的即墨分会》，《红十字月刊》第 14 期，1947 年 2 月。

临时诊疗所，每日上午十时至下午二时进行义务诊治。①

1948年6月26日，中华民国红十字会莱阳县分会假无棣路17号正式组织成立，聘邢松岩为会长。

1948年12月16日，中华民国红十字会高密县分会在沧口大马路111号开始办公。

胶东多县红十字分会鉴于数年来在青岛及人员设备关系一直未复员，加上国内战争激战正酣，救济工作急宜推行，为了统一调配和集中资源的使用，1949年5月底，乃由青岛、高密、莱阳、昌邑、平度、胶县、即墨、烟台、兖州各分会等发起组织联合办事处，借市场三路9号为会址，以便集中工作而利会务进行，并公推程伯良为主任，综理一切会务。②

以上就青岛红十字会自产生到新中国成立前的35年历史发展进行了初步梳理，可以看到，虽然红十字会在理论上是一个超越阶级、地域和党派的中立的人道主义组织，但又无法全然脱离复杂的社会现实，激烈的民族战争和国内战争，都会使其活动受到制约和影响，比如组织场地被破坏、经费募集困难、人员的逃离等，使青岛红十字会在动荡社会中艰难地从事博爱、恤兵、救灾、赈饥事业。

---

① 《中国红十字会平度县分会复员启事》，《平民报》1946年7月7日；《中华民国红十字会平度县分会通告》，《大民报》1947年12月6日。

② 《红十字九县在青推展工作》，《青联报》1949年5月31日。

第二章　组织结构及其运作

本章将着重论述青岛红十字会在20世纪20年代后期重新建立起来后的各项会内行政事务，主要包括：青岛红十字会的会内行政机制运作、会员招募、总分会关系及会务经费筹募等，来深入考察青岛红十字会日常是如何运作的。

第一节　会内结构

德租日据时期和北洋政府时期的青岛红十字会带有临时性，会内的架构限于资料不能够详细地论述。1928年重新建立的青岛红十字会是青岛红十字事业走上正式发展阶段的开始，不仅机构完整，人员配备齐整，而且会员规模扩大，人道主义活动走出青岛，活跃于胶东，成为民国时期青岛红十字会最为辉煌时期。

一、会内结构与运作

1927年，李涵清、程伯良等人对青岛红十字会进行了相对系统的重组，其下设的职位更加符合组织发展的要求。另外，青岛红十字会按照当时政府对慈善公益组织的管理规定，设置了会长、副会长、理事长、副理事长、理事以及资产委员、秘书长、议长、副议长和议员等常设性职位，实行较为规范的分权结构和制衡架构（见图 2—1，图 2—2）。1932 年，青岛红十字会形成了会员大会制，即会内重大事务会费的预算和决算、与中国红十字会总会的事务联系及经费筹集等重大事件的决定，均由会员大会统一讨论表决通过；理事长实行聘任制，负责青岛红十字会的具体救济事务的开展；会长及副会长由会员大会推举产生，综理青岛红十字会日常事务。

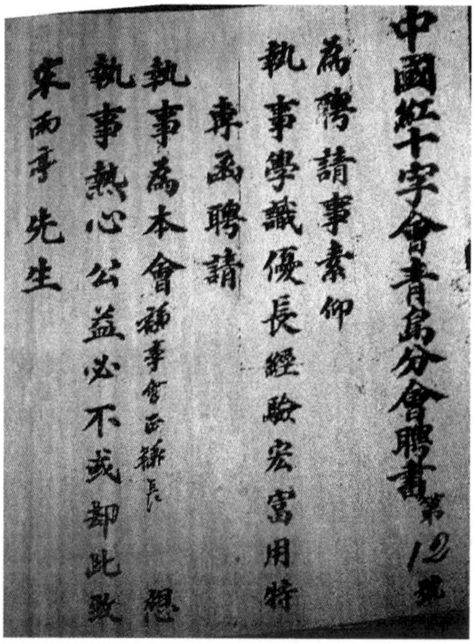

图 2—1　1937 年 2 月，聘请宋雨亭担任青岛红十字会议长的聘书

青岛红十字会的会员大会主要就重大问题进行表决，只有通过大会人数 2/3 的人数同意此项决议方能通过。常议会有权请开特别会员大会，但应由会长出面召集。会员大会休会期间，其职权由大会选举产生的常议会行使，表 2—1 至表 2—4 可以管窥组织运作概况。

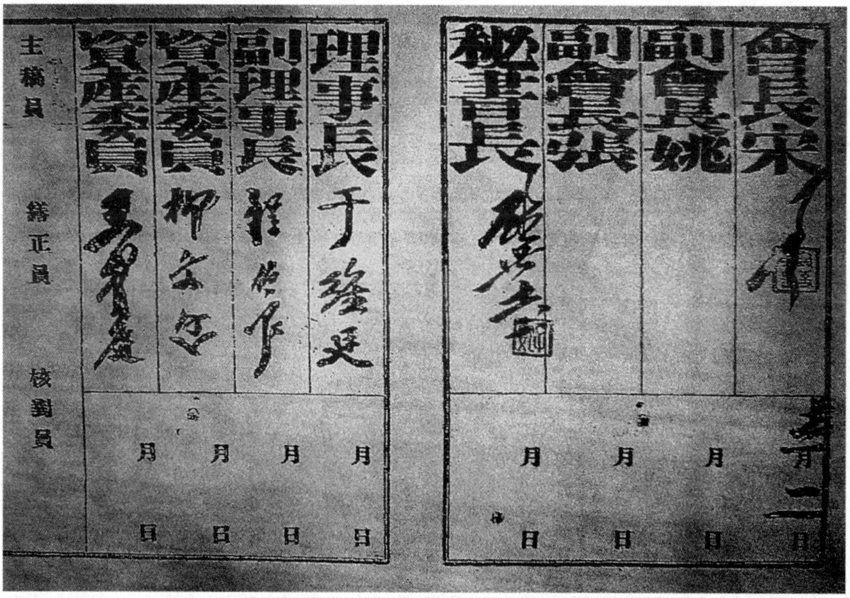

图 2—2　20 世纪 1930 年代初青岛红十字会主要职员表

表 2—1 中国红十字会青岛分会第一次会议纪录

地点	齐燕会馆
时间	1935 年 5 月 9 日下午 4 时
出席人数	18
缺席人数	6
主席	王仰光
报告事项	1. 青岛红十字会对于在社会局备案是否完整。 2. 青岛红十字会财政收支情况。 3. 青岛红十字会商妥齐燕会馆在本届期内拨借房屋以作办公地址。
讨论事项	1. 沈市长系青岛红十字会前届名誉会长，青岛红十字会现已改选，应否另聘他人担任请公决。 公决：既经前届聘请，故无须另聘他人，不过需要询请总会是否有证章的规定。 2. 关于创设医院应如何筹备进行请公决。 公决：公推于理事长、程副理事长、陈理事、袁理事、柳资产委员、战副议长先行审查。 3. 关于万国体育会马场救护工作应否继续进行及如何进行，提请公决。 公决：归于第二项的相关人员审查。

资料来源：青岛市档案馆藏：《中国红十字会青岛分会会议记录》，档案号：B0038—003—0149—0001。

表 2—2 中国红十字会青岛分会第二次会议记录

地点	齐燕会馆
时间	1935 年 11 月 20 日下午 3 时
讨论事项	青岛红十字会于 1935 年农历 7 月 27 日即 10 月 12 日遵照中国红十字总会条例细则、章程办法，择日组织会员委员会，将委员会成立日期连同全体委员及队长姓名呈文报会备案，因办理账务导致征求会员时间来不及者，可以缓期一个月，完成后可及时周知附近省区的同行，自成立之日起所有事项应在两个月内完成，期间青岛红十字会其他事项应如何进行请公决。 公决：遵章即日组织委员会，推举总队长、队长并函请青岛市社会局备案。
公决队长名单	委员长兼总队长：储铁生 委员兼总队长：王仰光 委员兼总队长：宋雨亭 委员兼队长：姚中拔、丁敬臣、战警堂、于维廷、柳文廷、王宝庭、程伯良、张子安 队长：袁明卿、陈品三、孙竹坡、傅敬之、王玉箴、张立堂、周培之、田兴五、刘宝庚、仉光齐、宋海亭

资料来源：青岛市档案馆藏：《中国红十字会青岛分会会议记录》，档案号：B0038—003—1492—328。

表 2—3　中国红十字会青岛分会第三次会议记录

地址	青岛市商会
时间	1937 年 3 月 13 日下午 3 点 30 分
出席人数	17 人
主席	议长王仰光
报告事项	主席报告自接办以来新办慈善事业及经费支出数目，短绌情形，现在加入的新会员总额。 讨论事项： 1. 青岛红十字会经费支绌，拟演京剧集款补助，请公决。 公决：按照原拟定计划由会长主持举办并于收入项下扣除开支外，提取四分之一补助中华小学经费，获得一致通过。 2. 青岛红十字会张玉田副会长函请辞职，提请公决。 公决：既然据函辞职即照准，并公推张立堂充任青岛红十字会副会长。

资料来源：青岛市档案馆藏：《中国红十字会青岛分会会议记录》，档案号：B0038—003—1492—340。

表 2—4　中国红十字会青岛分会第四次会议记录

地点	青岛市商会
时间	1937 年 5 月 20 日下午
出席人数	18 人
主席	议长王仰光
报告事项	主席报告 1937 年 3 月 20 日、21 日在新新大舞台演戏筹募的经费，共计收入大洋：5344 元，支出大洋 347.04 元，除按照本年 3 月 13 日议决拨付中华小学四分之一，计 1250 元，扣除开支共剩余 3750.96 元充作青岛红十字会经费。

资料来源：青岛市档案馆藏：《中国红十字会青岛分会会议记录》，档案号：B0038—003—1492—342。

另外，作为一个人道主义组织，青岛红十字会的会员大会需要审查通过的首要事项就是救援物资的分发。1935 年青岛红十字会第一次常务会议显示：出席会议的常务理事包括宋雨亭、程伯良等人。会议首先由总务组组长汇报青岛红十字会上年度的会务概况：“青岛红十字会自去年第一次理事会后即遵照决议案从事着手征募，但因会址问题不便工作展开，终未解决。本市由于募捐团体甚多，影响了青岛红十字会的募捐数量和规模。截至现在共募集会员 184 名，除先后呈报总会并发放证书的 159 名之外，另外 25 名拟最近呈报总会。至于募捐一项，曾与程伯良总干事长接洽，已尽力而为，但是至今尚无具体成绩。”①

此外，总务组组长还向大会具体汇报了上年度青岛红十字会的具体财政收支状况，使广大会员对于青岛红十字会的财务状况有一个清晰的了解（见表2—5、表2—6）。相比于现代慈善组织每年的财务报表，此时的会务报告虽然不够灵活多样，但其贵在精确、细致，数据甚至精确到小数点后两位。此次会议召开的主要目的是解决广大贫民冬季缺乏御寒衣物和帐篷的问题，经会员大会讨论决议：“帐篷、毛毯、咔叽布、油布等物品由青岛红十字会刘勇负责，棉纱、佛兰、绒毛线三项变价处理后发放给难民，由各组长会同总干事、秘书等酌量处理。”“面粉与布匹等其他的数量较多的物资，除一部分酌量分配青岛红十字会职工及救护队队员外，其余的由各组组长会同总干事、秘书等办理。”②

表2—5　青岛红十字会第一次常务会议审议上年度经费收入项

款项	数额	备注
捐款	561万	
基金	1000万	救济协会拨给
会费	564.9万	征集会员184名
药品变价	405万	不用胶布30卷变价
煤炭变价	125万	电厂送给煤炭变价
利息	46614.8元	
合计	26605614.8元	

表2—6　青岛红十字会第一次常务会议审议上年度经费支出项

上年度支出项		
款项	数额	备注
捐款	200万	寄交总会
会费	242.2万	拨交总会
药品	220万	购入药棉50磅、毛布5批
保证金	15万	电话押金

① 青岛市档案馆藏：《红十字会报社会局的呈》，档案号：A0063—0015—0093。

② 青岛市档案馆藏：《中华民国红十字会青岛分会救护赈济考绩表》，档案号：B0028—001—00126—005。

续　表

上年度支出项		
款项	**数额**	**备注**
家具	28.3 万	电话及药橱
津贴	88 万	队员津贴及膳食费等
搬运费	75 万	搬运救济物资的车马费
杂费	489.94 万	文具、印刷纸品、笔墨等费用
合计	1391.74 万	

青岛红十字会为了规范管理，1934 年 1 月 9 日颁布了《中华民国红十字会青岛分会章程》。章程规定：募集善款每年一次，招收会员也是每年一次，作为特别市的青岛红十字会归市政府社会局管辖。善款资金的主要来源也作了详细规定，如基金、政府辅助金、会费、招募款项、遗赠、分会所有之动产及不动产的收入及孳息等 。1937 年 7 月 23 日，青岛红十字会又公布了由中国红十字总会制定的《中华民国红十字管理条例》，条例进一步完善了规章制度，并要求“提倡服务精神，要求会员并完成妇女及青年组织实施有效之服务及训练”，第三条规定“应设立医院，充实医药设备和救护人才，并预储各项救护材料”，“经费除会务收入及政府辅助金补每年可募款一次，并须呈请卫生署核查”。

青岛红十字会既有规章制度等管理规定，又具备了一套严密的组织体系，保证了各部门的高效运转。

二、分会与总会关系

青岛红十字会是中国红十字会总会下设分会之一。对于总会和分会的关系问题，早在《万国红十字会联合会规约》中就有明确规定：“为辅助中央委员会起见，设立支会。……但支会必当归中央委员会指导一切。”

青岛红十字会与总会的联系一直较为紧密，其中最重要的原因当属 1914 年成立之初是由时任中国红十字总会会长的吕海寰发起的。所以，不论日后的发展进程如何，青岛红十字会始终与总会保持着密切联系。会员的征集、领导层的换届改选、大型募捐活动的款项等都能够及时地备案上报，在总会与普通民众之间

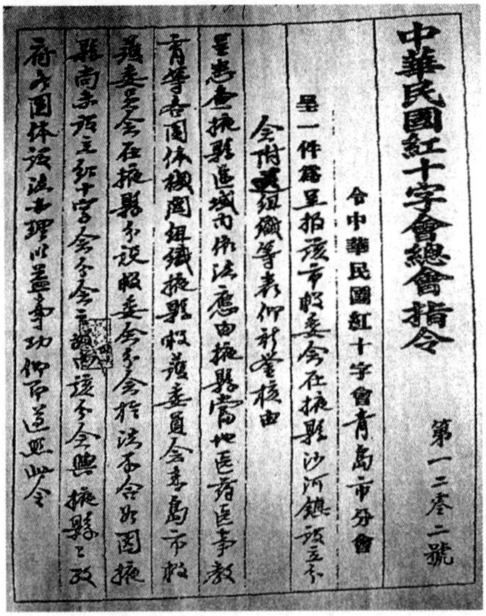
中華民國紅十字會總會指令
第一二叁二號
令中華民國紅十字會青島市分會

图 2—3　中国红十字会总会与青岛分会往来信函

起到了良好的桥梁作用（见图 2—3）。

1912 年，中国红十字会组织召开了统一大会，会议审议并通过了《中国红十字会分会章程》。该章程就分会的诸多方面加以规范，对总、分会的关系有较多约束："各分会概应名为中国红十字会某处分会"，"本分会须遵照总会章程办理"，"所订章程可由总会会员大会时修改，随时知照各分会办理"。分会应将所收会员会费至少半数按季汇交总会总办事处，并将办事情形、会员名册和财政收支按季向总办事处报告。分会所用旗帜、袖章等标识均由总会发给，且尽力阻止滥用。结合红十字总会的相关规定，青岛红十字会也制定了自己的章程，从原则上对组织的基本宗旨、机构设置、权利义务以及注意事项等都作出了详细规定，而且青岛红十字会在其各项工作中都有所体现，上文已经做过详细表达，在此不再赘述。

中国红十字总会就是通过这种适时地颁布各种管理性文件来强化对分会的领导，同时也整肃了红十字会组织系统，而青岛红十字会也在与总会的交流中得以提高业务，促进事业发展。

第二节　直属机构

由于 1914 年兴办的青岛红十字会只是一个临时性的机构，并不具备相关的常驻性办事机关，所以随着"一战"的结束，组织及其活动也终止。1922 年底，当青岛从日本人手中收回后，中国红十字会总会即派张清江到青岛筹组红十字会，并以“中国红十字会青岛分会”的名义对外称呼，自此以后，青岛红十字会就一直称为中国红十字会青岛分会，直到 20 世纪 50 年代初才改变称呼。民国时期青岛红十字会已经发展壮大，建立起了一套直属组织系统，见表 2—7。

表 2—7　青岛红十字会第统表

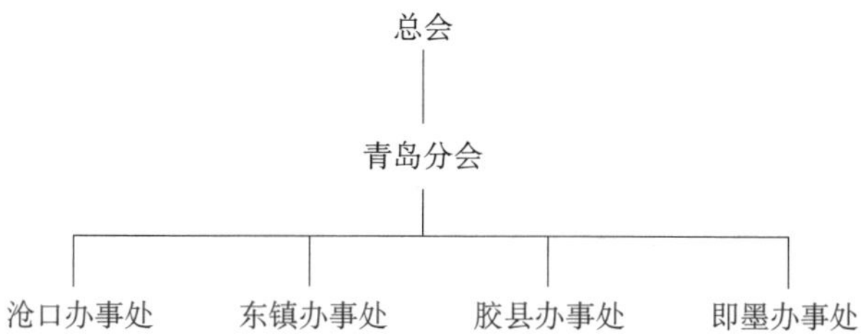

1. 东镇办事处和沧口办事处

青岛红十字会于 1933 年成立了东镇、沧口两个常驻性办事机构。后来由于经费紧张，沧口办事处不得不于 1937 年停办后，又在胶县和即墨设立办事机构，主要是因为抗战接济方便需要。

为了能使青岛红十字会事业顺利开展，他们在任命各下属机关的负责人时会将其社会背景作为主要考量因素。从东镇和沧口两个附设机构的任职人员的社会经历来看，都有着丰富的社会人脉关系和受过一定的文化教育（见表 2—8、表 2—9），这就为青岛红十字会日常工作的开展提供了便利条件，也为这些任职人员以后的发展积累了良好的社会声誉。青岛红十字会成立初期的几个下设常驻性机构的成立有着相似的成立过程，分别都是由地方有影响力和号召力的人主动发起，并由当地保证人给予推荐方能

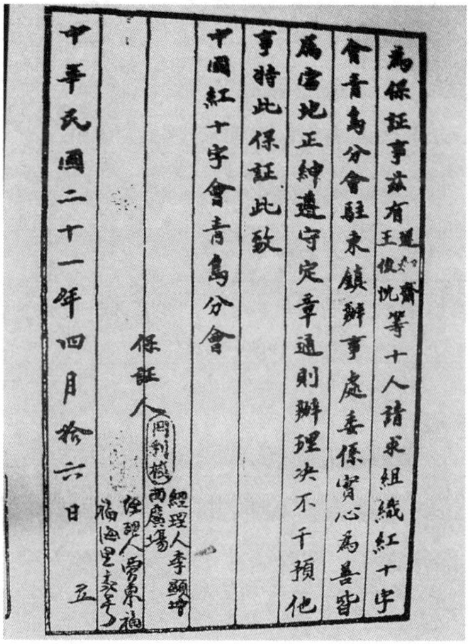
為保證事茲有王[illegible]等十人請求組織紅十字
會青島分會駐東鎮辦事處委係實心為善皆
為當地正紳遵守定章通則辦理決不干預他
事特此保證此致
中國紅十字會青島分會
保證人 [illegible] 經理人李顯增 西廣場
[illegible] 福海里[illegible]
中華民國二十一年四月拾六日　立

图 2—4　在东镇设立青岛红十字会办事处的保证书

成立。档案记载：1932 年 4 月 16 日，“迟和齐、王俊忱等十人请求组织红十字会青岛分会驻东镇办事处。委系实心为善，皆属当地正绅，遵守定章通则办理，决不干预他事。”① （见图 2—4）

表 2—8　青岛红十字会东镇办事处职员表（1935 年）

职务	姓名	年龄	籍贯	出身	经历
主任	王俊忱	43 岁	平度市	军界	陆军第 65 师少校副官；东海某分卡卡长；货物税局征收员；烟酒稽查所检察员
医官	杨子育	42 岁	平度市	曾于上海英租界德商宝隆医院练习	农林会稽查员；青岛医商
办事员	于兰亭	29 岁	平度市	初等小学毕业	海关稽查员，后升任分卡卡长；陆军 27 师连司务长

资料来源：青岛市档案馆藏：《中国红十字会青岛分会系统一览表》，档案号：B0038—003—01495—0090。

表 2—9　青岛红十字会沧口办事处职员表

职务	姓名	年龄	籍贯	出身	经历
主任	李仲宝	26 岁	莱阳市	商界	青岛电报局职员
副主任	王韶九	27 岁	即墨市	高等小学毕业	青岛电报局职员
办事员	刘称光	32 岁	即墨市	高等小学毕业	陆军第 5 师 20 旅少尉排长
书记员	王铭山	24 岁	胶州市	高等小学毕业，职教员训练班毕业	胶县公立张家庄小学教员，陆军 20 师运输司令部副官
看护	李正贵	22 岁	莱阳市	高等小学毕业	莱阳市博爱医院学习一年

资料来源：青岛市档案馆藏：《中国红十字会青岛分会沧口镇办事处成立的呈文、会员表》，档案号：B0038—003—01471—006。

青岛红十字会下设的沧口办事处也是于 1932 年 4 月主动发起，后来由青岛红十字会授权举办的。沧口办事处的发起人主要有：李仲宝，山东莱阳人，商界人士；王韶九，即墨市杏集村，曾任青岛市电报局职员；戴亭山，山东省

① 青岛市档案馆藏：《中国红十字会青岛分会东镇办事处成立的呈文、会员表》，档案号：B0038—003—01471。

朱毛村。沧口办事处主任是李仲宝。

上述两个办事处的设立，既有利于青岛红十字会对红十字会事务进行系统的总结和梳理，也为积极开展救护、赈济等事项，如施种牛痘、按时消毒等提供了条件。1933 年 6 月 16 日，东镇办事处附设医院开诊并施种牛痘，并告知患者于每日 9 点至 12 点之间至威海路北端 60 号办事处医院挂号听候诊治。可以看出，办事处的建立使得民众更方便地获得红十字会提供的医疗服务。

但是，随着抗日战争的逐渐深入，战乱带来的损失越来越大。针对社会群众的善款募集工作趋于停滞。由于善款资金的短缺以及日本殖民者对于民间药品和资金的管制，青岛红十字会沧口办事处不得不于 1937 年停办。

2. 即墨和胶县办事处

青岛红十字会驻即墨办事处始于 1929 年向即墨派救护队，所以驻即墨办事处也称为中国红十字会青岛分会救护队驻即墨办事处。1929 年，青岛红十字会驻即墨办事处主任是周泰龄，医务主任刘文治，医员郑子英、王省武、马玉祯、刘玉昌，还有包括庶务、养护、夫役等职员共计 18 人。因驻即墨办事处管理比较混乱，会内一些职员“不遵红会慈善法团章程”，1931 年派丁桓卿任正主任兼院长。1932 年 2 月中国红十字会青岛分会驻即墨办事处的职员表，见表 2—10：

表 2—10　中国红十字会青岛分会驻即墨办事处职员表

职员	姓名	籍贯	会员级别
正主任兼院长	丁桓卿	黄县	正会员
副主任兼副院长	邢聘三	莱阳	正会员
交际主任、募捐委员	王惠堂	邹平	正会员
会计	高子明	青岛	正会员
书记	王少庭	黄县	正会员
看护长	邢天民	莱阳	正会员
勤务兼看护	宫文德	即墨	正会员
中医师	孙崇悟	即墨	正会员
议员	崔敬斋	莱阳	正会员

续 表

职员	姓名	籍贯	会员级别
议员	葛秀峰	莱阳	正会员
议员	莲桥	即墨	正会员
议员	王友馨	即墨	正会员
议员	李真如	即墨	正会员
议员	孙仁润	平度	正会员
议员	王子余	天津	正会员
议员	位瑞臣	莱阳	普通会员
议员	孙宗法	即墨	普通会员
议员	刘子溪	即墨	普通会员
议员	张子卓	即墨	普通会员
议员	李道生	即墨	普通会员
议员	宋宗昕	即墨	普通会员

资料来源：青岛市档案馆藏：《中国红十字会青岛分会驻即墨办事处账目清册、公函、职员表》，档案号：B0038—003—01468

青岛红十字会驻即墨办事处的医疗救护队在两年多时间里，共计收容伤兵56名，掩埋死亡士兵59人，救护队门诊逐日治疗伤兵共计584人。①

1937年抗日战争全面爆发以后，青岛红十字会为了救护受伤兵民需要，筹议在胶县设立办事处。1939年3月14日，会长李涵清写给胶县当局的“关于在胶县设立办事处的函稿”，反映了在胶县设立办事处的情况。信函内容如下：

本会为国际慈善法团，以博爱恤兵为宗旨，早经中央政府及各省军民长官通令保护在案。……兹因胶东一带战机四伏一触即发不可遏制，敝分会为扩充会务救护便利起见，拟于贵县设立办事处，名曰中国红十字会青岛分会驻胶办事处，恳依总会规章办理慈善事宜，相应函请贵会查照允予成立，并希令饬所属一体保护而维善举。呈为至荷

此致

① 青岛市档案馆藏：《中国红十字会青岛分会驻即墨办事处账目清册、公函、职员表》，档案号：B0038—003—01468。

胶县临时治安维持会　胶县警备司令部①

青岛红十字会派理事长程伯良前往胶县商议接洽，胶县当局同意青岛红十字会设立办事处，青岛红十字会派常议会议员刘复华为驻胶县办事处主任，范广济为副主任（见图 2—5）。

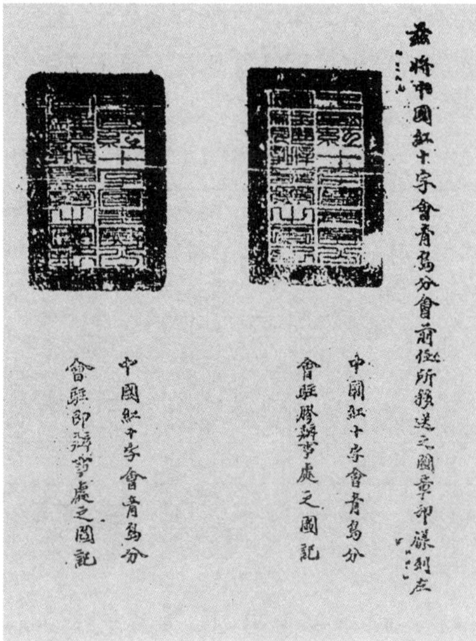

图 2—5　青岛红十字会驻胶县和即墨办事处印章

3. 附设医疗设施

1935 年和 1942 年青岛红十字会各设医疗设施一处。1935 年 4 月 1 日，西镇平民治疗所正式开诊（见表 2—11）。治疗所突出了“平民”二字，针对普通百姓的意向更强。平民治疗所简章规定：治疗所的宗旨是“以治疗患病但无力就医的平民为宗旨，凡是符合条件的平民前来就诊一律免费”；施诊时间定于每天的上午九点到十二点；由于经费紧张，本所仅能提供一部分的西药，至于中药的处方药则需由青岛红十字会医务人员开具处方后去指定药店抓取，不过可享受半价优惠，其余所需经费全部由青岛红十字会负责。诊疗所为日常工作的展开特设立所长一名，副所长一名，文员、会计、庶务各一名。而医务人员则设有中西医主任各一名，中西医生各一名，内科由中医负责治疗，外科由西医负责治疗。

西镇平民治疗所成立后，为让平民周知，在报纸上刊登了施诊启事：“青岛红十字会为普及诊疗起见，在台西 3 路第 43 号，选择房舍一处，筹备施诊所。以专门医师采购中西各种灵验药品以供一般平民就诊领取，概不收费，特

① 青岛市档案馆藏：《关于在胶县设立办事处的函稿》，档案号：B0038—003—01456。

此通告。望周知。”① 从青岛红十字会这种系统化管理，利用舆论力量为自己服务进行宣传，可以看到其人道主义关怀之殷。

表 2—11　中国红十字会青岛分会西镇平民治疗所职员表（1935 年统计）

职务	姓名	年龄	籍贯	备注
医务主任	匡耀宗	39 岁	福山县	耀宗医院院长
助手	邢富运	28 岁	天津	
调剂师	王鸣山	30 岁	胶县	
护士	刘玉贵	32 岁	天津	
护士	宋玉山	26 岁	莱阳	
夫役	孙泰成	22 岁	高密	

资料来源：青岛市档案馆藏：《中国红十字会青岛分会西镇平民治疗所职员表》，档案号：B0023—005—00146。

1942 年 3 月 20 日，青岛红十字会在沧口办事处的基础上设立了青岛红十字会医院，医院命名为“青岛红十字会附设医院”。② 医院的设立为广大受伤民众的救治提供了便利条件，而青岛红十字会医院也在自己力所能及的范围内尽可能地开展救治工作。具体而言，分为以下四大类：

第一类：保健工作。共包括预防接种、疾病治疗、紧急救护、伤患输送、健康检查、缺点矫正、家庭访问、营养补助、环卫改善、医药咨询、妇婴卫生、学校卫生、工厂卫生、监狱卫生、痨病防治、沙眼防治等十六项。

第二类：训练工作。包括救护训练和卫生教育两大类。

第三类：救济工作。包括医药救济和灾难救济两大类。

第四类：医院机构。分为诊疗所地址及内部机构、医院院址及内部机构。③

① 青岛市档案馆藏：《关于设立中国红十字会青岛分会西镇办事处的呈文》，档案号：B0038—003—01482—0048。

② 青岛市档案馆藏：《中国红十字会青岛分会筹备医院的呈》，档案号：B0023—001—02337—0038。

③ 青岛市档案馆藏：《青岛红十字会慈济医院救济方案》，档案号：B0028—001—00435—0018。

4. 救护队

为了进一步扩大青岛红十字会的业务范围，他们还设立了救护队（见表2—12）。

表2—12　中华民国红十字会青岛分会救护队职员表

职位	姓名	年龄	籍贯	住址或单位
队长	程伯良	35岁	静海县	青岛西镇
医务长	匡耀宗	37岁	福山县	青岛沧口路
医官	管庭卫	31岁	即墨市	蓝村镇
医官	吕贤惠		黄县	胶县
医官	韩伯元	39岁	城武	城武
书记	江俊德	38岁	胶县	南庄
事务员	周子深	38岁	胶县	南庄
队员	程祥泰	26岁	静海县	青岛西镇
队员	孙立俊	23岁	青岛市	湛山村
队员	刘玉贵	33岁	天津市	

资料来源：青岛市档案馆藏：《中华民国红十字会青岛分会救护队职员表》，档案号：A0026—001—0016—0089。

救护队由青岛市长担任委员长兼总队长，并任命青岛红十字会的正会员分别担任天、地、玄、黄、宇、宙等25个救护队队长（见表2—13）。这些救护分队队长大多任职商业或银行部门或者有自己的实业。这些做法一方面能够为青岛红十字会募集善款提供方便，同时也为这些队长赢得了较高的社会声誉，为其进一步发展奠定基础。

表2—13　青岛红十字会救护队队长一览表

队名	姓名	资格
委员长兼总队长	储铁生	青岛市社会局局长
天字总队长	宋雨亭	正会员 青岛红十字会会长 青岛市商会主席

续 表

队名	姓名	资格
地字总队长	王仰光	正会员 青岛红十字会议长 中国银行青岛区行长
玄字总队长	柳文廷	正会员 青岛红十字会资产委员 青岛市商会常务委员
黄字队队长	田星五	正会员 青岛红十字会议员 恒兴益总经理
宇字队队长	战警堂	正会员 青岛红十字会副议长 青岛市商会常务委员
宙字队队长	王宝庭	正会员 青岛红十字会资产委员 青岛市商会执行委员
洪字队队长	王玉箴	正会员 青岛红十字会议员 青岛电汽公司营业科科长
荒字队队长	于维廷	正会员 青岛红十字会理事长 青岛市商会常务委员
日字队队长	陈品三	正会员 青岛红十字会议员 同兴益经理
月字队队长	张子安	正会员 青岛红十字会秘书长 青岛市商会秘书
盈字队队长	袁明卿	正会员 青岛红十字会理事 青岛市商会总务科科长
昃字队队长	王郎齐	正会员 青岛红十字会议员 青岛市商会执行委员

续　表

队名	姓名	资格
辰字队队长	程伯良	正会员 青岛红十字会副理事长
宿字队队长	孙竹坡	正会员 青岛红十字会议员 慎德成经理
列字队队长	张立堂	正会员 青岛红十字会议员 合兴利总经理
张字队队长	刘宝庭	正会员 青岛红十字会议员 复成信经理
寒字队队长	傅敬之	正会员 青岛红十字会议员 祥太号经理
来字队队长	王召麟	正会员 青岛红十字会议员 政兴祥总经理
暑字队队长	高广堂	正会员 青岛红十字会议员 鲁大公司董事长
往字队队长	周培之	正会员 青岛红十字会议员
秋字队队长	丁敬臣	正会员 青岛红十字会副议长 丁敬记总经理
收字队队长	仉光齐	正会员 青岛红十字会议员 东泰号经理
冬字队队长	姚中拔	正会员 青岛红十字会副会长 交通银行行长
藏字队队长	宋海亭	青岛红十字会正会员

资料来源：青岛市档案馆藏：《关于组织救护队的函稿》，档案号：B0038—003—01456。

图 2—6　青岛红十字会救护队的印章

1937 年，青岛红十字会按照中华民国红十字总会颁发的《非常区域救护事业办法大纲暨青岛市社会局转内政部令》，要求各慈善团体对于办理战区救济事物尽量协助，以利进行。青岛红十字会遵令联合青岛市商会、青岛市救济院、即墨商会、城阳商会、掖县沙河镇商会等团体通力合作，在胶济铁路沿线筹设临时办事处。除此之外，还在高密县成立临时医院（后发展成为常驻性机构），并组织运输队、救护队（见图 2—6）。为了给不便行动的受伤民众士兵等提供医疗救助，青岛红十字会又在掖县沙河镇成立第二救护队及临时医院，随机选择出行路线，受众群体以士兵最多，商民次之。为方便运输药品、应用工具及各职员往返掖县沙河镇、高密、潍县等处办理救护工作便利起见，青岛红十字会特储备汽车一部，车身涂有红十字救护车字样。为了节省经费，经青岛红十字会与山东省汽车管理局协商，决定从 1937 年 10 月 7 日起，凡在战事期间，救护车来往各处，当地长官颁发临时免费执照。

青岛红十字会还在战争时期设立了一些临时性的救护队，例如 1948 年成立的前防救护队（见表 2—14），这一类临时性救护队的发起往往是由于某次战争，具有突发性、临时性等特点，随着战争的结束而宣告解散。

表 2—14　中华民国红十字会青岛分会前防救护队职员一览表

职位	姓名	年龄	籍贯
队长	周瑞亭	40 岁	胶县人
干事	姜玉卿	40 岁	胶县人
医务主任	邢南亭	36 岁	天津人
医官	韩伯元	48 岁	城武人
医官	张云路	28 岁	掖县人
文书	邵伯玉	35 岁	胶县人
队员	戴星辰	23 岁	掖县人

续　表

职位	姓名	年龄	籍贯
队员	程祥泰	30 岁	天津人

资料来源：青岛市档案馆藏：《中华民国红十字会青岛分会救护队临时工作情形报告》，档案号：B0028—001—00441—0010。

青岛红十字会下属办事处、医院、平民诊疗所、救护队的建立，使其构建起一个网状服务网络，保证了组织可以在许多地方提供人道主义救护和医疗救助，减轻了伤兵的痛苦，也为平民百姓带来了生命的福音。

第三节　会员征募

青岛红十字会的职员和会员是会务运作的直接力量，职员素质的高低和会员数量的多寡直接影响着会务工作的开展。

一、职员

青岛红十字会职员分为普通办事员和核心成员，核心成员一般都是由青岛工商界名流兼任，并不在会内领取报酬。根据1935 年 2 月 16 日召开的会员大会，选举产生第一届职员名单，其核心职员包括：议长王仰光，时任青岛中国银行经理、青岛银行同业公会主席；副议长丁敬臣，时任青岛市商会执行委员；战警堂，时任青岛工业联合会主席、青岛市商会执行委员；会长宋雨亭，时任青岛市商会会长；副会长张玉田，时任青岛中鲁银行总经

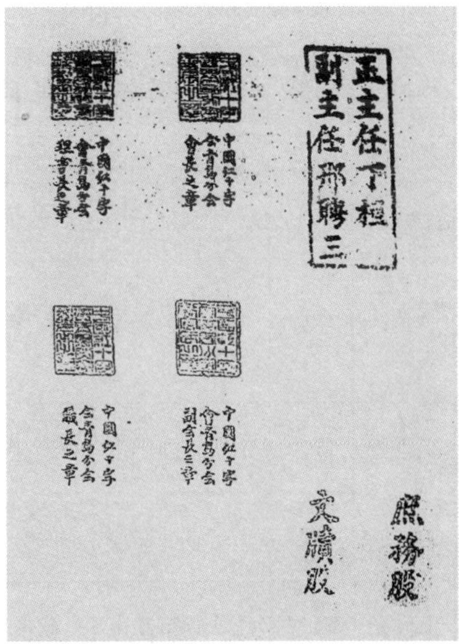

图 2—7　青岛红十字分会主要职员印章

理、青岛银行同业公会常务委员，青岛市商会常务委员；理事长于维廷，时任青岛市商会常务委员、轮船同业公会主席；副理事长程伯良，青岛红十字会前理事长；理事袁明卿，时作青岛市商会总务科主任等（见图 2—7）。

青岛红十字会于 1937 年进行第二届职员改选。与第一届相比，此次改选的具体职位更加细致，包括会长、副会长、理事长、副理事长、理事、资产委员、秘书长、议长、副议长、议员等职位（见表 2—15）。

表 2—15　青岛红十字会第二届职员表

姓名	年龄	籍贯	职务	经历	住处或通讯处
宋雨亭	52 岁	山东省掖县	会长	青岛市商会主席 编业同业公会主席 胶澳电汽公司协理 青岛市物品证券交易所理事长 青岛农工银行董事长	青岛市中山路
姚中拔	47 岁	浙江省绍兴市	副会长	青岛市商会常务委员 青岛银行公会常务委员 青岛交通银行经理	青岛市中山路
于维廷	44 岁	辽宁省金州市	理事长	青岛市商会常务委员 青岛轮船同业公会主席 青岛新华成经理	青岛市河南路
程伯良	53 岁	河北省静海市	副理事长	前本分会理事长	青岛市台西镇 11 号
袁明卿	44 岁	山东省即墨市	理事	青岛市商会总务科主任	青岛市中山路
陈品三	48 岁	山东省掖县	理事	青岛市土产行栈同业公会常务委员	青岛市北平路
柳文廷	44 岁	山东省昌邑市	资产委员	青岛市商会常务委员 青岛市土产行栈同业公会常务委员 青岛会永祥经理	青岛市胶州路
王得庚	43 岁	山东省即墨市	资产委员	青岛市商会执行委员 青岛饭馆同业公会主席	青岛市保定路
张子安	53 岁	山东省即墨市	秘书长	前商埠局财政科科长 现青岛市商会秘书	青岛市张店路
王仰光	57 岁	江苏省镇江市	议长	青岛银行工会主席 中国银行青岛区经理	青岛市中山路

续　表

姓名	年龄	籍贯	职务	经历	住处或通讯处
丁敬臣	57岁	江苏省江都市	副议长	青岛市商会执行委员 青岛丁敬记总经理	青岛市大学路
战警堂	34岁	山东省掖县	副议长	青岛市商会执行委员 青岛工业联合会主席 青岛卷烟同业公会主席	青岛市高密路
孙竹坡	46岁	山东省招远市	议员	青岛市商会监察委员 青岛市绸缎布匹同业公会常务委员 青岛慎德成经理	青岛市中山路
傅敬之	32岁	山东省黄县	议员	青岛祥太号经理	青岛市中山路84号
王玉箴	52岁	山东省黄县	议员	胶澳电汽公司总务科科长	青岛市热河路
张立堂	52岁	山东省黄县	议员	青岛市物品证券交易所常务理事 青岛合兴利经理	青岛市中山路
周培之	51岁	山东省即墨市	议员	现任律师	青岛市长山路
王召麟	38岁	山东省招远市	议员	青岛市政兴祥经理	青岛市中山路
田星五	58岁	山东省黄县	议员	青岛市商会执行委员 青岛市棉纱同业公会主席	青岛市北平路
刘宝庭	45岁	山东省章丘市	议员	青岛复成信经理	青岛市吴淞路
仉光齐	43岁	山东省诸城市	议员	青岛东泰号经理	青岛市北平路
高广堂	73岁	山东省济宁市	议员	青岛鲁大镰业公司经理	青岛市广西路

说明：胶澳电汽股份有限公司系1923年5月27日由青岛发电所改组而成。该公司由中日合办，初期由华人隋石卿任董事长，日商桥光隆任经理，资本200万元，其中华股占54%，日股占46%，装机容量5000千瓦。后博山、张店、周村等地电业均属该公司。

资料来源：青岛市档案馆藏：《中华民国红十字会青岛分会第二届职员表》，档案号：B0038—00210—01495—0505。

青岛红十字会的职员选举使该会建立起完善的组织结构和人员配置，为红十字会开展工作提供了组织保障。

二、会员征募

会员是红十字会发展的基石。青岛红十字会自1914年成立起，发起人吕海寰就借鉴中国红十字总会的经验，实行会员制度。由于初期是因日德战争的爆发而设立，加之成立匆忙，普通民众对其不了解，会员数量并不多，仅有正会员14人，临时会员38人①。随着中华民国红十字总会以及各地红十字分会的逐渐设立和工作的开展，红十字标识和思想逐渐深入人心。1927年李涵清等人重新发起青岛红十字会的时候，会员征集工作就显得较为顺利，并呈现出了跳跃性发展的趋势。会员的名称也日趋多样化，如名誉会员、特别会员、正会员、普通会员、青年会员、学生会员等。青岛红十字会也按照中华民国红十字总会的规定，会员征集频率也调整为每年一次，吸引了许多有识之士的加入，会员数量得以迅速扩增。

1. 会员征募启事

1934年，青岛红十字会根据《中华民国红十字会管理条例施行细则》，颁发了“征求会员启事”，全文如下：

青岛红十字会征求会员启事

敬启者：中国红十字会创始于前清光绪三十年（1904年）与万国组织联盟于光绪三十二年（1906年），迨今二十有六载（1932年）。期间，对内则救护掩埋，赈济灾区，防治疫病，诊治病人。对外则救护美国、日本之地震，欧战之灾。凡属红十字会应尽之任务，莫不竭尽绵力与同盟五十余国共同进退。以致每届万国红十字大会席上均载盛誉而归。其所以能取得此地位者，虽本为宗旨之纯正，亦由青岛红十字会携先辈之用心经营，及我九万余会员同心同德所获得。推其所以然者，青岛红十字会之宗旨为博爱、恤兵。博爱则人人平等，恤兵则促进和平。其相悖于帝国主义弱小民族及男女、阶级之分，且无国家疆界之分，苟能达其宗旨。履行其公共遵守之条约，则环球之上随地可以征集同志，随处可以救济灾民。简而言之，即联合世界上富余资产及安全分子

① 山东省红十字会编著：《山东红十字事业九十年》，山东友谊出版社2002年版，第4页。

以拯救失业、无产之民众者。亦即佛民之慈悲，墨民之兼爱，孔教之仁义，耶教之救世主义也。环顾吾国，人口以五万万计，全体会员不足十万。而日本人口约六千万，会员多达三百八十万。同属东亚弱小国家，人口土地以我国为多、且大，面对此国际慈善问题，竟然忝居人后，实为我辈之耻辱。红十字会的会务不发达，青年则难有进步。加以战祸频发，兵匪迭起，失业之民愈多，经济来源愈难。生产之机关停滞，消耗之生活日繁，而战祸灾荒更随之以增长。以言救伤，则全国于一省，于战祸；以言赈济，则全国于一省，于饿殍。

青岛红十字会所集之文电，所作之报告于饥饿食寒衣物，病于医药，伤于救护，死于掩埋。尸体若不掩埋，疾病则殃及同胞。断续呻吟于郊野，辗转呼号于林第，愈露愈病，愈病愈死，愈死则生者愈易患病。循环增长，以致救伤则顾此失彼。救荒则赈款 ××，掩埋则灵柩莫备。长此以往，年复一年，死亡愈多，人口愈弱，而祸乱愈甚，而异于自然之淘汰，积则云亡。人病舍其田

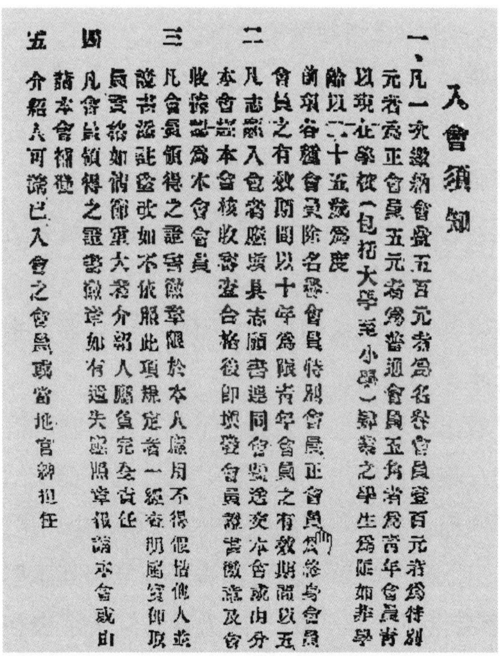

图 2—8　青岛红十字会征求会员的“入会须知”

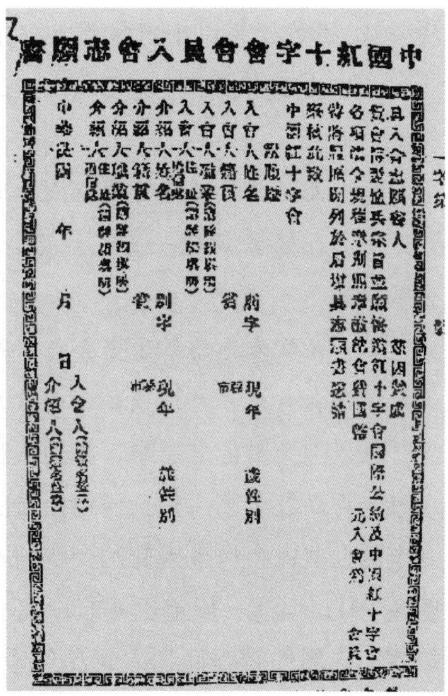

图 2—9　中国红十字会会员入会志愿书

而耘，人亡田无可言之。本国人民之不救而可以救世界？目前之要务为如何增设医院以救济垂危之兵民，如何赈济灾荒，以救护将死之民众；如何掩埋尸首以免瘟疫之流行。整合全国慈愿、仁义、兼爱、救世之思想民众共同办理，但不足以与同盟各国相比较，此青岛红十字会所以有征求会员之举也。既望殷实诸君，惠然赠与；更望多才之士时加指引。人之行善，谁不夸赞。见义勇为者，当仁不让。

附录征求会员奖则及条例：

一、凡个人独捐大洋一千元以上者，特推赠名誉会员外，并奖给匾额一方，大号银盾一座，以酬荣誉。

二、凡个人独捐大洋五百元以上者，特推赠特别会员外，并奖中号银盾一座，纪念绸旌一面。

三、凡个人独捐大洋二百元以上者，除推赠特别会员外，并奖小号银盾一座，奖状一纸。

四、凡个人独捐大洋壹佰元以内二十五元以上者，除推赠正会员外，并奖状一纸；其在十元以上则赠普通会员；一元以上则赠学生会员。

五、凡经募款项一千元以上，除推赠名誉会员外，并赠大银盾一座，纪念绸旌一面。

六、凡经募款项五百元以上，除推赠特别会员外，并赠小号银盾一座。

七、凡经募款项一百元以下，特推赠正会员；二十元以上，特推赠普通会员。

八、凡欲来青岛红十字会自行报名，请到规定地点（广州路三十四号，中国红十字会青岛分会）领取介绍信并填写志愿书。①

从以上会员征求启事，我们不难看出，青岛红十字会除了号召广大热心群众参与青岛红十字会外，还对会员的征集条件做出了限定。凡入会者需要交纳一定的会费，会员也因交纳会费的不同而被授予不同的荣誉称号。（见图 2—8、图 2—9）。但这一规定也并非一成不变，如一些学生会员和青年会员因其素质较高，志愿性较强而加入青岛红十字会（见表 2—16），因为青岛红十字会在

① 青岛市档案馆藏：《中华民国红十字会管理条例施行细则》，档案号：B0038—0208—0003。

许多募捐活动过程中需要大量的志愿者服务。

表 2—16　中国红十字会青岛分会征求青年会员名册

姓名	别号	年龄	籍贯	职业	住址或通讯处	入会年月	入会编号
张景波		18 岁	山东黄县	学生		1935 年 10 月 20 日	17705
张景林		16 岁	山东黄县	学生		1935 年 11 月 20 日	17706
袁丕正		11 岁	山东即墨	学生	青岛市汶上路 1 号	1935 年 11 月 20 日	17707
刘宗绰		9 岁	山东潍县	学生	青岛市湖北路 50 号	1935 年 11 月 20 日	17708
黄祖英		10 岁	山东胶县	学生	青岛市云南路 257 号	1935 年 11 月 20 日	17709
毛琪征		18 岁	山东胶县	学生		1935 年 11 月 20 日	17710
毛琳征		18 岁	山东胶县	学生		1935 年 11 月 20 日	17711
纪家驹		13 岁	山东利津	学生	青岛市龙山路 5 号	1935 年 11 月 20 日	17712
纪家骅		11 岁	山东利津	学生	青岛市龙山路 5 号	1935 年 11 月 20 日	17713
成城		10 岁	山东黄县	学生	青岛郓县路文兴里	1935 年 11 月 20 日	17714
徐林熙		13 岁	山东掖县	学生	青岛费县路百福星	1935 年 11 月 20 日	
张先孝		15 岁	四川富顺	学生	青岛崇德中学	1935 年 11 月 20 日	
林寿椿			山东利津	学生	青岛广西路 10 号	1935 年 11 月 20 日	
萧震东		19 岁	北平	商人	青岛单县路 7 号	1935 年 11 月 20 日	
邱应斌		23 岁	山东掖县	商人	青岛热河路 13 号	1935 年 11 月 20 日	
仇缚先		14 岁	山东即墨	学生	青岛上海路救济院	1935 年 11 月 20 日	
仇沛先		9 岁	山东即墨	学生	青岛上海路救济院	1935 年 11 月 20 日	
宋同济	仙舟	21 岁	山东掖县	商人	东镇归化支路	1935 年 11 月 20 日	
任绩昌		8 岁	山东掖县	学生	青岛热河路 10 号	1935 年 11 月 20 日	
王正功		18 岁	山东即墨	学生	青岛保定路 37 号	1935 年 11 月 20 日	
张志远		10 岁	山东莒县	学生	青岛胶东路 7 号	1935 年 11 月 20 日	
袁良		12 岁	山东沂水	学生	青岛铁路小学	1935 年 11 月 20 日	
袁丕烈		6 岁	山东沂水	学生	青岛铁路小学	1935 年 11 月 20 日	
宋之权		12 岁	山东掖县	学生		1935 年 11 月 20 日	
黄寿彭		16 岁	河北大兴	学生	青岛云南路汇兴里	1935 年 11 月 20 日	
田源		16 岁	山东黄县	学生	青岛北平路 45 号	1935 年 11 月 20 日	
江崇巍		12 岁	山东即墨	学生	观城路 68 号	1935 年 11 月 20 日	
翟肇义		14 岁	山东掖县	学生	青岛龙江路 19 号	1935 年 11 月 20 日	
王修连		16 岁	山东即墨	学生	青岛龙江路 19 号	1935 年 11 月 20 日	

续 表

姓名	别号	年龄	籍贯	职业	住址或通讯处	入会年月	入会编号
王耀山		5岁	山东黄县	学生	青岛热河路20号	1935年11月20日	
王石山		3岁	山东黄县	学生	青岛热河路20号	1935年11月20日	
邱宝林		19岁	山东掖县	学生	馆陶路齐燕会馆	1935年11月20日	
綦官厚		10岁	山东平度	学生	青岛甘肃路震兴油坊	1935年11月20日	
綦书宋		12岁	山东平度	学生	青岛云南路	1935年11月20日	
綦书晋		18岁	山东平度	学生	青岛铁路中学	1935年11月20日	
成身寿		16岁	山东黄县	学生	青岛定陶路7号	1935年11月20日	
宋之格		11岁	山东掖县	学生		1935年11月20日	
美嘉级		17岁	山东平度	学生	青岛市立中学	1935年11月20日	
战德馨		17岁	山东掖县	学生	青岛高密路玉春号	1935年11月20日	
战德华		12岁	山东掖县	学生	青岛高密路玉春号	1935年11月20日	
陈培琇		18岁	山东诸城		诸城县泊镇春祥号	1935年11月20日	
陈培玺		17岁	山东诸城		诸城县泊镇春祥号	1935年11月20日	

资料来源：青岛市档案馆藏：《中国红十字会青岛分会征求青年会员名册》，档案号：B0038—00210—0586。

2. 会员征集委员会

根据《中华民国红十字会管理条例施行细则》第十八条规定，红十字分会需要每年征集会员一次。青岛红十字会于1935年11月20日组织成立会员征集委员会，遵照规章制度推举总队长、队长等，并函请青岛市社会局备案，将入会会员、委员会成立日期、全体委员姓名、队长姓名等清册一并上报。现将"中华民国红十字会青岛市征集会员委员会委员表"列下：

委员长兼总队长：储铁生

委员兼总队长：王仰光、宋雨亭

委员兼队长：姚仲拔、丁敬臣、战警堂、于维廷、柳文廷、王宝庭、程伯良、张子安

队长：袁明卿、陈品三、孙竹坡、傅敬之、王玉箴、王芗齐、高庆堂、张立堂、周培之、王召麟、田星五、刘宝庭、仉光齐

此次征集会员，各队长都格外用心，以致无论会员数量还是质量都超过预

期。为此，青岛红十字会特地呈请中华民国红十字总会为各主要人员申请奖励：青岛红十字会会长宋雨亭拟请赠与特别会员并颁给乙等奖状证书；社会局局长储铁生，议长王仰光拟请赠给乙等奖状奖章；柳文廷、于维廷、丁敬臣、田星五、陈品三、王玉箴、张子安、袁明卿、王宝庭、战警堂、王芗齐、孙竹坡、张立堂、程伯良拟请赠给丙等奖状奖章；姚仲拔、刘宝庭、高庆堂、傅敬之、王召麟、周培之、仉光齐拟请赠给纪念章一枚。

据中国红十字总会的备案查证，青岛红十字会自1935年11月20日至12月20日，征集正会员82人，普通会员75人，青年会员41人，共计198人(其中正式会员以纪凌舟、咸振鲁、李宝岑、黄仙洲等为代表的青岛本地商人为主)。大批新生力量的加入，大大扩充了青岛红十字会的力量。另外，会员入会时缴纳的会费，也大大缓解了青岛红十字会的经济压力，为下一步救济工作的开展提供了条件。本次会员会费共收取会费大洋1215.5元。①

1937年，青岛红十字会又分别由陈品三、王玉箴、仉光齐等正会员介绍，新增会员49人②。但是，由于抗日战争爆发，青岛红十字事业受到影响，虽然有新加入的会员，但是青岛红十字会会员总数却呈下降态势。据1937年青岛红十字会档案记载，青岛红十字会包括会长、副会长等领导层以及普通会员在内的全体会员共计135人（见表2—17）。

表2—17　1937年中国红十字会青岛分会全体会员一览表

姓名	别号	年龄	籍贯	履历	通讯处
孙文瀚	松三	40岁	山东栖霞	胶澳电汽公司营业科收款员	电灯公司
刘铮	复华	29岁	山东招远	胶莱汽车路局站长	南村路17号
程国忠	伯良	31岁	河北省	青岛红十字会副理事长	台西镇11号
姬敬丞	铁梅	31岁	山东历城		胶县
金启妥	稳成	34岁	山东即墨	胶澳电汽公司营业科科员	电汽公司
周泰龄	岳峰	23岁	山东胶县	胶澳电汽公司营业科科员	南村路17号

① 青岛市档案馆藏：《中国红十字会青岛分会刊登纪念册的往来文电抄稿和程伯良的跋》，档案号：B0038—003—01482—0056。

② 青岛市档案馆藏：《中国红十字会青岛分会关于缴纳会费、请领会员证、聘请分队长和有关团体邀请参加的往来文件》，档案号：B0038—210—1495—0529。

续 表

姓名	别号	年龄	籍贯	履历	通讯处
潘家祥	世桢	31 岁	河北省	胶济路局会计	胶济路会计处
孙广德	润齐	55 岁	河北省	三井洋行木行经理	三井洋行
闻极桢	义经	32 岁	河北省	胶路材料科员工	台西镇 11 号
张云璞	玉田	35 岁	山东掖县	中鲁银行总经理	中鲁银行
郭起行	贵堂	44 岁	山东潍县	汇兴栈总经理	观城路
魏乐善	仁甫	35 岁	山东历城	中鲁银行经理	天津路中鲁银行
范广济	少卿	33 岁	山东胶县	荣德号经理	北平路荣德号
郭有广	善堂	51 岁	山东安丘	东记号经理	云南路东记号
王绩和	春圃	44 岁	山东招远	聚顺兴经理	枣庄路
阖仁登		61 岁	山东莱阳	复兴成经理	单县路
孙玉进	宝珍	40 岁	山东胶县	东华社经理	冠县路
林春华	荣生	37 岁	山东栖霞		芝罘路
丁广居	仁轩	33 岁	山东招远	信昌火柴公司经理	东镇信昌火柴公司
姜品一		60 岁	奉天营口	裕通旅馆公司	大沽路裕通旅馆
范迪铨	幼堂	30 岁	山东胶县	业商	青岛市荣德区
张柏祥		47 岁	山东黄县	祥瑞行经理	辽宁路
傅炳监	镜齐	50 岁	山东招远	民生银行、广鲁银行账务	肥城路
王照云		53 岁	山东胶县	青岛泰发栈经理	北平路
李建章	树棠	56 岁	山东掖县	青岛东盛昌经理	中山路
徐秩卿		63 岁	山东掖县	青岛恒昇和经理	北平路
杨少衡		61 岁	山东掖县	青岛福聚栈经理	北平路
严少山		53 岁	山东掖县	青岛恒祥栈经理	天津路
田长基	志远	29 岁	山东黄线	中鲁银行职员	天津路
李恩霖	佑民	26 岁	山东栖霞	东鲁学校毕业	胶县路
宋雨亭		52 岁	山东掖县	电汽公司经理	市商会
丁敬臣		53 岁	江苏省	丁记会总经理	中山路丁号记
张俊卿		60 岁	山东潍县	义德栈经理	湛山路
臧书侨		52 岁	山东诸城	学员	诸城
黄金斗		60 岁	山东诸城	学员	诸城
祝荔生		33 岁	山东诸城	学员	诸城
祝楠		20 岁	山东诸城	学员	诸城
李祝萱		35 岁	山东诸城	学员	诸城

续　表

姓名	别号	年龄	籍贯	履历	通讯处
王荆门		42 岁	山东诸城	学员	诸城
陈煦		35 岁	山东诸城	学员	诸城
郭景召		45 岁	山东诸城	学员	诸城
董鸿慈		28 岁	山东诸城	学员	诸城
于济生		55 岁	山东诸城	学员	诸城
丁祖光	似樵	30 岁	山东诸城	学员	诸城
王晏更		30 岁	山东诸城	胶济路职员	诸城
张慰世	子安	53 岁	山东即墨	现任市商会秘书	市商会
于维廷		44 岁	辽宁金州	政记公司经理	渔业公司
刘嘉堂		50 岁	山东掖县		恒祥栈
朱润生		36 岁	山东掖县	恒昇合司机	恒昇合
沙安果		25 岁	山东即墨	美孚火油公司上衔	美孚火油公司
濑尾专一		40 岁	日本	商人	美孚公司
安绥之		26 岁	山东福山	中国银行上衔	中国银行
官岳泉		38 岁	山东掖县	中鲁银行职员	中鲁银行
张星耀		32 岁	山东掖县	明华银行职员	明华银行
范景武		38 岁	江苏省	商人	北平路
彭子明		35 岁	山东掖县	交通银行职员	交通银行
朱养吾		46 岁	江苏省	爱礼习洋行经理	冠县路
丁明德		52 岁	山东招远	洪兴德经理	海游路
王春亭		38 岁	河北天津	德祥号经理	德祥号
吕文轩		33 岁	山东牟平	聚业号账务	聚业银号
王召麟		42 岁	山东招远	政兴行经理	中山路
战寿吉		45 岁	山东掖县	合和栈职员	合和栈
梁信齐		42 岁	山东黄县	畜产公司职员	畜产公司
牟申甫		53 岁	山东福山	岩城商会职员	岩城商会
转凤山		40 岁	山东即墨	商人	即墨市
刘铁臣		42 岁	江苏省	茂昌公司职员	茂昌公司
江子厚		40 岁	山东即墨	义宣永经理	莘县路
王益堂		35 岁	山东莱阳	福顺德经理	天津路
梁和璞		53 岁	河北文安	德裕当经理	河南路
袁明卿		44 岁	山东即墨	青岛市商会总务科科长	中山路

续 表

姓名	别号	年龄	籍贯	履历	通讯处
王后忱		43岁	山东平度	青岛市海员工会委员	东镇菜市路2号
李仲宝		28岁	山东莱阳	学员	沧口
樊春藻	华翰	26岁	山东荣成	学员	荣成
樊文元	善之	30岁	山东荣成	学员	荣成
张元清	镜海	32岁	山东荣成	学员	荣成
王吉灿	明亭	34岁	山东即墨	学员	即墨
毛鑫	金甫	23岁	山东掖县	商人	掖县
郭云溪	愈清	38岁	山东胶县	商人	胶县
王吉元	连三	33岁	山东即墨	学员	即墨
李次山	鸣川	32岁	山东潍县	学员	潍县
徐静甫		38岁	山东潍县	学员	潍县
刘铭全	伯勋	32岁	山东招远	商人	招远
余谦		22岁	河北省	学员	南京
崔宝奎		35岁	山东栖霞	商人	栖霞
苏业卿		28岁	山东即墨	礼和祥职员	广东路
崔宝珍		29岁	山东栖霞	万宝银行职员	北平路
王有德		38岁	山东胶县	商人	胶县
王献廷		42岁	山东蓬莱	大新商会账房	北平路
于善堂		36岁	山东临淄	商人	沂水
崔文栋	翰卿	42岁	山东临淄	聚福行经理	潍县
刘为良		30岁	山东昌邑	学员	昌邑
王屏藩	子美	26岁	山东胶县	商人	单县路
赵云生		46岁	天津市		天津
王渭川		36岁	山东海阳	前宏太号经理	胶州路
牟钧德		46岁	四川省	前商品检验局局长	现不在青岛
迟和齐		39岁	山东海阳	商人	海阳
石子安		40岁	山东荣成	商人	荣成
杨锡金		32岁	山东荣成	商人	荣成
黄肇玉		35岁	山东即墨	商人	即墨
朗中民		42岁	山东潍县	诸城路中医院院长	诸城
王韶九		32岁	山东即墨	学员	即墨
戴亭山		32岁	山东平度	学员	平度

续　表

姓名	别号	年龄	籍贯	履历	通讯处
刘铭才	新三	30 岁	山东胶县	商人	胶县
阎犹之		38 岁	山东利津	交易所税务科科长	交易所
刘宝庭		45 岁	山东章丘	复成信经理	复成信
柳文廷		44 岁	山东昌邑	会永祥经理	会永祥
姚中拔		48 岁	浙江省	交通银行经理	交通银行
董希尧		46 岁	山东昌邑	源隆号经理	源隆号
陈品三		48 岁	山东掖县	同业益经理	同业益
张立堂		52 岁	山东黄县	合兴利经理	合兴利
美蔚东		37 岁	山东黄县	运输工会主席	运输工会
张静齐		56 岁	山东潍县	德增福经理	德增福
周培之		51 岁	山东即墨	律师	长山路
王宝庭		43 岁	山东即墨	德诚栈经理	饭馆公会
臧洁忱		43 岁	山东即墨	义昌和经理	东益铁工厂
仉光齐		43 岁	山东诸城	东泰号经理	东泰号
王郎齐		33 岁	山东掖县	义聚合经理	义聚合
王子雍		64 岁	山东福山	电汽公司总经理	电汽公司
战警堂		34 岁	山东掖县	玉春号经理	玉春号
李双玉		50 岁	山东昌邑	荣盛茂经理	荣盛茂
孙竹坡		46 岁	山东招远	慎德成经理	慎德成
杨溯吾		43 岁	江苏省	同源公经理	同源公
林　廷		43 岁	山东掖县	商人	中山路
田星五		58 岁	山东黄县	恒盈益经理	恒盈益
王玉箴		52 岁	山东黄县	电汽公司总务科科长	电汽公司
傅敬之		32 岁	山东黄县	祥泰号经理	祥泰号
刘子明		42 岁	山东青岛	大美汽车行经理	大美汽车行
郭占庭		46 岁	山东青岛	永泰和汽车行经理	永泰和汽车行
王仰光		57 岁	江苏省	中国银行经理	中国银行
王慎齐		48 岁	山东即墨	同盈益账务	同盈益
高广堂		57 岁	山东济宁	鲁大公司经理	鲁大公司
王寿山		47 岁	山东即墨	立诚银号经理	立诚银号
赵凤廷		50 岁	山东诸城	荣盛茂副经理	荣盛茂
宋海亭		43 岁	山东掖县	东源茂经理	山东掖县珍珠村

续 表

姓名	别号	年龄	籍贯	履历	通讯处
王瑞符			山东黄县		
任捷臣		43岁	山东掖县	商人	河北路顺兴祥

资料来源：青岛市档案馆藏：《中国红十字会青岛分会会员名册》，档案号：B0038—001—00017—0018。

上述会员主要是正会员，学生会员未列入。从会员的职业来看，主要以从商者为主，成员主要来自社会中上层，这样做的目的可以多纳会费，多筹捐款，从而增厚红十字会的财力基础。

3. 征募计划书

抗战结束后的复员期间，青岛红十字会为了发展会员，壮大红十字会队伍，1947年10月组建了“博爱”、“和平”两队征募会员，并拟定了征募会员计划。下面将征募计划列下：

青岛市分会征募会员计划书

一、本分会兹为发展会务，遵奉总会电饬开始举行征募会员运动。

二、本分会会员征募运动拟请名誉会长、副会长予以协助。

三、本分会会员征募运动拟分作博爱、和平两总队，每总队再分小队分别征募。

（一）博爱队。拟请赵副会长士英为总队长，郭理事致文、尹理事朴斋、宫理事少华、赵理事化程、刘理事俊华、李理事霖亭为分队长。

（二）和平队。拟请姜副会长黎州为总队长，付理事敬之、刘理事子东、曾理事汉之、宋理事兴可、田理事星五、程理事伯良等为分队长。

本分会会员征募运动额定名额为三万名，分两期征募，第一期上半年六月底结束，下半年十二月底结束。

本分会会员征募运动由各总队负责办理后汇报本会。①

由于内战激烈，局势动荡不定，青岛红十字会的会员征募工作并没有达到

① 青岛市档案馆藏：《中国红十字会青岛分会救护队工作报告表》，档案号：B0028—001—00437。

原计划目标，但其在极为困难的环境下努力发展壮大会务的精神是十分可贵的。

征集会员是青岛红十字会的主要任务之一，但是我们不难看出，青岛红十字会的会员征集工作有成绩，也有问题，问题主要是对普通群众的发动不够。

第四节　经费收支

红十字会组织的运转，各项工作的开展都取决于经济状况，因而，经费的筹集至关重要。青岛红十字会的经费收入主要有：募捐、会员入会时缴纳的会费、政府补助以及创会成员捐助。下面对民国时期青岛红十字会经费的筹集、经费开支和经费的管理进行论述。

一、募捐

从全国红十字会统计的总体数据来看，1918—1919 年捐款收入占全部收入的 51.12%，1920—1921 年激增至 83.67%。南京国民政府时期，捐款的比重有递减的趋势，如 1933 年占 32.88%，1934 年仅占 7.89%，1935 年占 12.75%①。虽然由于国民经济恶化等原因引起捐款比例的变化较大，但是不能否认的是社会大众的捐款始终是红十字会组织最重要的经费来源，从青岛红十字会的年度收入中也可以得到印证（见表 2—18）。

表 2—18　中华民国红十字会青岛分会 1933 年收入计算书

（1933 年 7 月 1 日至 1934 年 6 月 30 日）

科目	本年度收入预算	本年度实际收入数额	对比度		备注
			增	减	
绅商捐助	5000 元	2282.56 元		减	青岛红十字会因无产业，不得不仰仗各方捐助

① 张建俅：《中国红十字会经费问题简析（1912—1937）》，《近代史研究》2004 年第 3 期。

续 表

科目	本年度收入预算	本年度实际收入数额	对比度		备注
			增	减	
临时借款		757 元			自 1933 年经费不足，不得不自行筹款
共计		3039.56 元			

资料来源：青岛市档案馆藏：《中国红十字会青岛分会药品、账务账册》，档案号：A0021—001—0126。

青岛红十字会受青岛市社会局指导，其募捐之前需向社会局申请。基本程序是：向青岛社会局提出申请——获得批准后广泛宣传——向社会发布公告进行募捐——将善款统计成册——一部分留作会费、一部分上缴红十字总会。而如果发生重大灾情需要进行跨区募捐，则需报告总会，“分会以募款为原则所需一切救济费用，应报由总会于募款内酌量发给，其因灾情重大实有募款之必要，应将事实报请总会，拟定募款区域及起讫日期”①。如何通过多种方式传播红十字会救护宗旨以获得公众的认可，直接影响到募款的多寡与实际工作效率。

义赛捐赠是青岛红十字会稳定收入来源。青岛各项社会事务西方化的程度和时间都比内陆要早，青岛市政府经常在万国体育场举办赛马比赛，赛马会的收入有一部分划给青岛慈善公益组织作为服务社会经费。由于赛马会举办时间大多是夏季、初秋等天气较为炎热、疾病容易扩散的季节，除各项赛事组织者外还需要医疗人员救护。青岛红十字会自举办比赛伊始就一直无偿为运动员和观众提供医疗救护，获得了广大市民的一致好评。比如，1935 年夏季，万国体育会举行赛马，人多畜杂，难免有急症发生，青岛红十字会向青岛市政府申请派医生携带软床、药品等赶赴指定地点，预防突发情况。青岛万国体育场每届慈善赛马均会从门票等各项收入中调拨相当数量的费用给青岛红十字会，以利于救助贫苦民众。

虽然来自万国体育场的慈善捐款一度成为青岛红十字会善款的主要来源，

① 青岛市档案馆藏：《中国红十字会青岛分会关于组织非常区域救护委员会呈报市政机关及总会备案和联系警察局派警员护车的文件》，档案号：A0021—001—007。

但是自1936年以后万国体育会因赛马的收入锐减，青岛红十字会仅分得捐款200元，缺口达到800元之多。但是，青岛红十字会所有事业开展已久，尤其是设立不久的施医所事关救济平民，关闭殊为可惜。为了筹措经费，青岛红十字会在面对重大灾害时，会联合其他慈善公益团体举行义演。比如，1931年夏秋之交，全国大部分地区淫雨不绝，江、淮、汉、运、黄诸水泛滥，肇百年未遇之大水灾。沿江滨淮之鄂、苏、皖、湘、浙、赣及黄河下游之豫、鲁等省，罹害尤烈。合计全国水患波及者达23省，灾民1亿，遭洪水吞没者370余万人。广大城乡庐舍荡然，民食恐慌，疠疫丛生，交通断绝，商务萧条，全国陷入严重的经济危机之中。① 为救济水灾，10月，青岛市全国水灾救济会成立，并捐荣成路32号和33号，胶东路4号，湛山路32号和33号，芙蓉路25号、26号、27号、28号和振兴路26号、27号等公地8段，作为奖品，开展有奖募捐，发售奖券5000张，每张10元，青岛市民踊跃购买，共募赈款5万元。是年12月，由市社会局邀请市商会、青年会、红十字会等13个公益慈善团体，邀请上海电影明星郑正秋、胡蝶等登台义演新剧，并放映电影四天，共募得赈款4873元。②1932年至1933年，为救济胶（县）高（密）战役中第十七区受伤官兵和流亡学生，青岛红十字会特地组织文艺人士举行义演，得到了广大市民的踊跃支持。在青岛抗战结束后的复员期间，青岛红十字会再次利用义演筹集款项。据档案记载，青岛市西餐商业同业公会捐助难胞的善款就达到了2076.85万元，这其中包括：冠县路小组捐洋847.15万元；中山路小组捐洋646.32万元；汇泉小组捐洋582.85万元。③ 再比如，1936年，“经与社会局商定，青岛红十字会于1936年3月20、21日两天邀请物产社同仁，借新新大舞台演出的机会，开演义务戏两天，时间定于晚上7点至12点。门票所得收入用以弥补前期青岛红十字会经费的缺口。其中门票额度分别设有：两元五角、两元、一元五角、一元、五角五种，社会局批复所有的收入税额全免，以维善举。演出期间，青岛红十字会请青岛市警察局出动部分警力帮

① 李文海主编：《近代中国灾荒纪年续编》，湖南教育出版社1993年版，第291页。

② 《30年代青岛规模最大的赈灾募捐游艺会》，《青岛财经日报》2012年7月25日，A19版。

③ 青岛市档案馆藏：《中国红十字会青岛分会关于筹演义务京剧集资补助经费与有关单位往来联系的文件》，档案号：B0038—0210—01489—00135。

助维持现场秩序。”[①]通过以上方式募捐，青岛红十字会的经费获得了社会各界支持。

青岛红十字会的募捐方式是民国时期国内许多慈善组织的做法，不过由于青岛是西化色彩较浓城市，在某一募捐方式上就带有特色，比如赛马这种方式在很多城市没有，青岛自德国租界以来，赛马这项赛事就一直延续下来，为青岛慈善事业募集了不少款项。

二、赈灾募捐的一个例子

为了进一步论述青岛红十字会募捐运作，我们选取一个案例来考察他们是如何进行募捐的？看一看围绕着一次灾荒是如何进行专项募捐的。

1932 年夏，东北及豫鄂皖等省受灾严重。松花江流域阴雨连绵，各河决堤。哈尔滨全市被淹，吉林、黑龙江、内蒙古沿江县 64 夏旗被淹没于洪涛之中，村庄田禾，荡然无存。两省耕地面积被淹者达 8 成，农产损失占往年收获量 70%以上。哈尔滨水淹一个月后，全市死亡 2 万余人。[②]河南全省被灾者 114 市县，灾民 1400 余万，死亡 34 万多人。被灾县数和灾民人数居各省之首。安徽春荒夏旱，皖北 20 余县及芜湖、安庆一带疠疫流行，沉尸田野。全省灾民达百余万人。湖北春全省报灾 19 县市，灾民 230 余万，死亡人口 14 余万人。[③]

为了救济外埠灾荒，1932 年 10 月下旬，在青岛市社会局的牵头组织下，青岛商会联合青岛红十字会等青岛民间团体一起组织成立救济东北及豫鄂皖难民急赈会，并策划于 11 月 2 日至 6 日在青岛第四公园举办救济难民急赈游艺会（见图 2—10）。游艺会下设总务组，负责游艺会会场的布置和各方联络；贩卖组，负责邀请联络青岛各商号在游艺会会场内设摊售卖商品，并按一定比例

① 青岛市档案馆藏：《中国红十字会青岛分会关于筹演义务京剧集资补助经费与有关单位往来联系的文件》，档案号：B0038—0210—01489。

② 李文海主编：《近代中国灾荒纪年续编》，湖南教育出版社 1993 年版，第 354 页；骆承政、乐家祥：《中国大洪水—灾害性洪水述要》，中国书店，第 56 页。

③ 李文海主编：《近代中国灾荒纪年续编》，湖南教育出版社 1993 年版，第 359、364—365 页。

从商品销售款中提成作为赈灾捐款；艺剧组，负责游艺会会场内京剧、评戏（鼓书）、国术、杂要等4个舞台的搭建和组织节目演出；另外，还设立宣传组、出纳组和监察组。①

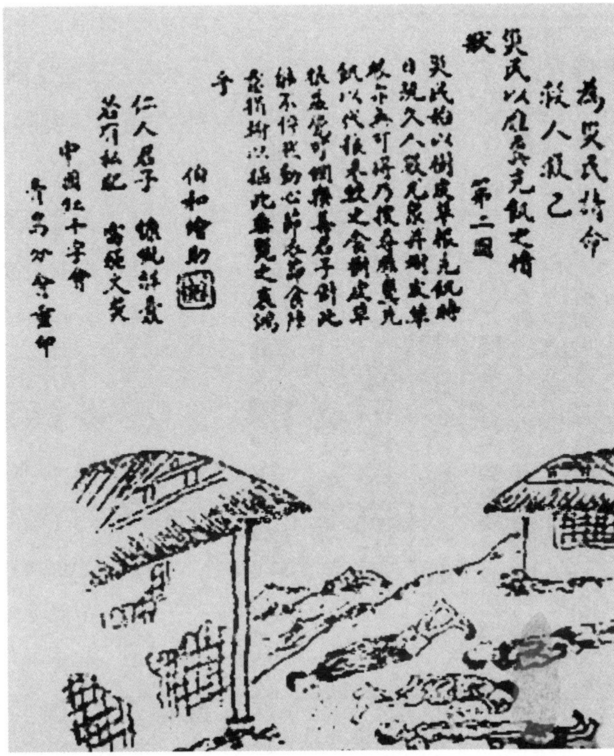

图2—10　青岛红十字会为筹募赈款宣传画

游艺会筹办会总干事由青岛红十字会会长、青岛商会会长宋雨亭担任，副总干事由青岛红十字会议长王仰光担任，青岛红十字会副会长、商会常委张玉田、姚中拔、青岛红十字会理事长于经廷、《青岛民报》社长王景西、青岛维新化学工艺社创办人刘鸣卿、青岛山左银行经理傅炳昭、洪兴德鞋店掌柜丁明德等许多青岛工商名流担任游艺会筹办会委员和各组的组长、副组长、监察长等。为了扩大赈灾游艺会在全市的影响，以期引起广大市民关注和积极参与，青岛救济东北及豫、鄂、皖难民急赈游艺会筹办委员会在《青岛民报》上广而告之："青岛救济东北及豫、鄂、皖难民急赈游艺会，准于11月2至6日，共计5天举行游艺，内有评戏、京剧、群芳会唱鼓书、双簧相声、摇奖、魔术、跳舞新剧、潮州音乐、陆海军军乐、国术等，颇有兴趣，五光十色，无奇不有，无美不备，并设有各种贩卖物品，以1元门票之代价可享受生平难睹之游戏，既得精神之愉快，又负慈善之美名，爱

① 青岛市档案馆藏：《关于为东北及豫鄂皖难民募捐在第四公园举行游艺会事宜的函》，档案号：B0038—001—00621。

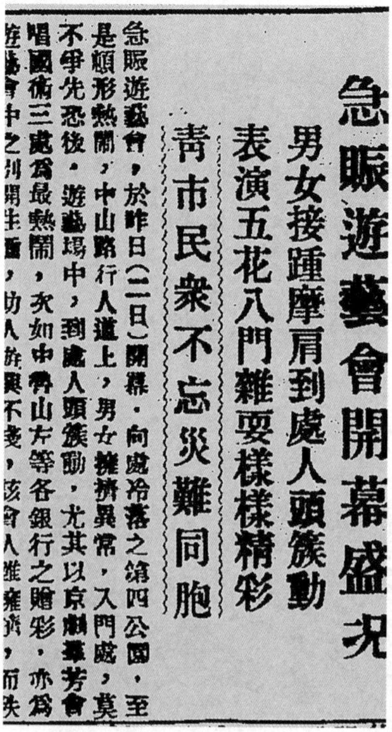

急賑遊藝會開幕盛况
男女接踵摩肩到處人頭簇動
表演五花八門雜耍樣樣精彩
青市民衆不忘災難同胞

急賑遊藝會，於昨日（二日）開幕，向處冷落之第四公園，至是頗形熱鬧，中山路行人道上，男女擁擠異常，入門處，莫不爭先恐後，遊藝場中，到處人頭簇動，尤其以京劇羣芳會唱國術三處爲最熱鬧，次如中魯山左等各銀行之贈彩，亦爲遊藝會中之別開生面，助人游興不淺，該會入雖擁擠，而秩

图 2—11　20 世纪 30 年代《青岛民报》为赈灾义演进行的广告宣传

国家爱同胞，热心救灾之市民，盍（何不）兴呼来。”①（见图 2—11）游艺会筹办总会拟订了宣言，唤起人们良心，激励人们捐赠。宣言的口号是：

（1）救济难民就是爱护国家；

（2）捐款助赈为国民应尽义务；

（3）多捐一元钱即可多救一条命；

（4）欲求民族团结须要努力救济难民；

（5）欲救我国首先要救济难民；

（6）救济难民方能保障整个民族的生命；

（7）捐款助赈是唯一的人道主义；

（8）我们要缩衣减食来救济难民；

（9）坐视难民而不救济绝不是良好的国民。②

游艺会筹办总会结合“九一八事变”后东北沦丧的民族危难，以“天下兴亡，匹夫有责”的强烈责任感，从国家救亡、爱家护国、民族延续、公民义务、人道主义和国民责任等多个方面，宣传救济难民的意义，从而提高民众对捐赠重要性认识，激励人们积极参与救灾捐赠活动。委员会为了提高游艺会门票的销售量，宋雨亭、张玉田、刘鸣卿等在积极捐款的同时，亲往岛城各商号推销游艺会面值 1 元的入场票券，旨在众擎易举。

急赈游艺会在第四公园举行。第四公园位于中山路、河南路、肥城路和曲阜路之间，1923 年修建，是一片比较方正的街心公园，面积 5000 余平方米。据刘少文的《青岛百吟秋溪初稿》记载：“第四公园甚平衍，无奇花异卉，

① 《市商会决定筹募赈款办法》，《青岛民报》1932 年 10 月 14 日。

② 青岛市档案馆藏：《青岛救济东北及豫鄂皖难民急赈会游艺会宣言》，档案号：B0038—001—00676。

树仅百余株，而在中山路侧，又近福禄寿电影院。马龙车水，为士女所恒游地。”[①] 由此可见，第四公园当时位于青岛闹市中，人来车往，颇具人气。1933年，因为要新建中山路“银行区”，即将“第四公园”迁至太平角一路东南部，此公园现已不存。

急赈游艺会在第四公园四周用苇席临时搭建围墙，东设入门，西设出门。游艺场内分别搭建评戏（鼓书）、京剧、国术、杂耍等4个表演舞台。贩卖组面向青岛全市各家商号招商而来的各个商家所设的商品出售摊位在游艺场内星罗棋布。整个游艺会场布局完善，秩序井然。急赈游艺会11月2日开幕后，第四公园热闹非凡，每天中山路人行道上，男女拥挤异常。急赈游艺会入门处，来自市内八方的市民争先恐后购票入场。游艺场中，到处人头攒动，尤其以京剧、群芳鼓书会唱、国术表演3个舞台上的表演最为抢眼和热闹。京剧有连本的《狸猫换太子》、《李旦走国》、《锔碗丁》等戏目，评戏有《乌盆记》、《大三节烈》、《昭君出塞》、《玉堂春》、《杜十娘》、《双招亲》、《书囊记》、《过新年》等戏目。舞台下，观众人头济济；舞台上，各路男女艺人，表演各显其能，艺术魅力大放异彩，时不时地引来观众的叫好声和阵阵掌声。

游艺场内其他处还有诗谜、钓鱼、气枪、转盘等游戏，并有各商号所设出售点心、饭菜、水果、香烟、日用品、衣料、皮鞋、玩具、化妆品等临时商摊，以及青岛中鲁银行、青岛山左银行等各银行的摸彩游艺，使急赈游艺会内各项游艺形式多样，兴趣盎然，生动活泼，使人游兴不浅。这些商业促销活动，借助游艺会兴旺的人气，使各类商品销售额节节攀升，各路商家在赚得盆满钵满的同时，都不忘从所售商品货款中按比例提成助赈，彰显慈善爱心。

至傍晚华灯初上，急赈游艺会全场电灯齐明，如同白昼，设在游艺会场东北角、造型为大花盘灯牌上的五彩灯泡轮动闪烁，美妙绝伦，成为岛城夜色中一大景观，特别引人注目，路人纷纷驻足观赏。[②]

2日至6日短短五天，通过销售游艺会门票、市民捐款、各家商号从销售商品收入中按比例提取赈灾款、绅商捐款等途径，筹集62004.8元，除去开销，

① 青岛市档案馆藏：《青岛百吟秋溪初稿》，档案号：B0062—001—00729—0011。

② 《30年代青岛规模最大的赈灾募捐游艺会》，《青岛财经日报》2012年7月25日，A19版。

共筹得 56412.66 元。[①] 他们将捐款和数量繁多的各类捐赠物品，寄往以上各省支援受灾地区。[②]

此次赈灾游艺会，从游艺会组织策划、游艺会内容、市民参与到各商号积极参加商业招商，堪称 20 世纪 30 年代青岛规模最大的赈灾募捐游艺会。

三、会费与政府税费减免

会员入会时缴纳的会费是青岛红十字会经费的重要来源。而会员又依据缴纳会费的多少被授予不同的称号。青岛红十字会创立初期会员分为：名誉会员、特别会员、正会员三种。随着青岛近代化的不断深入，青岛红十字会获得了越来越多的人的认可；同时，青岛红十字会对于文化水平较高的学生会员较为看重，但是受限于他们的经济条件较差，青岛红十字会放低学生会员的入会门槛。由于以上两个原因，青岛红十字会会员人数不断增加，至 1929 年达到顶峰。后来人数的增减幅度一直不大，处于较为稳定的状态，如 1934 年青岛红十字会的工作报告中就显示“招收会员并无加入亦无退出者”[③]。

除以上会费的直接缴纳外，青岛红十字会的各项事业也得到了政府的支持，间接地增加了青岛红十字会的收入。例如，青岛红十字会成立初期，由于经费有限，各项救济活动开展需要的车船费用相当巨大，青岛红十字会就向当局所属各机关申请电报、轮船、铁路的免费凭证[④]。再如1929年2月，青岛红十字会致函中国红十字总会，要求向南京国民政府申请红十字会的电报免费执照，以利于赈济行动及时有效地开展。1929 年 3 月 8 日，南京国民政府交通部批准给予青岛红十字会电报免费执照。青岛红十字会募集款项的演出活动也需要政府相关部门才能进行（见图 2—12）。

---

① 青岛市档案馆藏：《青岛救济东北及豫鄂皖难民急赈会收支清册》，档案号：B0038—001—00623。

② 《30 年代青岛规模最大的赈灾募捐游艺会》，《青岛财经日报》2012 年 7 月 25 日，A19 版。

③ 青岛市档案馆藏：《关于遵章成立征求会员会造送委员队长姓名册的函》，档案号：A0021—005—0097。

④ 张建俅：《中国红十字会经费问题浅析（1912—1937）》，《近代史研究》2004 年第 3 期。

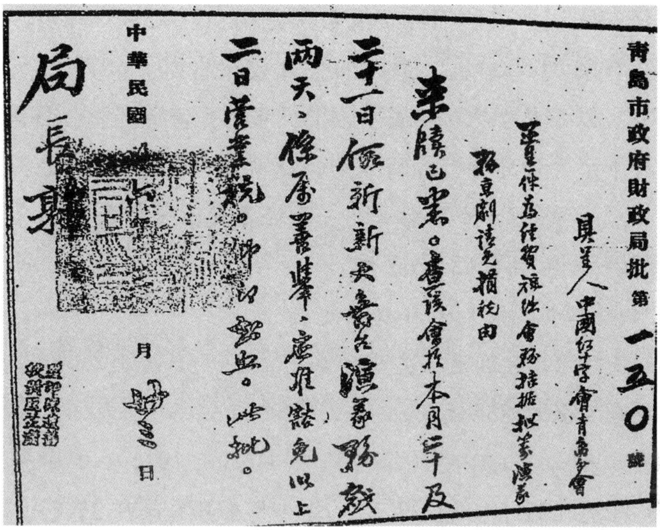

青島市政府財政局批 第一五〇號

具呈人 中國紅十字會青島分會

呈悉。查該會於本月十二及十三日假新新大舞台演義務戲兩天，係屬籌募賑款，應准豁免以上二日營業稅。仰即知照。此批。

中華民國 年 月 日

局長

图 2—12　青岛市财政局批准青岛红十字会义务演戏免税的批文

又如 1937 年 2 月根据中华民国红十字总会令发《非常区域救护事业办法大纲暨青岛市社会局转内政部令》，青岛红十字会积极赴青岛各地开展赈济活动。为方便运输药品、应用工具及各职员往返掖县沙河镇、高密、潍县等处办理救护工作便利起见，青岛红十字会特储备汽车一部，车身涂有红十字救护车字样。为节省来回经费，青岛红十字会向山东省汽车路管理局烟潍莱段段长发函："申请凡在战事期间，本车来往各处恳请当地长官颁发临时免费执照，并请转饬沿途各站以便进行。"① 山东省汽车路管理局于当年 10 月 7 日的第 3435 号指令回复同意执行。诸如此类来自于政府的优惠政策和措施从实质上减轻了青岛红十字会的经费压力，推动了会务的正常开展。

四、经费支出

青岛红十字会从创立初期仅救护战争中的伤病员和难民，到广泛参与各种

① 青岛市档案馆藏：《关于中华民国红十字会青岛分会附设慈济医院救护车请领牌照一案的代电》，档案号：B0038—210—1488—1512。

天灾人祸救济与赈饥，其所需经费的数额是相当巨大的。例如，1934 年青岛红十字会年度预算为 5000 元，最终的决算数却达到了 6079.12 元。红十字会经费支出主要有以下几个方面：战争救护、赈济、建造医院、日常开支。从下面的“中国红十字会青岛分会经费支出一览表”中就可以看出：

中国红十字会青岛分会经费支出一览表

一、1933 年结存大洋 1276.63 元。

二、1934 年本市捐募大洋 1626.6 元。

以上共计大洋 2903.23 元。支出项如下：

一、支出职员薪水 888 元。

二、支出房租大洋 150 元（自 1933 年 11 月至 1934 年 4 月，共计 6 个月。其中 1933 年 11 月、12 月每月 29 元，1934 年 1 月起每月 25 元）。

三、支出公用费用 19.21 元。

四、支出药品费用 136 元。

五、支出奖金 20 元。

六、支出制服费用 6.2 元。

七、支出文具及印件 52.05 元。

八、支出车费 13 元赶赴马场。

九、支出医院杂费 8.5 元。

十、青岛红十字会杂费 28.6 元。

十一、支出外债 40 元。外债项如下：

(1) 1933 年 11 月借 410 元。

(2) 1934 年欠发七、八两个月的公费约 300 元。

(3) 1934 年 5 月 9 日至 8 月 9 日欠付房租 75 元。以上共计大洋 785 元。

十二、支出补助东镇办事处大洋 179.4 元。

十三、支出补助沧口办事处大洋 124 元。

以上支出费用共计大洋 1672.96 元，扣除支出费用外剩余 1230.27 元。①

青岛红十字会在战争救护和难民赈济方面耗资最多（见表 2—19）。救护

① 青岛市档案馆藏：《中国红十字会青岛分会经费支出一览表》，档案号：B0038—003—00157。

难民和受伤士兵需要建构临时医院、养病所、购置药品、派遣医务队。为了防治疫病流行，还需要组织掩埋队，收葬尸骨。以上林林总总，往往需要大笔开销。

表 2—19　1934 年与 1933 年的预算数比较表

科目	1933 年预算数	1933 年决算数	1934 年预算数	预算比较增减数
药品	350 元	418.3 元	500 元	增加 150 元
文具及印件	50 元	83.86 元	60 元	增加 10 元
房租	320 元	333 元	300 元	减少 20 元
救护队和办公车费	40 元	34.3 元	50 元	增加 10 元
服装	100 元	111.2 元	50 元	减少 50 元
过境难民临时救济	100 元	78 元	500 元	增加 400 元
家具	50 元	90 元	50 元	
邮费	10 元	3.51 元	10 元	

资料来源：青岛市档案馆藏：《中国红十字会青岛分会药品、账务账册》，档案号：A0021—001—0126。

青岛红十字会对经费管理极为严格，设立资产委员会，专门负责经费的管理和支出外，还建立一套规整的管理制度和办法。青岛红十字会除定期将所收捐款及捐款人登报公布外，还将每年的账目也造册公布，而且在召开会员大会时向大会报告经费收支情况，并厉行节约博得社会信赖。

纵观青岛红十字会各项工作，足见其制度化和规范化。青岛红十字会融入近代青岛社会事业中，成为青岛社会事业发展的一股推动力量。

第三章　战地救护与灾害赈济

青岛红十字会之所以能够被广大民众所了解、认同和接受，主要是通过恤兵、救灾与赈饥来实现的。下面我们主要论述青岛红十字会在战争救护与灾害救助中的具体活动，来看一看这一公益组织所呈现的人道主义光辉。

第一节　战地救护

1935 年，青岛市政府发布的第 8572 号训令中，对青岛红十字会实施救护成绩曾进行了概括：

纵观世界文明进程，慈善事业也逐渐进步，近代西方各国均以其慈善事业的发达程度来决定其民族文明程度。青岛为华北重镇，水陆交通便利，中外杂居，慈善事业的发达程度至关重要。红十字会为国际公认的慈善机关，下设各级分会。根据万国盟约总会章则，于 1927 年组织成立，设立医院而送诊舍药，以疗民众疾苦，夏季则施茶以利行人，冬季则施寒衣并放冬赈以济贫民，其在战时则组织救护队赶赴前线负责救护事宜。1930 年诸城之战，敝分会救护队前往救护伤兵和难民甚众，而牟平、福山、栖霞、掖县、昌邑等县 1930 年，或遭匪扰或受蝗灾，哀鸿遍野。敝分会与上海济生会接洽，拨运面粉 18000 袋、防疫药水若干。本市万国体育场每次赛马，敝分会亦会按日选派医务人员携带药品前往救护。1932年9月，鲁东韩刘两军发生军事行动，虽由中央下达命令停止战争，但前方冲突时受伤的士兵在所难免，掖县的代表也到青岛红十字会请求救济，敝分会组织救护队于10月2日出发赶赴平度，在城内的街口等处设立办公处并附设临时医院，并已在莱阳等地开展工作，军民备受鼓舞。查《中华红十字总会训令》，青岛分会应将慈善事业发扬光大，必要时可呈请地方政府协助。①

从上述训令中，可以看到青岛红十会字在20世纪20年代末重新立会后，迅即投入到需要救护或救助的地方。青岛周边遇到战火，即派出救护队前去救护；没有战时，则对平民百姓施医施药，发挥一个人道主义团体所应尽的职责。

下面，就结合具体事例，来考察青岛红十字会是如何忠实地履行救死扶伤职能的。

1. 日德战争期间救护

1914年，日德战火在青岛周边燃起。中国红十字会在向青岛派出救护队进行战地救护，同时于青岛、平度、即墨等县设分会及临时医院，又于高密一带设救护机关，济南分会一起参与救护。②青岛红十字会建立后，以同善会医院和礼贤书院西偏房作为养伤疗病所，淑范女学堂作为妇女避难所。青岛红十字会成立伊始，有医生、看护、杂务、担架员共45人，同时配备了救护车2辆，救护箱1个，担架2副。③他们的任务是救护战争中受伤军民、救援安置难民。中国红十字会山东分会针对此次兵灾，积极吸收会员，出现“入会者踊跃”景象，尤以胶东人为多。他们得到政府4万元拨款，购买医药，然后组织两支医疗队奔赴胶县和即墨，参与战地救护。④平度分会获得

① 青岛市档案馆藏：《中国红十字会青岛分会三周年历行救护赈济考绩表》，档案号：B0063—001—00155。

② 池子华、郝如一主编：《中国红十字历史编年（1904—2004）》，安徽人民出版社2005年版，第30页。

③ 山东省红十字会编著：《山东红十字事业九十年》，山东友谊出版社2002年版，第3页。

④ 《东亚战声中之鲁省消息——红十字会员之踊跃》，《申报》1914年9月20日。

图 3—1　1929 年 7 月，中国红十字会青岛分会救护队出发即墨救护伤兵前合影

当地绅商 1000 元赞助，添延医生、教练、救护人才，参与战地救护。① 在此次兵灾救护中，山东分会与新设立的青岛、即墨、平度、高密分会和济南分会一道，与中国红十字总会通力合作，济渡灾民数以千计。青岛红十字会诞生并与其他红十字会一起救死扶伤，为红十字事业在青岛落地生根打下了基础。②

青岛红十字会因日德战争而设立，驻青中外人士在红十字旗帜下，并肩努力，给无辜市民提供避难场所，为受伤士兵提供医疗救助，在残酷的战争阴霾中显露出人性的温情和光辉。

2. 即墨、诸城、胶县战事救护

南京国民政府成立后，一方面全国各路军阀为扩充势力，爆发中原大战；

① 《红十字会之鲁省救济》，《申报》1914 年 9 月 20 日。

② 蔡勤禹、王永君主编：《山东红十字会百年史》，中国海洋大学出版社 2012 年版，第 21 页。

另一方面在山东的奉系军阀张宗昌图谋东山再起，挑起胶东混战；非蒋嫡系韩复榘为统一山东，与盘踞胶东一带刘珍年兵戎相见，山东战事再起。

1929 年 7 月 15 日，青岛红十字会因即墨发生战事而组织救护队，参与战地救护（见图 3—1）。战事平复后，交战双方受伤士兵除临时治疗痊愈者不计外，尚有重症伤兵 50 名一时无法治愈，青岛红十字会旋即在即墨设置临时病院，备办药品，聘请医生，每日按时治疗。①

1930 年 5 月上旬，依附阎锡山的石友三率部进攻曹州、定陶。5 月 11 日，蒋介石下达总攻击令，讨伐冯玉祥、阎锡山，中原大战爆发，山东为重要战场，紧邻青岛的诸城之战作为山东战场的一个分支，受伤士兵和逃难民众比比皆是，他们流离转徙，缺衣乏食，苦不堪言。为了尽可能减少战争带来的破坏，青岛红十字会迅速行动。先是组织募捐队伍向市内各大商铺和机构募款，然后与青岛市政府火速联系，于 3 月间组织救护队赶赴战场，救护伤兵。青岛红十字会驻诸城救护队先后治疗大量在战争中受伤的士兵、贫民。其中，救助染病和受伤兵民 672 人，施种牛痘 345 人，掩埋 98 人，其余受轻伤民众较多，先后救助共计 1247 人。②

1930 年 8 月，为了救助韩复榘军反攻胶县城造成的平民伤亡，青岛红十字会特设立治疗医院进行医药救助。另外，胶东的福山、牟平、栖霞、掖县、昌邑等地还遭到匪患和蝗灾。青岛红十字会经与上海济生会接洽后，同意调拨面粉 18000 袋及防疫药水 2 箱。③ 据《青岛红十字会第 117 号公函》显示："此次由长春轮元泰公司的货轮自海州先后运来四等赈济面粉 18000 包，原系上海济生会救助莒县、利津、福山、牟平、栖霞等县，开始拟从陕西放赈，后因交通闭塞改装到青岛散赈各县，经各方统一调度后，面粉运到青岛后存放于本市万国体育场。经与国民政府商妥，此次运输的所有粮食、面粉，各江口、海关

① 青岛市档案馆藏：《中国红十字会青岛分会二周年厉行救护赈济考绩表》，档案号：B0038—003—01469。

② 青岛市档案馆藏：《驻诸城救护队治疗伤病兵民数目统计表》，档案号：B0038—003—01472—0012。

③ 青岛市档案馆藏：《中国红十字会青岛分会赈济事务的公函、电报、通告》，档案号：B0063—00001—00247。

等各处均免于纳税，谨以此函通知驻胶海关予以放行。”①

1932 年 9 月 13 日，军阀韩复榘为了全面控制山东，派军队向盘踞胶东 12 县的刘珍年部发动进攻，双方在胶东的平度、掖县一带兵戎相见。后虽经蒋介石的特派代表蒋伯诚等进行了“调停”，但直至 11 月，韩、刘战事才以刘珍年部全部撤离山东告终。手无寸铁的普通民众在面对战争时，大多选择逃难，以逃离战火。由于青岛红十字会此前曾经多次在该地实施救助活动，在当地人民中的知名度和口碑都很好。所以，流离失所的民众选派了一部分代表赴青岛红十字会请求救济。青岛红十字会深感责任重大，由理事长程伯良亲自带领救护队，于 10 月 2 日由胶济路出发赶赴平度等处办理救护事宜②（见图 3—2、见 3—3）。

关于青岛红十字会这次战事救护过程，在 1932 年该会上报给青岛市社会局的一封公函中有详细记载：“前年胶东之战，敝会组织救护队前往战区，救

图 3—2　青岛红十字会的救护汽车

① 青岛市档案馆藏：《中国红十字会青岛分会赈济事务的通告》，档案号：B0038—00208—1437—1462—1475。

② 青岛市档案馆藏：《1932 年青岛红十字会参与战地救护工作凭照》，档案号：B0038—003—0148。

图 3—3　救护车上写着：实行博爱主义，救护受伤同胞

护民众甚众。……此次因韩刘两军在平度掖县等处又发生军事行动，凡属军事区域军民多迁徙，且掖县亦有代表到会请求救济。……程伯良亲率救护队于本月二日由胶济路出发转赴平度等处办理救护事宜。”[①]这期间，青岛红十字会筹购的四等面粉 500 包[②]，由于战火四起运输不便，遂与胶济铁路局协商。胶济铁路局决定按照半价记账的方法先行装运面粉，并发给押派员免费票，方便其办理公务。由于时近冬季，灾民缺衣少食的境地更显困难。救护队特在莱阳、掖县开设粥厂，以解民众之苦，但由于经费缺乏深感无力，青岛红十字会不得已申请万国体育场加赛马两天，所得善款全做救济之用。后经商讨，市政府从赛马中所得提成一律减免，全部用于灾民的救济工作。

青岛红十字会发扬人道主义精神，不仅对外埠伤员进行救护，还以博爱精神进行难民赈济，将救护与赈济结于一体，使红十字会人道主义内涵得到丰富。

---

① 青岛市档案馆藏：《青岛红十字会参与战争救护工作凭照》，档案号：B026—001—00159。

② 青岛市档案馆藏：《关于免票装运面粉五百包赈济掖县灾民的公函、代电》，档案号：0038—003—01473。

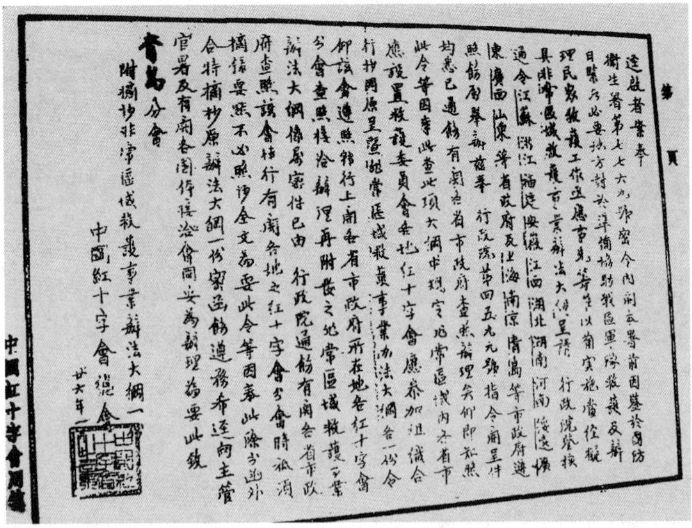

图 3—4　中国红十字会总会给青岛红十字会关于组织“非常区域救护委员会”的函

3. 抗战时期救护

抗日战争爆发前夕，为了救护伤病和办理民众救护，中国红十字会总会拟订“非常区域救护事业办法大纲”，呈请国民政府行政院核准，通令江苏、浙江、福建、安徽、江西、湖北、湖南、河南、绥远、广东、广西、山东等省政府和上海、南京、青岛等市政府遵照执行（见图 3—4）。

1937 年 1 月，中国红十字总会向青岛红十字会发来要求组织救护委员会的信函。青岛红十字会根据总会的要求，迅即组织了“青岛市非常区域救护委员会”。救护委员会由医院（耀宗医院）、商会（青岛市商会、城阳镇商会）、青岛红十字会和青岛市救济院等团体组成，下设总务组和医务组。总务组负责联络、统计、运输、材料、文书、会计、庶务等事项；医务组掌理调查、训练、医务、防疫、检验及环境卫生等事项。救护委员会设主任委员一人，副主任委员三人，委员二十一人，名单如下：

主任委员：宋雨亭

副主任委员：柳文廷、于维廷、程伯良

委员：王仰先、丁敬臣、张立堂、于维廷、战警堂、王得庭、袁明卿、陈品三、王节斋、傅敬之、刘宝庭、田星五、仉光斋、王玉箴、张子安、袁金

堂、牛玉生、王瑞卿、于绍殷、管子厚、程伯良

救护委员会特别设立急救队，专门用于战争开始后的突发性兵民伤病救护。急救队队长是青岛红十字会副理事长程伯良。急救队编制如下：

队长：程伯良

分队长：周瑞亭

医师：韩伯元、刘志远、吕相臣

特务：纪扇尘、袁明卿

护士长：邢富润

看护：四人

担架夫：二十四人

伙夫：二人

急救队设有临时医院，院长是匡耀宗，事务员有刘宗元、袁明卿、黄仙洲，医师由管庭卫院长兼任，护士长李凤，护士六人，看护十人，伙夫十人，担架夫四人。①

急救队成立后就向胶济线出发，在胶县至高密之间担任救护工作。这一段时间红十字会全靠理事长程伯良的一力承担。红十字会在青岛市外胶县、高密地区，在各抗战部队担任救济等工作，并成立第一、二、三救济队，临时医院和施疗班等。在这一过程中，青岛红十字会理事长程伯良作为救护队的队长，在胶济线高密至胶县一带，充分展现出了个人的统筹协作能力，将救护工作处理得井井有条。根据急救队长程伯良 1938 年 4 月写的信中反映：抗战全面爆发后，“敝会遵照国际公约组织救护队，出发胶济路，分驻高密一带，实行救护并在高密三街设立临时医院免费施诊，尤因时局发生以来，附近各县公私医院均行停办，以致敝会高密医院异常忙迫，友军到高（密）对本会很爱护，亦有到院看病者，惟敝会经费向由会员及民众捐助，自此次战事发生以来，会员及负责委员等大多星散不通信息，以致敝队在高经费发生困难，而每日住院伤

① 青岛市档案馆藏：《中国红十字会青岛分会关于组织非常区域救济委员会呈报市政机关的文件》，档案号：B0038—003—01484；《中国红十字会光复区分会战时工作情形调查表》，档案号：A0019—001—00532。

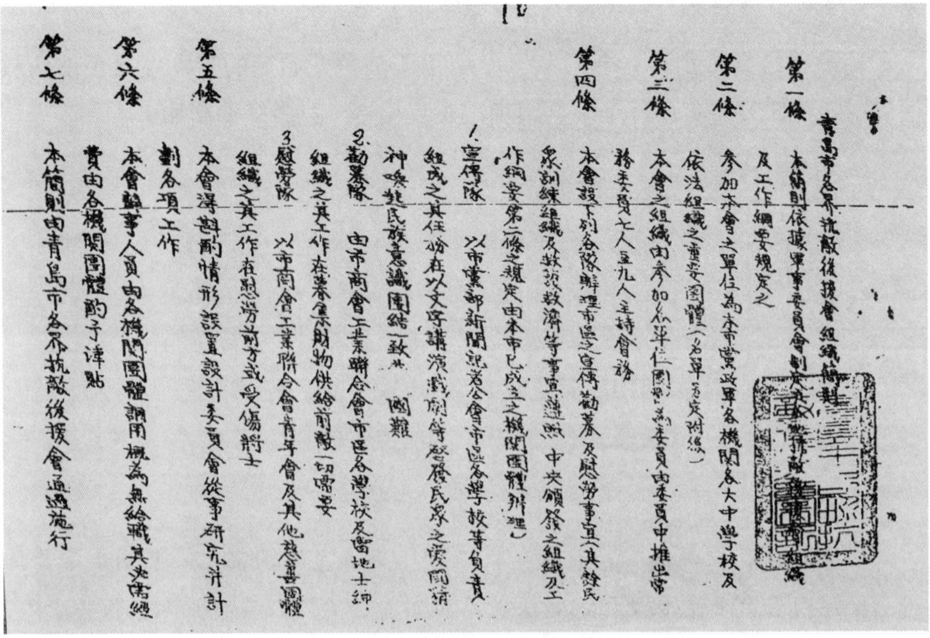

青島市各界抗敵後援會組織簡則

第一條 本簡則依據軍事委員會制定之抗敵後援會組織及工作綱要規定之

第二條 參加本會之單位為本市黨政軍各機關各大中學校及依法組織之重要團體（名單另定附後）

第三條 本會之組織由參加各單位團體派委員，由委員中推出常務委員七人至九人主持會務

第四條 本會設下列各隊辦理市民之宣傳勸募及慰勞事宜（其餘民眾訓練組織及救護救濟等事宜遵照中央頒發之組織及工作綱要第二條之規定由本市已成立之機關團體辦理）

1.宣傳隊 以市黨部新聞記者公會市區各學校等負責組成之其任務在以文字講演戲劇等啟發民眾之愛國精神喚起民族意識團結一致共赴國難

2.勸募隊 由市商會工業聯合會市區各學校及當地士紳組織之其工作在募集財物供給前敵一切需要

3.慰勞隊 以市商會工業聯合會青年會及其他慈善團體組織之其工作在慰勞前方或受傷將士

第五條 本會得斟酌情形設置設計委員會從事研究并計劃各項工作

第六條 本會辦事人員由各機關團體調用概為無給職其必需經費由各機關團體酌予津貼

第七條 本簡則由青島市各界抗敵後援會通過施行

图 3—5　1937 年，青岛红十字会参与组织的“青岛市各界抗敌后援会组织简章”

者及门诊有五六十名之多。”① 在八年救护期间，救护次数 52 次，救治军民约 10 万以上。② 青岛红十字会急救队所用医药主要来自战前储备，他们在缺医缺药、经费严重不足的艰难环境下从事战争救护，还为当地百姓进行防疫注射、施种牛痘等工作，直到战争结束才返回青岛。

除此之外，青岛红十字会还与其他青岛市党政军各机关及各主要团体在 1937 年 10 月组织了“非常时期难民救济委员会青岛分会”和“青岛市各界抗敌后援会”（见图 3—5），前一组织中青岛红十字会派副议长袁明卿担任委员。通过参加抗战时期的救护和后援组织，救济难民，支援抗战，体现了青岛红十字会博爱情怀和爱国护乡的民族气节。

① 青岛市档案馆藏：《关于青岛红十字救护队请求补助经费的呈文》，档案号：B0023—001—00337。

② 青岛市档案馆藏：《中国红十字会光复区分会战时工作情形调查表（1946 年 4 月 23 日）》，档案号：A0019—001—00532。

4. 解放战争时期救护

1946 年，发生在胶县及高密地区的战事导致第十七区所属的保安团队官兵伤亡惨重，负伤者纷纷来青。据青岛红十字会调查，逃到青岛的学生及受伤士兵总计 1500 多人。为了尽快给予受灾人群帮助，青岛红十字会积极行动，与青岛市政府商定在市电化教育馆内义务演出三天，共印制戏票 3070 张，招待券 283 张，入场券 2787 张，入场券每张售价 3000 元，将所有售票所得捐给难民。①

1947 年 1 月 25 日和 28 日，即墨普东战役爆发，即墨分会巡回医疗队全体出发两次至马山一带进行实地救护医疗，救护伤兵伤民。同年 6 月，青岛外围不断有战事发生，平度县分会组织救护队，在队长徐墨林、吴德宽率领下，深入战地，救治伤兵病民 228 名。②

1948 年 7 月 19 日，国民党军队西进至大沽河东岸，青岛红十字会前防救护队周瑞亭队长、邢南亭及队员纪日升、王正金、周云桂、姜桂、卞成礼等随胶县县政府同时出发，在大沽河东岸一带担任军民救护治疗。7 月 20 日上午，救护队“随军过河在小麻湾葛家庄一带救护军民，至 22 日下午，共计救护治疗炮炸军民 120 余人。国民党军队在本救护队治疗后转发本部外，其他普通民众均在本救护队继续治疗。23 日，邢组长带队员 4 名继续前进，周组长带队员 2 名在胶县 3 区小麻湾设立临时急救站，收容伤病军民及办理转院等工作。姜组长、韩伯元等在长岛区继续治疗”③。随着时间的推移和实践程度的不断加深，青岛红十字会在战争中救护能够达到“迅速集结，快速反应”，大大减轻了广大受伤士兵和民众遭受战火煎熬的程度。④

从以上所列举的几个历史事件中，我们还可以看到青岛红十字会从国际人道主义精神出发，以行动来履行国际人道法，无论是在本市还是在外埠，他们克服各种困难，义无反顾地投入到救死扶伤的残酷战争中，谱写了一首首人道主义诗歌。

---

① 资料来源：山东省情网，http://sd.infobase.gov.cn/bin。

② 池子华、郝如一主编：《中国红十字历史编年（1904—2004）》，安徽人民出版社 2005 年版，第 110 页。

③ 青岛市档案馆藏：《中华民国红十字会青岛分会救护队临时工作情形报告》，档案号：B0028—001—00441—0010。

④ 青岛市档案馆藏：《前防救护队致青岛红十字会的呈》，档案号：B0038—003—01484。

第二节　本埠救灾赈饥

红十字会因恤兵而设，其主旨原本是专门救护兵灾，但基于人道主义精神和原则，对于各种自然灾害也是一体救护。而各项自然灾害主要包括水、旱等自然灾害，或者匪祸等导致的疾病、灾害等的救助，属于临时性质，以解决灾民生存所需为目的。其中，采用的形式主要有设置施医所、免费施种牛痘、免费施粥等；冬季为民众发放棉衣被御寒；夏季天气湿热，行人极易口干舌燥。为此，青岛红十字会特地设置专门的供行人饮用茶水之所。另外，夏季各种流行病容易扩散，青岛红十字会专门设立防疫处，免费向民众施送各种防疫药品。

一、设立机构发放救济物资

为了方便给难胞发放救济物资，青岛市红十字会设立相关的特设机构，而自然灾害和兵灾的突发性又决定了这些机构只能是临时性的本质。1929年4月，青岛红十字会设立防疫处，为夏令盛暑散放各种防疫药品；5月，又在胶县设立特赈处和粥厂，为胶县无依无靠之难民放粥，施放红粮大米。1931年前的青岛红十字会设立了如下救济机构，见表3—1：

表3—1　青岛红十字会的赈济事业考察表

特设组名称	成立日期（起止）	施放物品	备注
特设办事处	1929.3.1		拟设胶县办事处，后为陈军所废
特设防疫处	1929.4.1	防暑物品	夏季来临，为防止夏疫爆发，特设该处施放各种防疫药品
特设急赈处	1929.5.22	施放面粉18000包	为胶东一带受兵灾和虫灾的难民救济所用
特设放粥厂	1929.5.15	施放面粉、大米各200包	为胶县受灾难民特设粥厂

续 表

特设组名称	成立日期（起止）	施放物品	备注
特设救护队	1929.6.20—8.2	西药	为即墨一带的孙刘两军交战提供救护
特设放赈处	1929.8.20—8.27	施放锅饼一万斤	为利津段黄河决口难民筹此急赈
特设救护队	1920.2.21—3.19	西药	
特设医疗医院	1920.8.25—10.20	药品由韩复渠军补助	为韩军反攻胶县提供救护
特设急赈处	1920.12.19—12.20	施放面粉500包，棉衣500套	为青岛市贫民施放

资料来源：青岛市档案馆藏：《截止1931年青岛红十字会的赈济事业考察表》，档案号：B0023—00227—0159。

此外，青岛在1932年发生了春令瘟疫，集中于四方、沧口一带。究其根本原因是该地劳工众多，卫生条件较差。由于初春转暖，瘟疫的传染可能性较大，青岛红十字会特在台东镇和沧口两处各设立办事处一处，并附设医院，专门应对这类突发性的瘟疫疾病等问题。此举解决了该地居民患病后的奔波之苦，获得了民众的交口称赞。为了加强对医院的管理和沟通，青岛红十字会特指派李仲宝担任沧口办事处主任，迟和斋担任台东镇办事处主任，方便周围居民就诊。①

以上临时性机构为青岛红十字会事业的开展奠定了良好的组织基础，正是通过这些机构的努力才逐步扩大了青岛红十字会的影响，获得了社会各界的认可。

二、救济贫民

对于贫苦穷人来说，吃饭穿衣都是一种奢求，有病求医更不敢指望治疗。青岛红十字会发扬人道主义，在治病救人同时，对弱势群体开展施粥、施药、

① 青岛市档案馆藏：《中国红十字会青岛分会公函第四五号》，档案号：B0035—0078。

施衣、施银等活动，给他们以生活救济。

1929年6月16日，青岛红十字会驻胶县办事处报告半个月的施粥情况：

6月8日，领粥人数为1000名，用米一石；9日，领粥人数为1061名，用米八斗；10日，领粥人数为1170名，用米八斗半；11日，领粥人数为930名，用米六斗；12日，领粥人数为1160名，用米一石；13日，领粥人数为1680名，用米一石四斗；14日，领粥人数为1950名，用米一石二斗；15日，领粥人数为2740名，用米五斗二升；16日，领粥人数为2362名，用米一石二斗二升。①

1930年12月，青岛红十字会特设急赈处，为青岛市无依贫民施放面粉500包、棉衣500套。② 同年，牟平、福山、栖霞、掖县、昌邑等县，遭匪扰或受蝗灾，嗷嗷待哺者众多，青岛红十字会与上海济生会接洽，拨运面粉18000袋及防疫药水两箱，分别散放。

1933年，青岛红十字会办理掖县、莱阳赈务，每名贫民发面粉半袋、红粮20斤，共用洋2184元；捐送感化所棉衣、面粉；冬赈每名贫民发京钱两吊合洋2.5角，连同感化所棉衣面粉共用洋1300元。医院门诊情况：红十字会医院门诊942人，东镇办事处门诊615人，沧口办事处门诊398人。③

1933年青岛红十字会对本市内难胞的临时救济事项具体如下：

1. 青岛红十字会医院夏令附设防疫所，并派员至各路巡视救护，发放医药品共用大洋72.5元，还在万国体育会赛马期间派救护员3名前往救护。

2. 免费向广大市民施种牛痘，并奉送解暑药，共用大洋56.6元；救济过境难民及十九路军退伍伤兵，发给川资、代购车票共用大洋123元；办理掖县、莱阳赈务每名发面粉半袋红粮20斤，共用大洋2184元；捐送感化所棉衣面粉；青岛市冬赈每名发京钱两吊，合大洋2.5角，连同感化所棉衣面粉共用大洋1300元。

3. 医院门诊情况：本年度青岛红十字会医院门诊接待942人，东镇办事处门诊615人，沧口办事处门诊398人。④

---

① 青岛市档案馆藏：《青岛红十字会呈社会局函》，档案号：B0035—0078。

② 青岛市档案馆藏：《中国红十字会青岛分会二周年厉行救护赈济考绩表》，档案号：B0038—003—01469。

③ 青岛市档案馆藏：《中国红十字会青岛分会工作报告表》，档案号：B0035—0078。

④ 青岛市档案馆藏：《中国红十字会青岛分会工作报告表》，档案号：B0035—0078。

1934年，青岛市人力车夫的生活过于困窘，待遇过低，青岛市人力车夫救济委员会向青岛市红十字会发出求助申请。青岛市红十字会向青岛市政府申请发行奖券筹资：

自青岛红十字会成立以来，承蒙市长及中外人士的协助，曾在大港码头建筑车夫避暑御寒所一处，并救济贫病交加的人力车夫60多人，但是相对于车夫的贫困无异于杯水车薪，难以普及，为延续御寒所的工作，拟定发行1000张奖券，每张1元，由各方捐赠的奖品50多种，定于1934年11月29日下午4时在曲阜路小东海举行开彩仪式，将1000元的款项全部作为救济人力车夫的基金。①

青岛市红十字会同青岛市政府积极联系，不仅向人力车夫救济委员会提供抽奖所需的物资救援，还组织工作人员义务为其活动的开展提供服务。

1935年，青岛红十字会医院发放了大量药品，具体情形见表3—2：

表3—2　1935年7月21日起至12月份领药人数一览表

时间	十滴水	避瘟散	整包疾药	零包疾药	时症丸
7月20日至8月31日	547瓶	49包	86包	10包	
9月份	250瓶	1包	3包	9包	
10月份	179瓶		3包	16包	1包
11月份	83瓶		2包	12包	2包
12月份	75瓶		3包	12包	4包
总计	1134瓶	50包	97包	59包	7包

资料来源：青岛市档案馆藏：《中国红十字会青岛分会施舍各种药品报告》，档案号：B0038—003—01482。

1939年12月，青岛红十字会鉴于冬季一般灾黎衣不蔽体，食不得饱，情殊可怜，定制棉衣2000套，预备散放，以便救济一般赤贫，同时在青海路一带调查极贫住户，发放棉衣150件。②

① 青岛市档案馆藏：《青岛市人力车夫救济会代表呈青岛社会局》，档案号：A0021—001—00506。

② 《红十字会调查贫户准备施赠棉衣》，《青岛新民报》1939年12月23日。

1946 年 5 月 17 日，东镇大名路发生火灾，被灾者 329 户计 1230 人。青岛红十字会派员前往发放急赈，每人发给国币千元，共发放 123 万余元。①

1946 年 11 月，即墨分会为服务社会，适应时势需要，培植人才，便利工作起见，成立救护常识训练班，训练期间为一个月，抽调会员受训，计受训会员 50 人，训练科目有党义、药物、急救、防疫、防毒、外科、看护、军训等八科。又于 1947 年 1 月 4 日组织巡回医疗队，以救护常识训练班学员充编巡回医疗队，共计队员 26 名。他们筹划去乡村及各学校防疫种痘等工作，并计划组织第二期救护常识训练班，大量培植救护人才，为社会服务。②

1947 年，青岛红十字会确定冬季施粥 3 个月，以 2000 人为限。12 月 23 日晨 7 时，冬季施粥开始，已登记之贫民难胞，相率至鱼山路红十字会门口领粥，共有 700 余人，以住于天后宫之难民为最多，粥用小米熬成，每人每日定量半斤小米，每人领热粥两大碗。③

1948 年 1 月 29 日，青岛红十字会购备清白布、白面等，发放给市内贫苦难民，共计贫民 3500 名，持红十字会所发之领物证前往该会外院领取，一时络绎不绝。④

1948 年 12 月，青岛北风凛冽，各地流亡到青难民甚多，皆衣食无着，东镇一带冻毙者有数十人，时状凄惨。青岛红十字会恐难民尚有未领到棉衣赈款者，特派员分赴各区突击调查，发放赈衣票，并当场发给赈款 10 万元。⑤

1948 年，国共双方在大沽河一带发生激烈交火，小麻湾葛家庄等地的受灾民众数目巨大。青岛红十字会由于前期的物资储备较为充足，针对此次战祸迅速做出反应，组织救护队发放大量物资。青岛红十字会此次发放救济物资共计发出毛毯 50 余条，棉大衣 250 件，外衣 57 件，面粉、杂粮粉等 90 份以上，共计 2131 份，实发 1186 份，尚有发票未领者 23 份，现将发放情形具体呈报如下，见表 3—3、表 3—4：

---

① 《红十字会施放急赈》，《公言报》1946 年 5 月 22 日。

② 任智经：《八年来的即墨分会》，《红十字月刊》1947 年 2 月第 14 期。

③ 《今日冬至，红十字会施粥》，《民言报》晚刊，1947 年 12 月 23 日。

④ 《红十字发慈悲，发放食面惠难民》，《大光日报》1948 年 1 月 30 日。

⑤ 《红十字会突击调查，发放赈款赈衣》，《青岛晚报》1948 年 12 月 4 日。

表 3—3　青岛红十字分会发放物资、库存物资及剩余物资报告表

<table>
<tr><td rowspan="6">发放物资</td><th>种类</th><th>数量</th><td rowspan="9">库存未放物资</td><th>种类</th><th>数量</th></tr>
<tr><td>毛毯</td><td>50 条</td><td>绒布</td><td>1 件</td></tr>
<tr><td>棉大衣</td><td>250 件</td><td>棉纱</td><td>20 捆</td></tr>
<tr><td>外衣</td><td>57 份</td><td>毛棉</td><td>3 捆</td></tr>
<tr><td>青、白布</td><td>785 块</td><td>汤粉</td><td>1 箱</td></tr>
<tr><td>面粉、杂粮粉</td><td>90 份</td><td>新咔叽布裤</td><td>50 条</td></tr>
<tr><td rowspan="3">剩余物资</td><td>棉大衣</td><td>13 件</td><td>青布</td><td>15 尺</td></tr>
<tr><td>毛毯</td><td>11 条</td><td>棉大衣</td><td>55 件</td></tr>
<tr><td>黑布</td><td>8 块</td><td></td><td></td></tr>
</table>

资料来源：青岛市档案馆藏：《中国红十字会青岛分会发放救济物品清单及 1948 年一至六月份消耗药品材料及诊疗人数报告表》，档案号：B0028—001—00441—0046。

表 3—4　青岛红十字会救济物品清单

姓名	领取面粉数量
张云路	66 斤
邵伯玉	66 斤
孙立杨	66 斤
戴付三	66 斤
任后齐	66 斤
周瑞亭	30 斤
韩伯元	30 斤
邢南亭	30 斤
姜玉卿	30 斤
姜桂	15 斤
王正金	15 斤
周云桂	15 斤
纪日升	15 斤
姜锡远	15 斤
×	15 斤
程祥泰	15 斤

资料来源：青岛市档案馆藏：《中国红十字会青岛分会发放救济物品清单及 1948 年一至六月份消耗药品材料及诊疗人数报告表》，档案号：B0028—001—00441—0046。

通过以上简单梳理，可以看到青岛红十字会累年开展人道主义救助活动，为贫民带来温暖，也使红十字会赢得民众信任和支持。

三、夏季防疫

青岛红十字会后对各项会务均不遗余力。1929年4月，青岛红十字会设立防疫处，为夏令盛暑散施各种药品。“青岛红十字会的防疫处向广大劳苦人民发放各种防疫药品，本埠前来领取药品的每天不下数百人，青岛红十字会拟根据救济人群的逐渐加大设立医院，已经聘请本埠济众医院院长李筱坡为临时院长，经查所需经费1000元，由会长李涵清担负。”① 为了防止夏季的瘟疫扩散，加强对疫情的控制，青岛红十字会特于1934年颁布了《夏令防疫办法》和《夏令鼠疫防治办法》，详细内容如下：

夏令防疫办法

1. 规定每年的7月1日至9月30日为夏季防疫期。

2. 防疫范围：以市内及西镇为范围，所有东镇、沧口等处由东镇和沧口两办事处办理。

3. 红十字会防疫处组织救护班，每三人为一班，身着制服，佩戴袖章，并携带方医药品在固定时间内按规定路线出巡，遇到时疫要及时救治，如果病重则载回医院诊治。

4. 巡诊路线由栈桥到中山路、馆陶路，经大港绕冠县路，再由广州路、云南路达台西镇，转费县路回会。

5. 途中遇到疫患诊治时要注明时间、地点和治疗情况。②

夏令鼠疫防治办法

一、夏令防疫除在本医院附设防疫处随时施诊外，还另外组成救护队以应付突发状况。

---

① 青岛市档案馆藏：《中华民国红十字会青岛分会夏令防疫办法》，档案号：B0038—208—0003。

② 青岛市档案馆藏：《青岛红十字分会夏令防疫办法》，档案号：B0038—003—01476。

二、防疫区域以市内即西镇为中心，东镇、四方、沧口等处由东镇、沧口两办事处办理。

三、救护队以三人为一队，携带防疫药品，按照规定路线、钟点（即每天的下午一点至三点）出巡。

四、出巡人员需一律身着制服，并佩戴袖章以资识别。

五、出巡视遇有发病人员，需即刻施以治疗。如果认为是重症患者，简单治疗无效者，需立即送往医院治疗。

六、出巡路线为：由青岛红十字会出发，途经栈桥、中山路、馆陶路，经大港绕冠县路、莘县路、广州路、云南路，再经西镇转费县路而回。

七、经过各路时，需在人烟稠密的地方适当停留，注意观察可能存在的病患。

八、出巡时碰到身患鼠疫者，需将患者的姓名、住址及发生地点、治疗情形分别记录下来，以便事后可查。

九、防疫期限以每年7月1日起至9月末结束，若有必要需适当延长。①

除去以上每年固定时间的夏令防疫，青岛红十字会附设医院的主要工作就是接待前来就诊的医患。仅1935年7月至1936年6月的一整年时间内，就接诊各科患者5688人（见表3—5），另外还有设于西镇三路43号的青岛红十字会平民治疗所，聘请专门医师负责采购中西各种灵验药品，以供一般平民就诊领服，概不收费。

表3—5　中国红十字会青岛分会医院医务报告
1935年7月至1936年6月治愈人数一览表（单位：人）

时间	内科	外科	妇科	小儿科	耳鼻喉眼科	牛痘科	合计
1935年7月	19	25	19	17	8		88
8月	83	176	59	33	29		380
9月	51	144	56	41	30		322
10月	56	96	49	32	36		269
11月	68	104	42	20	29		263

① 青岛市档案馆藏：《青岛红十字会夏令鼠疫防治办法》，档案号：B0038—0003—01469。

续 表

时间	内科	外科	妇科	小儿科	耳鼻喉眼科	牛痘科	合计
12月	61	81	37	23	30		232
1936年1月	39	59	22	13	21		154
2月	57	93	47	29	47		273
3月	87	129	68	61	85	80	510
4月	143	238	137	121	129	151	919
5月	140	328	141	122	172	143	1046
6月	245	415	190	180	202		1232
总计	1049	1888	867	692	818	374	5688
附记	另接收中国红十字总会拨发的时疫药水50盒						

资料来源：青岛市档案馆藏：《中国红十字会青岛分会医院医务报告》，档案号：B0038—003—01488。

青岛红十字会作为青岛历史上最为活跃的人道主义组织，发扬博爱精神，以救护和赈济为要务，既造福了民众，也为组织赢得声誉，使红十字旗帜在青岛上空高高飘扬。

第三节　外埠人道救助

青岛红十字会的服务范围不仅仅局限于本地，而是积极地与外地红十字会联系，参与赈灾，体现了青岛红十字会超越地域甚至国界限制的博爱精神。

一、山东及津沪灾害救济

1914年，高密等地受灾，青岛红十字会尚处于刚成立的适应阶段，此次救济过程得到了中国红十字总会的大力支持。9月22日，中国红十字会总办事处在沪召开第九次常务会议，鉴于“此次鲁省水灾有六七县之广，生命财产损失甚巨，水势之大较之三年前皖灾尤烈，哀鸿嗷嗷待哺，青岛红十字会迭经该省将军、巡按使及各分会来电告灾祈赈”，决定“筹募捐款，酌量放赈”。会后总会派员携带款物，分赴灾区散放。赈务持续到次年春，据放赈员报告，受灾村庄244处，其中受灾最重者1547户，次重者8599户，较轻者3237户，“均已一律放讫”，共计用款32000余元，“济渡灾民，数以千计”①。

1929年2月，利津扈家滩黄河决口，冲决村庄百余处，沾化、无棣、滨县同受其害。青岛红十字会设立放赈委员，为被淹难民施放锅饼1万斤。同年9月3日，山东菏泽刘庄大堤决口，洪水横流，淹没1000余村，当地几成泽国，百姓生活遭到严重破坏。② 灾情发生后，青岛红十字会特派理事长程伯良携款赴济南与山东赈务会一起购买锅饼，前往灾区赈济灾民。

1932年秋天，山东省西部普降暴雨，黄河决口。鲁西、豫东、冀南、苏北等地汪洋一片。灾情发生后，青岛红十字会救济队于当年8月23日出发，在鲁西、范县等地先后施赈，发出赈款共计一万多元，但是相比于灾区民众的状况来说无异于杯水车薪。为了进一步提供慈善救助，青岛红十字会积极与万国体育场联系，于11月4日在体育场加慈善赛马一场，所得善款统统捐给灾区人民。③

1933年8月16日，青岛红十字会联系青岛商会，由其购买玉米20万斤。又于1933年8月27日，派常务委员柳文廷赴掖县等受灾地区视察，再购买玉米10万余斤。所有救济物品于9月23日运齐，按受灾程度，将所有赈粮分为甲、乙、丙三等。经过统计该县内总户数共计2800余，甲等粮食每户可分170斤，乙等每户可分130斤，丙等每户可分90斤。④

1939年8月20日，由于连日暴雨，海河的天津——陈塘庄段决堤，海河南岸的平原受灾极为严重。其中，特别一区、英法日三租界、南开南市、西广开等地受灾尤为严重，最深水位可达两到三米⑤。此次水灾导致天津全市的五

---

① 周秋光:《红十字会在中国》，人民出版社2008年版，第256页。

② 青岛市档案馆藏:《青岛红十字会呈社会局救助菏泽灾情情况》，档案号:B0063—001—00140。

③ 青岛市档案馆藏:《青岛红十字会致社会局的呈》，档案号:B0063—006—0113。

④ 青岛市档案馆藏:《关于救济队开支费用致青岛商会的来往信件》，档案号:B0063—004—0122。

⑤ 青岛市档案馆藏:《关于天津水灾状况及救济工作情形的函》，档案号:B0063—001—00143。

分之四受灾，罹灾难民达到百万以上。本次灾难事发突然，事前毫无征兆。在准备措施不足的情况下，民众受灾极其严重。虽然部分群众躲在屋顶上暂时安全，但是由于救援船只不足，只能苦苦等待。不料8月30日水位稍有退却的时候，台风又至，河东李公楼村、凤林村、合浦村、唐家口及城区的西南——西开登处与近郊的各村房屋遭水灾较为严重，房屋倒塌者超过十余万间。

此次水灾、风灾，绝非天津红十字会一家可以独立承担，全国各红十字会纷纷开展募捐救济活动。青岛红十字会凑集大洋1000元，汇于天津红十字会，代为转发给天津受难同胞。在青岛红十字会的牵头下，青岛各处商号纷纷踊跃捐款：东祥商号捐款100大洋，育生益捐款100大洋，永昌泰捐款100大洋，恒泰捐款50大洋，信康捐款30大洋，协昌捐款10元大洋，永利捐款50大洋，建成捐款30大洋，华成捐款20大洋，源顺和捐款30大洋，青岛道院捐款500大洋①。为感谢青岛各界的极力相助，天津红十字会函请《大青岛报》在1939年11月5日的报纸上，予以公布表扬。

1937年7月7日，日军发动全面侵华战争，作为华东战场的上海首当其冲。为了支持上海慈善组织的赈济活动，青岛红十字会与其他地方红十字会等慈善组织迅速行动，给予上海方面物资和精神上的援助。其中牟平红十字会1937年拨给上海济生会赈灾面粉200袋，由于运输途中没有做好相关的保护工作，待运到之后细加查验，已经污烂潮湿，实难应用。考虑到青岛红十字会的理事长程伯良常年负责与其他红十字会的交流和沟通工作，人际交往范围极广，此次的面粉处理工作就由其负责。程伯良经与上海畜牧场联系后，将发霉的面粉卖作饲料用，每包1.75元，共卖得大洋350元，并将此款项归于此次青岛所有慈善组织募集的赈款之内（另面粉搬送及拨发时所请劳力的工资均由青岛红十字会支付），共计55000余元，用以赈济灾民。为了让更多的社会公众了解此次救援活动的经费落实情况，还特地将各项支出记录在案，并将灾民领取赈款时填写的表、存根及赈票一册送回本部予以备案。②

1944年8月22日，山东省章丘红十字会致函青岛红十字会："由于降水失

① 青岛市档案馆藏：《关于感谢青岛各界踊跃捐款的电文》，档案号：B0063—002—01481。

② 青岛市档案馆藏：《青岛红十字会致上海济生会的函》，档案号：A0063—0058—00115。

调，连续两年粮食歉收，六七成的粮食颗粒无收，继而又发生蝗灾，农民损失惨重。”时值天灾年份，再加上物价飞涨等人为因素，人民流离失所。虽然章丘红十字会募集到了一部分物资，但是相对于全县的几十万的灾民无异于杯水车薪，他们向青岛红十字会救助，青岛红十字会得到请求后筹备物资并派人到章丘赈灾。

二、为日本震灾募捐

1923 年 9 月 1 日，日本关东地区发生 8.2 级大地震，东京、横滨、横须贺等均遭震灾，死亡 142800 多人，毁坏房屋 45.9 万余户，经济损失 28 亿美元以上。[①] 地震发生后，中国红十字会总办事处把关东大地震的灾情通电全国各

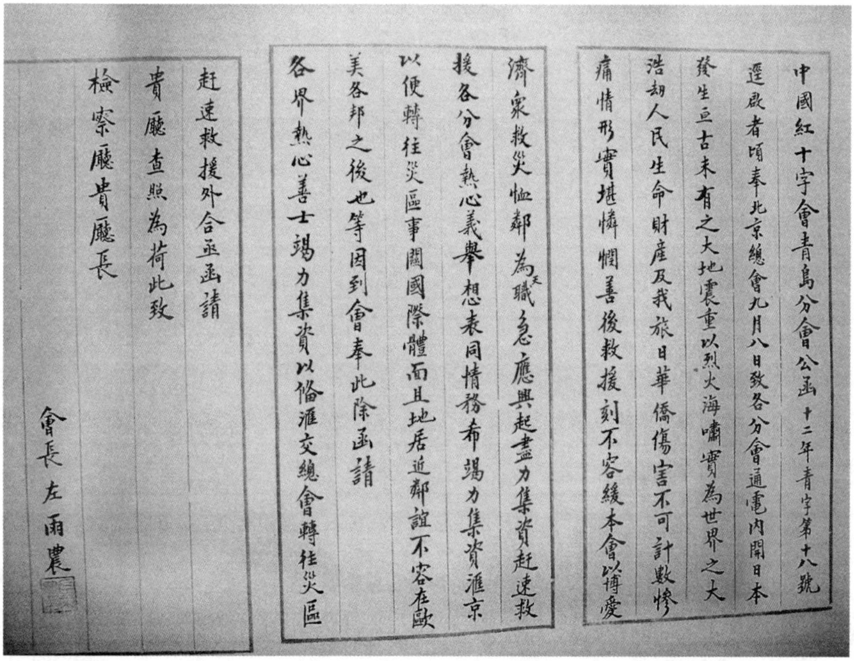
中國紅十字會青島分會公函　十二年青字第十八號
逕啟者頃奉北京總會九月八日致各分會通電內開日本發生亘古未有之大地震重以烈火海嘯實為世界之大浩劫人民生命財產及我旅日華僑傷害不可計數慘痛情形實堪憐憫善後救援刻不容緩本會以博愛濟衆救災恤鄰為職志急應興起盡力集資赶速救援各分會熱心義舉想表同情務希竭力集資滙京以便轉往災區事關國際體面且地居近鄰誼不容在歐美各邦之後也等因到會奉此除函請各界熱心善士竭力集資以備滙交總會轉往災區赶速救援外合亟函請
貴廳查照為荷此致
檢察廳貴廳長
會長左雨農

图 3—6　1923 年 9 月，青岛红十字会会长左雨农为日本震灾的募捐函

① 李灼华：《1923 年日本关东大地震后中国红十字会在救援难侨中所作的努力》，《中国红十字》1991 年第 1 期。

地红十字分会，广为募捐，以扩大赈资来源。青岛红十字会接到总会的募捐呼吁后，在岛城与其他组织积极参与募款赈灾。此时担任会长的左雨农写给青岛检察厅的信函反映了当时的情况，见图3—6。

信件的全文如下：

顷奉北京总会九月八日至各分会通电，内开“日本发生亘古未有之大地震，重以烈火海啸，实为世界之大浩劫，人民生命财产及我旅日华侨伤害不可计数，惨痛情形实堪怜悯，善后救援刻不容缓。本会以博爱济众、救灾恤邻为天职，急应兴起，尽力集资，赶速救援。各分会热心义举，想表同情，务希竭力集资汇京，以便转往灾区，事关国际体面，且地居近邻，谊不容在欧美各邦之后也”等因到会，奉此除函请各界热心善士竭力集资，以备汇交总会转往灾区，赶速救援外，合函请贵厅（指青岛地方检察厅）查照为荷。

会长左雨农

民国十二年九月十一日①

左雨农同时还给青岛总商会写信，恳求捐款，救助灾区。9月14日，青岛总商会复函称，此次劝募办法由胶澳督办公署为总事务所，青岛总商会及青岛各团体均为分所，分头进行劝募，一俟募集完竣，即交总事务所转交驻青日本领事，汇交灾区。

1923年9月13日，青岛社会各界就赈济日本震灾事务召开协商会。出席会议的有胶澳商埠局各机关、青岛红十字会与青岛商会等各团体及美国、日本驻青领事。会议就负责筹款的总事务所和地方分事务所及组织联合事务所情况进行分工，并就筹款进行汇报：(1) 关于分工情况：决定总事务所设于胶澳商埠局内；地方各团体组织分事务所，并在齐燕会馆组织联合事务所，联络各团体。(2) 关于筹款情况和筹款计划：在开会当日，民间各团体已经募集捐款已达一万五千余元。官厅方面在募捐方面虽未统计出来，数目当可观。胶澳商埠局就各机关认捐数额拟定了一最低标准：除月薪在五十元以下者随意认捐外，六十元以上至一百元者至少提成百分之二，一百元以上至二百元者提成百分之四，在二百元以上者提成百分之六，欢迎多捐。为了多筹善款，拟办一游艺

① 青岛市档案馆藏：《红十字会请赈日本震灾》，档案号：B0039—002—0141—0155。

会，内容包括演戏、魔术、武术、电影等形式，于9月22日、23日举行；大学同志会发起在大饭店内演艺助赈，于9月24—26日连演三天；青岛电影社表示将放电影一星期的收入票价的一半捐作赈款。(3) 关于采办粮食：第一批采办面粉3300包，价值10560元；采办马铃薯48000余斤，价值2283元。两项共计12843元。[①] 青岛红十字会积极响应总会呼吁，与青岛市各社会团体一道，筹集善款，募集赈灾物资，这次救援行动，起到了良好的国际影响。

从青岛红十字会建立后的行动可以看到，在多灾多难的近代中国，青岛红十字会不仅恪尽职守，履行了“博爱、恤兵”的战地救护宗旨，更将“救灾、赈饥”作为发扬人道主义精神的使命，对本埠和外埠的灾民难民及弱势群体，通过各种方式展开救济，成为战争救护与灾害救济并重的人道主义团体。

---

① 青岛市档案馆藏:《关于各界热心善士将捐助日本地震之捐额汇交总会的公函》，档案号：B0038—001—00324—0022。

中　编
（1950—1979）

第四章　青岛红十字会改组、调整与停滞

1949年6月2日，青岛解放。对于青岛红十字会而言，一方面要适应新形势对会务进行改组，另一方面要接受新考验，其功能要进行调整。随着60年代极“左”思潮日益严重，人道主义思想受到批判，青岛红十字会也被卷进了政治旋涡，出现了组织和功能进一步萎缩，直至停止活动。

第一节　改组方针

青岛解放前夕，青岛红十字会会长宋雨亭先生因年老体弱，辞去会长一职，改由副会长曾让之代替会长，负责办理会内一切事务，会内钤记等物品也在1949年5月上旬移交给新任会长，会址暂时设在上海路76号办公。青岛红十字会在历史转折关头一方面继续艰难地进行战地救护和其他救济工作，另一方面准备迎接青岛解放，为在新时期开展工作做准备。

1. 中国红十字会改组协商会议召开

随着1949年中华人民共和国成立，一些延续了几十年乃至上百年的民间组织面临存废选择，很多组织被作为封建主义或资本主义的残留遭到取缔，一些组织像中国红十字会因其有着广泛的国际影响，得以保留下来，但也必须进

行改造，以适应新政权的政治要求和使命担当，才能维系生存乃至发展。

中国红十字会原会长蒋梦麟在新中国成立前夕带领一部分红十字会职员去了台湾，许多地方的分会组织也纷纷解体。红十字会的下一步工作究竟应该如何进行？为了确定红十字会下一步如何发展、今后的工作如何开展等事关红十字会命运前途的大事，1950 年 3 月，设在上海的中国红十字会总办事处举行了第一次工作检讨会，决定派原红十字会秘书长胡兰生等 7 人组成代表团到北京，要求人民政府接管中国红十字会。政务院接到中国红十字会改组请求后，鉴于红十字会的特殊性质和历史状况，决定采取改组而不是接管的方式，并决定由中国人民救济总会、中央人民政府卫生部和外交部共同协商改组中国红十字会。于是，中国红十字会改组协商会议于 8 月 2 日在北京召开。

中国红十字会改组协商会议由中国人民救济总会和中央人民政府卫生部主持召集，会议于 8 月 2 日开始，3 日结束。出席会议的有来自政府和社会团体的代表。政府方面有卫生部、外交部、内务部、民族事务委员会、华侨事务委员会、军委卫生部和北京市人民政府等机关的代表李德全、苏井观、龚普生、谭锡三、高伯玉、王士方、傅连暲、丁执中。全国性群众团体方面参加协商会议的有中国人民救济总会、中华全国总工会、中华全国民主妇女联合会、中华全国民主青年联合会、中华全国文学艺术工作者联合会的代表伍云甫、林仲、朱学范、张元、黄振声、陈企霞。中国红十字会原有人员参加协商会议的有理事刘鸿生、吴有训、金宝善、徐国懋、徐寄庐、王晓籁及职员代表胡兰生、朱子会、傅况麟等 9 人。① 会议由苏井观、伍云甫、胡兰生三位代表轮流主持。

中国人民救济总会秘书长伍云甫在所作的《对调整中国红十字会有关问题的报告》中，肯定了红十字会是政府与人民结合的桥梁作用，指出红十字会的中立性应是具有稳定的人民立场，站稳人民立场，确立人民观点；红十字会今后要改变靠外国捐助物资作救济工作的观点，今后主要靠人民大众及政府的补助，靠自力更生，不争取外援；善意的外援可以接受，不利于中国人民的外援不接受。他提出了今后红十字会发展的参考性意见：“（一）先整顿旧有组织；

---

① 中国红十字会总会编：《中国红十字会历史资料选编（1950—2004）》，民族出版社 2005 年版，第 1 页。

对旧有会员加以训练教育，建立人民的观点，以便开展新的工作。（二）工作地区：先从城市做起，而后乡村。因城市较集中，乡村较分散，应采取由近及远，由小而大的做法。（三）业务方面：包括医疗卫生及社会救济福利工作，先搞前者，而后后者。”关于红十字会今后工作的定位，伍云甫指出主要是协助卫生部发动民间力量，开展医疗卫生工作，协助救总推行救济工作。① 伍云甫的讲话实际上为红十字会指明了在新政府中的地位和作用，是今后一段时间红十字会角色调整和改组的指针。

协商会议后改组产生了新中国红十字会第一届理事会，其中常务理事6人，理事15人，卫生部部长李德全兼任新中国红十字会第一任会长。在8月28日召开的第一届理事会第二次理事会议上通过了《中国红十字会各地分会整理暂行办法》和《中国红十字会分会暂行组织通则》，作为各地分会组织整顿的具体工作指南。

2. 红十字会任务的重新确定

按照1950年9月公布的《中国红十字会会章》规定，红十字会任务主要是：“(1) 团结群众，担任救护训练及宣传公共卫生。(2) 推动卫生防疫工作，进行医疗服务。(3) 办理灾害救助及救济性质医药卫生工作。(4) 在必要情形下，经中央人民政府政务院批准，担负国际性救助及医疗服务。”② 按照红十字会的新章程，红十字依据“预防为主”的卫生工作总方针及“动员和组织人民实行自救救人”的救济福利方针，红十字会今后的任务是协助各级人民政府，宣传并推广防疫、卫生、医药及救济福利事业。根据《中国红十字会各地分会整理暂行办法》，凡在1949年4月之前成立或筹备的分会，需按规定进行整理。整理方式依据会长、副会长离会、未离会、工作停顿、与总会无联络、被政府或解放军接管等几种情况，分类整理。《中国红十字会分会暂行组织通则》规定，整理后的分会“以市县为设立单位，并以所在市县之名称定名为‘中国红十字

① 中国红十字会总会编：《中国红十字会历史资料选编（1950—2004）》，民族出版社2005年版，第2—3页。

② 中国红十字会总会编：《中国红十字会历史资料选编（1950—2004）》，民族出版社2005年版，第3页。

某某县、市分会’。分会为在中国红十字会及所在地人民政府领导下的地方性的人民卫生救护团体”。①

中国红十字会改组协商会议和第二次理事会确定的红十字整顿和改组办法，既规定了地方红十字会改组和整顿方向，也明确了今后红十字会的发展方向，成为20世纪五六十年代中国红十字会工作指针。

第二节　改组与整顿

为了落实中国红十字会改组会议精神，青岛红十字会自1950年开始进行整顿改组。

1. 改组过程

为了学习和贯彻中国红十字会协商会议精神，掌握和把握红十字会各地分会的改组和今后任务调整，培养和改造分会组织人才，1950年11月1日至12月6日，中国红十字会总会召集30个分会的干部计51人，在北京举办学习班。青岛分会理事长程伯良参加了学习。第二年即1951年，程伯良接替曾让之代理会长。青岛红十字会业务工作并没有因为政权交替而停止，自青岛解放后的一年时间里，青岛红十字会在全市6区设服务站6处，医疗站2处，会员由1949年的142名增加到410名，商界和医界占多数。②

同时，青岛红十字会根据总会的精神和要求，也在加紧筹备改组事宜。1951年，青岛红十字会由市民政局社会科接管。1952年9月7日，经青岛市人民政府批准，正式改名为中国红十字会青岛市分会（以下简称“青岛市红十字会），由市卫生局长陈志藻任会长，章拯民任副会长，卫生局医政科科长王

① 中国红十字会总会编：《中国红十字会历史资料选编（1950—2004）》，民族出版社2005年版，第8—9页。

② 青岛市史志办公室编：《青岛史志·社团志》，新华出版社1997年版，第325页。

远之任总干事，原市公安大队教导员牟会吉任副总干事，组成新中国成立后的第一届理事会，标志着青岛市红十字会改组完成（见图4—1）。①

改组后的青岛市红十字会成为在青岛市人民政府领导下的人民卫生救护团

图4—1　1952年改组后的青岛市红十字会成立大会

体。1952年9月19日，青岛市红十字会在《青岛日报》发表《新中国红十字会青岛市分会紧要声明》：

本会于9月7日正式改组成立，旧有机构会长、理干事、职员与会员身份证书、证章等，自公告之日起一律作废。今后如佩持本会旧证书、证章或籍本会名义在外活动者，定严行追究，特此声明。

1952年9月18日②

青岛市卫生局长担任青岛市红十字会会长，改变了青岛红十字自1914年

① 青岛市史志办公室编：《青岛史志·社团志》，新华出版社1997年版，第325页。

② 《新中国红十字会青岛市分会紧要声明》，《青岛日报》1952年9月19日。

建立以来一直由工商宗教界等民间人士担任会长的历史，表明了青岛红十字会会从此将与政府卫生管理部门紧密协作，成为政府卫生工作的助手。

2. 整顿

青岛市红十字会改组后，接着由新任会长负责进行内部人员及附属机构整理工作。1953 年 6 月，青岛市卫生局在反官僚主义学习运动中，发现了青岛市红十字会内部没有专职干部，出现了闹宗派等不团结现象。于是，市卫生局长兼市红十字会会长的陈志藻在 6 月 1 日召集红十字会干部及各保健所的临时负责人召开座谈会，听取大家的意见，了解会内情况。最后商请卫生局派专职干部牟会吉到市红十字会负责开展工作。经过一系列的整顿，红十字会内部的混乱初步克服，初步订立了一些工作制度，为今后工作的改进，创造了有利条件。[①] 1953 年 6 月 11 日，青岛市政府奉全国编制委员会的来函，青岛市红十字会 1953 年人员编制为 10 人，并试行与市卫生局医政科合署办公。[②] 青岛市红十字会人员纳入国家事业单位编制，表明了青岛红十字会已经完全纳入政府卫生管理系统。合署办公虽然避免了红十字会工作与政府脱节的现象，精简了一些行政、杂项开支，但不可否认的是青岛红十字会功能萎缩，独立性和自主开展工作受到削弱。

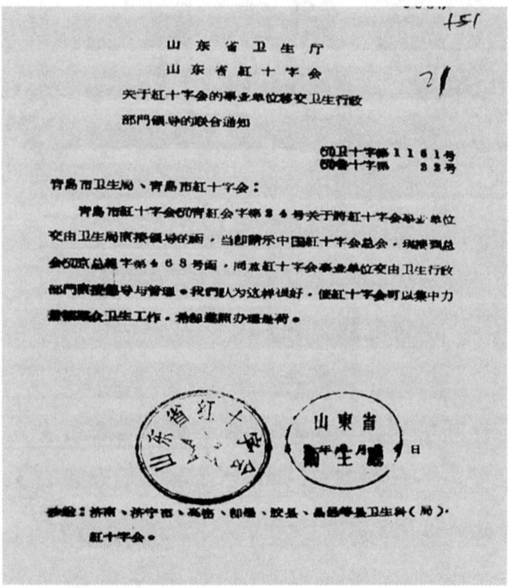

山东省卫生厅
山东省红十字会
关于红十字会的事业单位移交卫生行政部门领导的联合通知

(53)卫十字第1161号
(53)会十字第 32号

青岛市卫生局、青岛市红十字会：

青岛市红十字会(53)青红会字第34号关于将红十字会事业单位交由卫生局直接领导的函，当即请示中国红十字会总会，现接到总会(53)京总办字第468号函，同意红十字会事业单位交由卫生行政部门直接领导与管理。我们认为这样很好，使红十字会可以集中力量[illegible]会卫生工作，希即遵照办理为荷。

抄送：济南、济宁市、高密、即墨、胶县、[illegible]等县卫生科（局）、红十字会。

图 4—2　山东省卫生厅、山东省红十字会给青岛市红十字会的答复文

由于青岛市红十字会与市卫生局在工作和组织管理上日益密切，事实上已经形成了直接领导

① 《青岛分会在市卫生局领导下进行整顿工作》，《新中国红十字》1953 年第 9 期。

② 《青岛市等分会与政府卫生部门试行合署办公》，《新中国红十字》1953 年第 11 期。

关系，两部门便于1957年向山东省红十字会和山东省卫生厅请示，提出青岛市红十字会由青岛市政府领导改由市卫生局直接领导。省红十字会和省卫生厅在接到青岛市的请示后，回复如下（见图4—2）：

青岛市卫生局、青岛市红十字会：

青岛市红十字会（57）青会第24号关于将红十字会事业单位交由卫生局直接领导的函，当即请示中国红十字会总会，现接到总会（57）字总组字第268号函，同意红十字会事业单位交由卫生行政部门直接领导与管理。我们认为这样很好，使红十字会可以集中力量搞群众卫生工作，希即遵照办理是荷。

山东省红十字会　山东省卫生厅

1957年9月14日①

从文件内容可以推测青岛红十字会在山东乃至全国是较早实行与卫生管理部门联合办公，并由卫生局直接领导红十字会的，这一做法使青岛红十字会在人员编制、组织定位上完成了从体制外进入体制内过程，也使组织从一个民间性人道主义组织成为政府一个职能部门。合署办公后的青岛红十字会与青岛市爱国运动委员会等部门同属于青岛市卫生局直接管理，其关系网络如下：

<table>
<tr><th colspan="2">青岛市卫生局</th></tr>
<tr><td rowspan="2">秘书科、医政科、药政科、防疫科、保健科、中医科、妇幼卫生科、人事科、宣传科等</td><td>红十字会办公室</td></tr>
<tr><td>爱国运动委员会办公室</td></tr>
</table>

1957年12月，青岛市红十字会所属之台东、台西、四方、沧口四个保健所分别与所在区的卫生所合并，或作为区卫生所的门诊部移交。移交后业务上由卫生局领导，行政上仍受所在区人民委员会领导。②青岛市红十字会在市内的基层服务机构随之消失。

① 青岛市档案馆藏：《关于红十字事业单位移交卫生行政部门领导的联合通知》，档案号：C0056—002—00085—0066

② 青岛市档案馆藏：《关于红十字事业单位移交卫生行政部门领导的联合通知》，档案号：C0056—002—00085—0066。

3. 改组后的组织构成

青岛市红十字会改组后按照总会要求，实行理事会制。会员代表大会是最高权力机关，会员代表大会闭会期间由所选出的理事会为最高机关。理事会设会长 1 人，副会长 1 人，总干事 1 人，副总干事 1 人，下设 4 个保健所和 1 个红十字医院。1957 年，青岛市红十字会改属市卫生局直接领导后，4 个附属保健所移交给四个区的医院，由所在区卫生部门管理，不再由红十字会管理，青岛市红十字的功能进一步减弱，会内只设业务组和秘书组，负责红土字会的日常业务和运营。

改组后的青岛市红十字会第一任会长陈志藻（1901—1993）（见图 4—3），山东黄县人，1939 年在日本获医学博士学位，毅然回国服务，回国后在青岛创办博济医院任院长，1945 年 8 月日本战败投降后，青岛市政府派陈志藻与教育局长孟云桥等一行接收日本同仁会青岛诊疗班。1951 年 1 月，被任命为青岛市卫生局局长。1952 年，他领导筹备创建中国国民党革命委员会青岛市委员会，1954 年 9 月，该委员会正式成立，任副主任委员。1958 年 9 月，担任中国国民党革命委员会青岛市委员会第二届主任委员。1962 年 8 月，改选

图 4—3　1950 年 9 月 30 日，陈志藻在青岛市第三届各界人民代表会议上发言

图 4—4　章拯民、熊德龄夫妇

成立第三届委员会，继续担任主任委员，一直到 1966 年“文化大革命”爆发。“文化大革命”期间，担任中国国民党革命委员会和其他民主党派被迫停止了一切工作。1978 年恢复组织活动后，陈志藻、徐一贯、刘汉耀、张家宝、陆许溱 5 人组成了担任中国国民党革命委员会青岛市临时领导小组。通过落实政策、“右派”平反等工作，不少担任中国国民党革命委员会成员从农村返城，并恢复了担任中国国民党革命委员会基层组织的活动。从 1978 年第三届委员会之后，他一直担任担任中国国民党革命委员会青岛市委员会副主任委员。①

青岛市红十字会副会长章拯民（1907—1988），曾用名章淦，江西进贤县人，年轻时是一位爱国青年。1931 年“九一八事变”爆发，许多热血青年奔走呼号，呼吁抗日。当时正在上海东南医学院读书的章拯民参加抗日救国运动。时任学生会主席的他发起组织了一支由 30 名学生参加的“上海抗日援黑（龙江）医疗救护队”。在成立大会上，他削指盟誓，用鲜血在白布上写下了“抗日救国”四个大字，全场振奋。当这支救护队行至北平时，受到当时以北

① 青岛市史志办公室编：《青岛市志 · 政治卷》，方志出版社 2013 年版，第 206—207 页。

平医学院学生会主席熊德龄女士为代表的“北平市抗日学生联合会”的热烈欢迎。两人从此相识。救援队获正在北平的张学良的赞赏和接待，不过，张学良最终还是劝阻和解散了救援队。章拯民等人只好返回上海。1934 年，章拯民与熊德龄喜结连理（见图 4—4）。1935 年，大学毕业后在上海著名眼科教授张锡祺的眼科医院实习了一年后与夫人一起来到青岛安家创业，在济宁路与平原路交界处创办“拯民眼科诊所”，他把自己的名字“章淦”改为“章拯民”，以表示要拯救眼疾患者摆脱痛苦。拯民眼科诊所对于贫困患者免费治疗，还定期为青岛盲哑学校盲童普查，治疗眼疾，有几个失明的盲童经过精心治疗重见光明。从此，章拯民先生在青岛名声大振，逐渐成为岛城名医。新中国成立后，由于青岛市红十字会改组，在功能上更倾向于医疗卫生，章拯民因在民国时期就是青岛名医，1951 年任青岛市医务界抗美援朝委员会主任委员，1952 年被选为青岛市红十字会副会长。1959 年，他“参公行医”，结束个体行医的历史，在青岛市南区医院眼科工作。① 解放初期，他作为青岛医务界代表参加了青岛市第三、四、五届各界人民代表会议，并成为会议主席团成员。在 1951 年 1 月召开的青岛市各界人民代表会议三届二次会议上与陈志藻等 4 人担任大会副秘书长。1954 年青岛市第一届人民代表大会召开，章拯民再次以医务界代表出席会议。在第一届人代会期间，多次担任提案审查委员会委员。在 1956 年 9 月召开的一届四次会议上担任大会副秘书长和提案审查委员会副主任。1957 年在青岛市人民代表大会二届一次会议上担任大会副秘书长和提案审查委员会副主任。1988 年去世，按照他的生前遗愿，遗体为青岛医学院接收，骨骼制成标本供科研人员使用。②

到了 20 世纪 60 年代初，陈志藻不再兼任青岛市红十字会会长，周力士作为驻会副会长实际负责会长职责，主持青岛市红十字会日常工作，一直到“文化大革命”开始红十字会停止工作，原市卫生局医政科科长王远之仍任总干事，由于其工作主要是负责市卫生局医政科工作，具体工作则由副总干事牟会吉负

① 民盟山东省委员会编：《山东民盟贤达》，群言出版社 2009 年版，第 179—182 页。

② 山东省卫生史志编纂委员会编：《山东省卫生志》（1986—2005），山东人民出版社 2010 年版，第 841 页。

责。[①] 青岛市红十字会在人员更迭和办公场所多次变动中维持着，直到“文化大革命”开始才终止会务。

第三节　开展工作

1952 年 9 月，青岛市红十字会改组后，本着“预防为主”和“卫生工作与群众运动相结合”的工作方针，根据新时期中国红十字会的性质与任务，在发展基层组织、吸收群众会员、开展卫生救护和卫生站建设等方面，取得了一定成绩。

1. 吸收会员

青岛市红十字会在改组后的最初几年，会员的吸收和组织的发展都很缓慢，高潮始自 1958 年“大跃进”运动。在全市各行各业都在大干快上的“大跃进”风潮中，青岛市红十字会的组织工作在这场运动中也呈现出跃进的面貌。大部分会员都是在 1958 年 4 月百日奋战开始后发展的，到该年 11 月底，仅半年的时间，就建立 6 个区红十字会和 38 个街道红十字会，在 15 个中学及中等技术学校、64 个小学、178 个居委会、27 个工厂、两个联合医院中，建立了 322 个基层红十字会，发展会员 15869 人、红十字青少年 22268 人，共发展会员 38137 人。[②] 通过发展会员，增强了组织力量，壮大了红十字会群众基础。

在办会过程中，青岛市红十字会认识到红十字会是群众性的卫生救护团体，会员都是在各个不同的工作岗位上组织起来的，因此，他们依靠群众来办会，许多群众不仅积极参加了红十字会，而且也为红十字会发展了会员，建立

---

① 2013 年 1 月 9 日电话采访 50 年代在青岛市红十字会办公室工作张可先生，感谢张先生提供回忆资料。

② 青岛市红十字会：《依靠党政领导 开展群众办会》，《山东卫生报》1958 年 11 月 30 日。

了卫生站。

2. 开展防空救护训练

20 世纪 50 年代初，以美国为首的西方国家对新生的人民政权采取不承认政策，美国对中国进行遏制和封锁，在中国沿海地区不时有美国飞机侵略中国领土，给国家的发展和群众生活造成威胁。为了配合全民武装，加强国防建设，青岛市红十字会配合全市开展了防空救护训练。

青岛市红十字会和有关机关，在工厂、学校、街道、乡村中，训练了卫生员19973人，发保健箱760个，建立卫生站(队)275个。[①] 在防空训练内容方面，一般都以除四害讲卫生、各种传染病的预防、防空知识等为主，同时根据不同工作补充不同内容。例如，在工厂、工地，除上课程外，还补充了预防化学中毒、排气降温等安全卫生知识；农村卫生员学习成药的使用；在学校补充了体育卫生等。在教学方法上，做到了“教、学、做合一”的原则。

3. 基层组织和卫生站建设

青岛市红十字会为了提高基层卫生站业务水平，更好地向群众宣传卫生知识，主动将红十字卫生站与所在地段医疗机构挂钩，使卫生站进一步发挥卫生部门助手作用，协助担任疫情报告、传染病护理、消毒和预防接种等工作。通过红十字卫生站与当地医疗机构挂钩关系，弥补医疗卫生机构短缺、人手不足，提高卫生员业务和卫生技术水平，同时，通过红十字会员和卫生员向群众进行了卫生普及教育。

青岛市红十字基层组织建立定期训练和学习制度，提高会员的思想觉悟和业务水平。青岛国棉五厂卫生员几乎每年都要训练一次。台三居委会每天早晨集体打扫完卫生后，就组织会员读报学习，学习会员手册和红十字月刊等，还定期召开委员会和小组会议，研究与讨论工作。

青岛市红十字会基层组织还建立评比制度，对于先进及时表扬，对于不足及时提出批评。青岛国棉五厂几乎每年都要奖励一次，甚至每个阶段的卫生运

---

① 青岛市红十字会:《依靠党政领导 开展群众办会》,《山东卫生报》1958 年 11 月 30 日。

动都有表扬奖励。

各级领导重视红十字会工作是基层组织建设发展的保证。在开展卫生训练和发展会员时，青岛市委文教部直接转发了红十字会的发展计划。市卫生局按时将红十字会的工作纳入全市卫生工作计划。各区、工厂、学校、办事处围绕中心工作，适当布置和安排红十字会工作，指定兼职干部进行日常工作。青岛国棉八厂、台三居委会、金口路办事处等领导，在爱国卫生运动中，亲自动员会员、卫生员起骨干模范作用，带动群众搞好卫生工作，随时总结、表扬鼓励。①

20 世纪 50 年代青岛市红十字会发展过程中逐步总结出发展会员、建立组织必须掌握的四项原则，即“边发展、边组织、边训练、边巩固”。发展会员应首先进行宣传，提高群众对红十字会的认识；组织工作做到及时审批会员证，因地制宜地划分会员小组，确立必要的会议和学习制度，活跃红十字组织生活；大力开展卫生训练工作，普及群众卫生常识，通过学习既提高群众卫生知识水平，又巩固会员组织。这些经验在青岛市红十字会发展过程中是难能可贵的。

第四节　工作停滞

正当青岛市红十字会在新的时代以新的方式服务社会时，“文化大革命”极“左”狂潮到来，人道主义受到批判，红十字组织受到冲击。1967 年 4 月 17 日，卫生部、中国红十字会总会联合向各省、直辖市、自治区卫生厅、局、红十字会下发《对于当前地方红十字会工作意见的通知》。通知对 1967 年地方红十字会工作问题，提出以下意见：

一、当前，无产阶级文化大革命运动已进入一个新阶段，各地方红十字会的干部，都要同当地革命同志一起，积极搞好无产阶级文化大革命，狠抓毛主席著作学习，活学活用。红十字会工作，必须政治挂帅，高举毛泽东思想伟大

① 青岛市红十字会：《依靠党政领导 开展群众办会》，《山东卫生报》1958 年 11 月 30 日。

红旗，各地方红十字会的干部，要同当地卫生部门的革命群众一起，把红十字工作中帝、资、修的东西，彻底砸烂。

二、红十字会的所有会务工作，包括发展会员、建立组织、收取会费、会务知识宣传教育以及举办红十字青少年夏令营等等会务活动，一律暂时停止。

三、红十字会的卫生救护业务工作，现在还在协助卫生部门和其他有关部门进行的，仍可继续进行。进行业务工作有困难的地方，在无产阶级文化大革命期间，红十字会的干部及其工作，由卫生部门予以统一安排。

四、中国红十字会的国内工作，根据各地来京造反派代表、总会革命职工和各地来信的揭发，在办会指导思想、宣传帝资修意识形态以及方针任务、领导关系等方面，存在严重问题，必须彻底进行斗批改。关于整改的决定，有待运动后期才能做出。请各地卫生部门和红十字会的革命群众、革命群众组织，继续对红十字会的会务业务各方面，进行深刻揭发批判，并提出整改意见。①

一九六七年四月十七日

在这样的极“左”政策指引下，青岛市红十字会领导瘫痪，会务停止。青岛市红十字会遭受史无前例的浩劫。

① 中国红十字会总会编:《中国红十字会历史资料选编（1950—2004）》，民族出版社 2005 年版，第 111—112 页。

第五章　卫生救护与急救培训

青岛市红十字会改组后，主要开展医疗卫生工作，这是我国逐步建立起全能型政府后的必然结果。在 20 世纪 50 年代，青岛市红十字会突出工作是组织抗美援朝医疗队和参与爱国卫生运动；在 20 世纪 60 年代前半期，主要工作是在农村进行巡回医疗和卫生防治。

第一节　抗美援朝救护

青岛市红十字会在 20 世纪 50 年代最有历史意义的一项活动是组织国际医防服务队，参加抗美援朝的救护工作。

1. 参加红十字会国际医防服务队

1950 年 6 月，朝鲜战争爆发；10 月，中国人民志愿军赴朝参战，轰轰烈烈的抗美援朝运动开始。为了加强抗美援朝的力量，1951 年 1 月 22 日，中国红十字会总会发出《为组织救济朝鲜难民医疗队给各地分会的通知》，要求各地分会一方面发动大规模的募集慰劳品和救济品运动，以慰劳中国人民志愿军和朝鲜人民军，救济遭受侵略的朝鲜人民；另一方面，将组织一个医疗大队赴朝，担任朝鲜难民医药救济工作。医疗大队成员由各分会报名人员组成。①

通知发布后，全国各地医务工作者热烈响应，先后组成40个红十字志愿医疗队奔赴朝鲜战场服务。根据1951年4月30日《中国红十字会组织国际医防服务队工作总结报告》，在通知发出后的一个多月时间里，向总会报名的第一批单位有53个，合计833人，分布于20个省市。青岛市红十字会和医务工作者积极响应总会号召，经总会初步审核批准，来自青岛的有市红十字会10人、即墨县红十字会12人、中国人民保卫世界和平反对美国侵略委员会青岛分会42人。最后总会从833人中挑选224人编成中国红十字会国际医防服务第一、第二两个大队，于1951年3月17日从北京出发奔赴朝鲜。②

青岛市志愿赴朝医疗队是在山东大学医学院自动发起组织医防队的鼓舞下组成的。③1950年12月8日，青岛23个医药单位自动组成了一个青岛市医务工作者抗美援朝委员会，当场通过了医务工作者四项爱国公约，签名者有1460人，占全市医务工作者的90%。山大医学院在山大反美侵略委员会医院分会及工会的领导下，掀起了参加赴朝志愿签名活动，首先由内科医师带头签名，接着五官科、外科和其他科室主治医师、住院助理医师也纷纷签名，仅几天的时间，各科室签名者均达三分之二以上，达90余名，许多人要求成为首批赴朝志愿者。青岛市立医院于12月16日发起组织赴朝医防队的签名运动，仅三天时间就有医师、护士50名报名参加。即墨红十字分会40多名医护人员全部报名，后来用民主选举的方法推定12名。至1951年1月，全市90%医务工作者签名参加赴朝医防队。1月下旬，青岛市组成了42人的首批国际医防服务队，在正式出发前进行了集中的政治学习和业务学习。④

同时，青岛市医防工作者工会山大医院委员会为医防服务队募集医药基

① 中国红十字会总会编：《中国红十字会历史资料选编（1950—2004）》，民族出版社2005年版，第13页。

② 中国红十字会总会编：《中国红十字会历史资料选编（1950—2004）》，民族出版社2005年版，第26页；中国红十字会总会编：《中国红十字会的九十年》，中国友谊出版公司1994年版，第137—138页。

③ 1958年，山东大学主体从青岛迁往济南，留在青岛的海洋、水产、地矿三系与国内其他高校海洋学科整合成立山东海洋学院，后来发展成今天的中国海洋大学。

④ 《青岛市援朝医防队的组成暨出发情形》，《新中国红十字》1951年第7期。

金，于1951年1月5—7日，假市政府礼堂义演《方珍珠》话剧，募集9417000元（旧币）。青岛市妇联于2月24日下午设宴招待医防服务队的12名女医务工作者，市卫生局局长兼市红十字会会长陈志藻与青岛市医务界抗美援朝委员会主任委员、青岛市红十字会副会长章拯民等参加。2月28日下午，青岛市各界假青岛影剧院举行隆重的欢送大会。1951年2月28日，青岛各界在电影院举行了欢送首批赴朝医疗队大会，市委副书记王少庸到会致辞。青岛市人民政府、抗美援朝分会以及医药界分别设宴欢送。队员们配发了皮夹克、皮帽、皮手套、毛巾、笔记本等。3月1日，青岛市首批志愿赴朝医疗队在全市医务工作者以及各机关、团体代表、市民等锣鼓喧天的欢送中离青（见图5—1）。

图5—1　青岛社会各界在火车站为红十字医疗队送行

1951年3月1日，青岛市首批42人赴朝医防服务队出发，队长是冯雁忱，副队长王训颎、王滋才。3月2日，队员们首先抵达北京，受到了国家领导人宋庆龄、蔡畅、邓颖超、郭沫若、邵力子等的热情招待，朝鲜大使馆安排人员介绍朝鲜的风俗人情，教队员们简单的朝鲜语会话和文字书写。青岛市红十字队员与其他地方队员合编为中国红十字会国际医防服务队第二大队，他们的工作是以医治战伤为重点。① 第一批医防大队于7月24日返回青岛，在前线工作近5个月。在援朝工作期间，有张传钧、黄洵杭、张崇义、梅先受、梁保罗、于锡銮、官志荣、朱毓梅、吴绍硕、王成 、匡国桢、王孟兰、高芳春、郭成沛、刘猷枋、王者兰、魏金陵等17人立功。②

① 以上内容引自《青岛市援朝医防队的组成暨出发情形》，《新中国红十字》1951年第7期。

② 青岛市史志办公室编：《青岛市志・卫生志》，新华出版社1994年版，第252页。

图 5—2　1951 年 6 月，青岛市志愿赴朝红十字医疗队第二大队队员合影

1951 年 6 月 12 日，青岛市第二批赴朝医疗队一行 24 人离青，队长张之湘，副队长孙维林。第二批医疗队于 1952 年 6 月回青，历时 12 个月。他们在抗美援朝工作中受到东北军区的通报表扬（见图 5—2）。①

1951 年 9 月下旬，青岛市组建第三批志愿赴朝医疗队 18 人赴朝，1952 年 4 月返回，历时 7 个月。孙干卿、林有良、曹承健、周秉文、肖爱、许锦辉、赵俊珍、王淑华、戴树云、欧约翰在前线立功。1952 年 4 月，中国人民解放军华东军区后勤卫生部第四野战医院写信给青岛市卫生局对青岛派出的医护人员先进事迹介绍。②

青岛市三批志愿赴朝医疗队共 84 人，大部分是公立卫生机构的干部和卫生人员，其中有 9 人是私人开业者。青岛市除单独组织医疗队赴朝外，青岛红

① 青岛市史志办公室编：《青岛市志 · 社团志》，新华出版社 1997 年版，第 338 页。
② 青岛市史志办公室编：《青岛市志 · 社团志》，新华出版社 1997 年版，第 338 页。

十字会还组织14名医务人员，分别参加全国、山东省组织的赴朝医疗队各7人。还有3名交通检疫人员也参加了援朝工作。[①] 在青岛派出的医务队员中，有29人前线立功，医疗队集体受到东北军区的通报表扬。

2. 名医身先士卒

中国红十字会援朝第二大队大队长冯雁忱（1904—1974），山东昌乐人，1925年考入齐鲁大学医学院，1933年大学毕业，同时获加拿大多伦多大学博士学位。毕业后到北京外科工作，后又就职于南京中央医院外科。抗战爆发后，辗转于抗战后方医院，抗战结束后于1946年9月，应聘到青岛任山东大学医学院教授兼附属医院外科主任。抗美援朝开始后，他积极响应中国红十字会号召，1951年3月报名参加了中国红十字会国际医防服务队，并担任第二大队大队长，率领医护人员为抗美援朝前线夜以继日地进行救死扶伤工作，出色地完成了总会交给的任务，后来受到周恩来总理等国家领导人的接见。[②]

中国红十字会援朝第二大队副队长王训颎（1915—2003），青岛市红十字会理事。作为一名外科大夫，当时年仅36岁。他年少时就读于北京崇实中学，1935年考入齐鲁大学医学院，毕业后留校工作。1947年底，到青岛市立医院任外科二部主任，1950年任主治医师及外科主任。1951年，响应支援抗美援朝运动号召，报名担任青岛市红十字会抗美援朝医疗队第二大队（手术队）副大队长。在艰苦危险的环境下，他做手术依然一丝不苟。青岛市红十字会医疗队出发时，他带去了最好的医疗设备，还带了一台用于手术的小型X光机。即使在战地环境里，他还认真观察学习驻地医院的管理体制和其他医疗队的管理经验，为1957年青岛市立医院外三病房获评全国先进提供借鉴。[③]

有很多医生虽然没有上前线，但他们怀揣报效国家的心是炽烈的。青岛市红十字会副会长兼理事长章拯民受命担任青岛市抗美援朝医务界支会主委，首先报名参加第一支赴朝医疗队。由于工作的需要，组织没有让他亲赴朝鲜

① 青岛市史志办公室编：《青岛市志·卫生志》，新华出版社1994年版，第252页。

② 民盟山东省委员会编：《山东民盟贤达》，群言出版社2009年版，第136—137页。

③ 民盟山东省委员会编：《山东民盟贤达》，群言出版社2009年版，第132—135页。

图 5—3　1951 年 11 月，青岛市红十字会副会长章拯民（左三）与赴朝人员交谈

战场第一线，让他在后方负责全面运筹、指挥医疗队的甄选、组织工作及各项后续工作的措施的落实（见图 5—3）。在他担任这项工作期间，青岛市先后组织了四支红十字医防服务队赴朝担任战地或后方医疗救护工作。他还积极做好后方支援前线的捐献工作，带头把自己的拯民眼科医院准备购买的一部检查眼底器械和修筑医院院墙的 3000 万元（当时的币值）捐献给国家，购买飞机。① 他说，通过做这次抗美援朝的具体工作，使他回想起 20 年前“九一八事变”发生后，正在上海读书的他在东南医学院组织“援黑（龙江）医疗救护队”北上抗日情形，当时情景历历在目。虽然他已步入中年，但爱国报国之心，像年轻时一样热烈。

3. 队员忘我工作

医防队员们于 1951 年 3 月 19—20 日分别奔赴朝鲜战场，编入第三陆军总医院各病区。来自全国各地的医疗队编为两个大队，第一大队 180 人，7—8 人编成一个抢救组；第二大队 40 人，多为正规医学院校毕业的医护人员，青岛的医疗队大都分在二大队，定名为手术大队，进入陆军第三医院。医疗队自带 X 光机、手术器械、各种手术巾、纱布绷带、药品等，统一着无标识符号的志愿军服装，于 3 月 20 日，坐火车到位于延吉图们江一个河流汇合处的陆军第三医院。这是一个深入地下几十米的地下医院，出入口是慢坡很长的甬道通到地下，地下锅炉房的烟筒露出地面只有五六十公分。地面是荒坡野岭，捎带着有点庄稼地，没有村庄人烟，只有一条土路通往医院。医院规模可观、设

① 民盟山东省委员会编：《山东民盟贤达》，群言出版社 2009 年版，第 180 页。

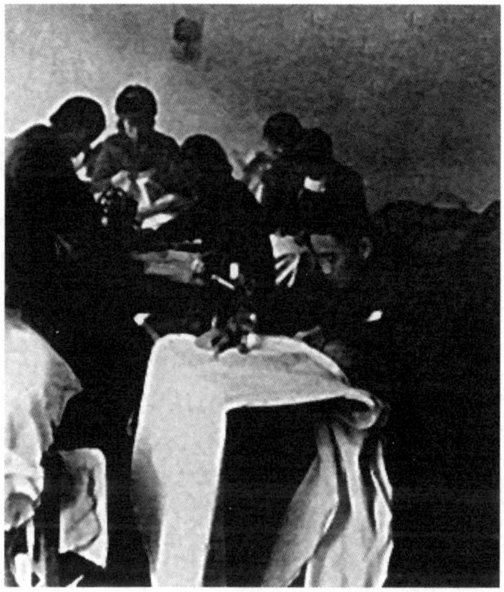

图 5—4　为了节约，医务人员自己做被单、“割症巾”

备完善、以外科手术为主，总医院距朝鲜的图们仅 15 公里，美国的飞机经常过境扔油桶或骚扰。从安全的角度考虑，地下医院分两层建筑，队员们的工作和日常生活全在地下。有危险情况时医务人员可背负伤病员打开病房外走廊上的盖板，转移到地下二层隐蔽，还有疏散的通道。

当时正值春寒料峭，医院接收的大部分是冻伤的伤员，而且冻伤非常严重，肌肉皮肤呈酱褐色，活组织全部坏死，唯一的治疗措施就是截肢。作为医疗队员，他们看在眼里，疼在心里，强忍着悲痛同伤员们交谈，宽慰他们，帮助他们树立信心，早日康复。随着战役的打响，战伤伤员增多，大批伤员从战场上经过简单的包扎后送到后方进行手术。队员们负责手术绷带石膏的制作、手术牵引架的维护管理，每天需要做大量的手术。伤病员的日常护理也要进行，劳动强度非常大，每天工作十几个小时，所谓的休息也就是守在病床前打个盹儿，每天只睡两三个小时是常事，很多队员都累得双腿浮肿。

队员们从进院，生活、工作全在地下，只有在陪同伤病员时才能到地面透透气，而且还要注意防空，严防暴露目标。战争的残酷、工作的辛劳以及艰苦的环境时刻考验着医疗队员们，但保家卫国的信念一直在支撑着他们，给予他们救死扶伤和坚持下去的力量和勇气。1951 年 7 月 24 日，青岛市第一批医疗队返青，历时近 5 个月。据统计，他们大约做了 1800 多例伤病员手术，其中冻伤手术 1000 多例。他们的辛勤工作，挽救了战士们的生命，为抗美援朝作出了宝贵贡献（见图 5—4，图 5—5，图 5—6）。①

① 以上内容引自侯素青、侯桂珍：《以“救死扶伤”助“保家卫国”》，青岛市立医院网站，http://paper.qdslyy.cn/file/life/2010—7—5/20100712034745.htm?id=374。

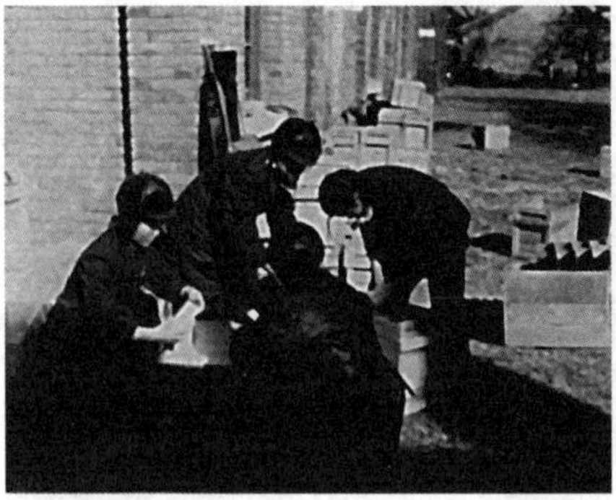

图 5—5　第二批赴朝红十字医疗队队员在北京准备药品

图 5—6　红十字医疗队员完成任务时返青告别

4. 义务捐献

抗美援朝开始后，作战武器消耗很大，出现短缺。为此，中国人民抗美援朝总会于 1951 年 6 月 1 日向全国人民发出《关于推行爱国公约捐献飞机大炮和优待烈军属的号召》。6 月 8 日，中国红十字会总会与中国人民救济总会联合向全国救济福利界发出《展开捐献抗美援朝救护机运动》号召，建议“立即在全国救济福利界展开捐献救护机的运动”，并公布《捐献救护机办法》：

一、生产者得以增产所得，不生产者得将节约所得当作捐款，必须出于自愿，防止强迫命令。

二、凡有救济分会或红十字分会之城市的救济福利团体、机关和个人的捐款，可选送当地人民银行代收，由各该地救济分会与红十字会分会另立救护机捐款户头。无救济分会和红十字分会的地方，由捐献单位或个人将捐款送交当地人民银行代收，并将捐款收据寄交北京中国人民救济总会或中国红十字会总会。①

由此，一场轰轰烈烈的捐献运动在全国各地展开。在捐献运动中，青岛市妇联联合全市姐妹捐献“青岛妇女号”战斗机一架，市文联组织文艺义演捐“鲁迅号”战斗机一架，崂山全体农民捐“崂山号”战斗机一架。截至 1951 年 12

① 中国红十字会总会编：《中国红十字会历史资料选编（1950—2004）》，民族出版社 2005 年版，第 33 页。

月 26 日，青岛市共完成捐献 32 架飞机款项，在华东乃至全国都名列前茅（见图 5—7）。

青島市各界人民
初步決定捐獻飛
嶗山地區農民將捐獻

图 5—7　1951 年 6 月 30 日《大众日报》刊登青岛市民义务捐献飞机报道

在这场义务捐献活动中，青岛市红十字系统积极响应。远在前线的医疗队大夫高芳春听到捐献飞机大炮号召后，立即从前线写信，嘱其爱人将结婚的两枚金戒指捐献，他 50 岁的嫂子张贵珍也拿出自己的首饰捐献。第一批赴朝医疗队 1952 年 7 月中旬刚回青岛，便响应卫生界的号召积极捐献，大队长冯雁忱捐献 100 万元（旧币），戚田昌大夫捐 80 万元及一枚金戒指，很快全队捐献了 960 万元和 3 枚金戒指、一副金手镯、面粉一袋、银圆一枚，全队一致表示每人每月捐献工资的 15%，为捐献“白求恩号”战斗机一架，贡献力量。①

参加红十字国际医防大队是青岛市红十字会自建立以来第一次有组织地参与国际救援，红十字队员在救援前线发扬博爱、人道的红十字精神，一丝不苟地忘我工作精神，受到了交口称赞，也为青岛市红十字会赢得了荣誉。

第二节　急救培训与医疗下乡

青岛解放初期，百废待兴，各项建设工程需要大量劳动力，因而难免有大小工伤事故发生，需要对工人进行医疗急救培训，减少伤亡事故发生。另外，农村医疗水平较低，需要医疗下乡来缓解农村看病治病难题。在这一背景下，青岛市红十字会开展急救培训和医疗下乡，为青岛市医疗卫生事业作

① 《抗美援朝青岛捐战斗机 32 架 捐款数全国名列前茅》，《半岛都市报》2010 年 10 月 20 日。

出贡献。

1. 急救训练

为了防止意外伤害，减少意外伤害所导致的疾病、残废或死亡，以保障人民健康和生命的安全，1951 年 11 月 14 日，中国红十字会总会联合各有关团体发出《关于推行急救训练的联合通知》，要求各地红十字会与各级组织一起，推进这项工作，以使广大人民群众获得处理意外伤害的自救与救人的知识，好临机应变而又能正确地采取紧急的防护办法。《通知》要求各地红十字会和各有关团体要克服认为“没有用处”或“与自己关系不大”的消极心理，克服困难，“通过各种方式推行这种当下看不见成效，而对国防建设、经济建设确有好处的工作”。《通知》还对推行急救训练的工作方法和目标做了规定：采取“突破一点”的工作方法，以求逐渐推广，“做到将来每一车间、每一班、每个单位、每个自然村均有急救站，每个生产学习的互助组、每家均有急救员”。[①] 通过几年努力，使全国基层建立起严密的“急救网”，使社会每个成员都能够感受到急救带来的好处，从而全面提升国民的健康水平。国家以这样大的规模和雄心来推进各地卫生急救网络建设，反映了新中国以崭新姿态推进国民身心建设的豪迈壮志。为了使急救工作有章可循，中国红十字会编印了《急救》教材和“急救训练挂图”，作为各地培训之用（见图 5—8）。

青岛市红十字会以实际行动落实总会关于开展急救训练工作指示，首先选择了易生伤害的建筑行业进行试点，在总结经验后再在其他行业普遍展开。为了使建筑工人发生意外工伤后能够得到急救，1953 年青岛市红十字会与青岛建筑公司取得联系后，由公司根据各工地的具体情况，决定在湛山、山东大学、水清沟三处工地开展急救员的训练工作。培训开始前召开各工地负责人会议，慎重选择 120 名平日工作表现好，学习积极，并且具有一定文化水平的工人为首批学员。在训练工作中，青岛建筑工程公司各工地又抽调了 12 名卫生员，深入到各小组担任辅导工作。青岛市红十字会和所属保健所的 7 位医生分

① 中国红十字会总会编：《中国红十字会历史资料选编（1950—2004）》，民族出版社 2005 年版，第 35 页。

别担任教评工作。学员学习 8 天，每天 3 个小时。学员们除在课堂上热烈讨论外，还在工地上练习操作，把学习的急救知识与技能在工地上运用，处理了不少外伤，使工地伤亡率下降。学员们都很珍惜这次学习机会，他们吃完饭后都自动聚在一起进行研究讨论和练习实际操作，有的学员温习功课直到半夜十一二点才睡觉。120 名急救员的训练工作结束后，根据工地的具体情况，组成了三个急救站，分别设立在湛山、登州路、水清沟三个工地，站下面划分了急救小组，青岛市红十字会发给每个急救站一个急救箱，里面装着简单的急救用品和药品。① 急救员不但能够及时处置简单的突发性工伤，还利用学到的急救知识向工人宣传教育，使工人的安全卫生知识得到增强，从而减少和防止发生工伤事故，达到了急救培训的目的。

图 5—8　为了配合急救和群众卫生工作，中国红十字会编写了一套卫生丛书

为了在搬运工人中进行急救训练，1954 年，即墨县红十字会在胶济铁路蓝村、城阳两车站，在搬运工人中训练急救员，设立急救站，两个车站在 3 个多月时间里处理工伤急病 1064 人次。城阳车站搬运工人急救员在保护工人健康上争取主动，克服等待急救思想，如有的急救员说：“刀疮药怎样好，不如不割破”；有的急救员说：“我们怎能想办法使大家不受意外损伤，减少痛苦。”他们让搬运工人认识到安全卫生的重要性，随时随地向工人宣传如何重视安全，如在搬卸钢、铁、石头、毒品等物品时，急救员先去查看有无危险，研究如何进行才安全，从而减少工伤急病发生。工人们对急救员有了信心，并鼓起

① 《本市红十字分会开始训练工地急救员》，《青岛日报》1953 年 10 月 21 日。

了积极工作的热情。有的工人说:“现在不但有了工伤急病能够得到及时的救治，而且还防止意外损伤的发生。”①

除此之外，青岛市红十字会还根据青岛夏天到海边游泳人多，每年都会发生游客溺水事故，还专门在1982年6月举办水上救护训练，训练了一批水上救护训练员，保障了游客的生命安全。②

2. 训练科学助产法

为了推进群众性卫生工作，提高家庭护理水平，中国红十字会编辑出版了《家庭护理》、《群众卫生》等书籍，青岛市红十字会结合本市情况，以教材为内容进行工作。在此期间，最值得一提的是对农村接生婆进行科学培训，使她们掌握健康卫生的接生方法。

在医学落后的年代，女人把生孩子称为过鬼门关。在农村，由于医疗卫生设施落后，产妇生育主要靠接生婆。接生婆一般是靠世代相传的经验接生，缺乏产前检查和产后访视等基本环节，消毒卫生做得很差，很多接生的器械只用开水烫，受到污染的双手和器械把病毒带给产妇，很多产妇得了产褥热，死亡率很高。有数据显示:在1920年到1930年之间，估计有20万无知识的旧式接生婆分布全国，导致产妇死亡率15‰，婴儿死亡率150‰—300‰。而在同一时期，英、美、法的产妇死亡率是3‰—5‰，婴儿死亡率是80‰—90‰。中国的产妇和婴儿的死亡率是欧美国家的三到五倍。③为了改善农村这种落后的接生方法，减少新生儿和产妇的死亡率，青岛红十字会在农村中推行新法接生，宣传妇幼卫生，将推行新育儿法作为卫生工作的一项任务。

1953年，胶县红十字会在农村推行新法接生，宣传妇幼卫生，并结合推行新育儿法，达到逐步减少妇婴的疾病与死亡，他们在胶县第十三区临洋乡建立了接生站。建站之初有很多群众不理解，工作人员便先在乡、村干部会上，

---

① 《即墨县城城阳车站搬运工人急救员积极作预防工作》,《新中国红十字》1954年总第39期。

② 青岛市史志办公室编:《青岛市志·社团志》,新华出版社1997年版，第327页。

③ 《民国接生婆手段可怕，每天500个孕妇死亡》,《现代快报》2010年12月2日。

说明建站的意义，争取乡、村政府的重视与支持。然后再深入到互助组、民校、街头或农民家中，由乡、村干部或红十字医务人员进行宣传，向群众说明建立接生站的目的是为了更好地为母亲和孩子解除疾苦与减少死亡，结合实例做新旧接生法对比，从而让群众了解新旧接生法对于妇婴的健康和生命安全的区别，认识新接生法的好处。他们还向群众说明收费是合理地给予接生员的报酬，过去给产婆送一斤肉、一条毛巾、一斤饼等的开支，都超过新法接生的数额。经过胶县红十字会工作人员的努力，大多数的干部、群众对建立接生站有了相当的认识。然后，胶县红十字会再开建站会议，由区、乡、村干部、乡长、文书、武装队长、乡指导员、区妇联主任、乡妇联主任、村长、村文书等和接生员进行详细的讨论后，由胶县红十字会妇幼保健所发给接生包两个，正式建立起接生站。① 新接生法强调科学卫生，对于产妇，在孕期卫生、产前检查、产后访视、一般护理及预防常识等方面对接生员进行培训，使接生员改变以往不注意卫生和落后的接生方式，保障妇婴的身体健康。

青岛市红十字会还进行过计划生育宣传。1957 年 10 月，他们与市卫生局、妇联、工会、文化局、科协联合举办了大型节育展览会，展出了挂图、模型、照片、展牌、实物等，先后在全市 8 个点进行展出，时间长达半年之久，观众达 26 万多人，并对一万多人进行了避孕节育咨询指导。②

3. 送医下乡

20 世纪五六十年代，农村医疗资源严重不足，农村医疗水平非常落后，农民小病忍着，大病才看郎中，所以农民寿命短。为了改变农村医疗水平落后局面，青岛市红十字会担负起送医下乡、为农民看病治病的工作。

青岛市红十字会为了支持农村合作化运动，组织部分卫生人员成立巡回医疗队，从 1955 年 9 月起，到崂山郊区农村进行医疗和卫生宣传工作。到同年 12 月，巡回医疗组在崂西区和崂东区巡回医疗 1000 多人次，许多病人因为得到及时治疗，恢复了健康。青岛市红十字会崂山卫生院还在惜福镇、流亭和崂

① 《胶县分会在十三区临洋乡建立接生站》，《新中国红十字》1953 年第 9 期。

② 青岛市史志办公室编：《青岛市志 · 卫生志》，新华出版社 1994 年版，第 166 页。

西三个区为农业生产合作社训练了 240 名卫生员。经过培训，学员们学会了一般外伤急救技术、常见传染病的科学预防常识，以及开展爱国卫生运动方法。青岛市红十字会还赠送给每个高级农业生产合作社急救包四五个，内装急救药品。① 对于红十字会在五六十年代送医下乡的情况，虽然已经过了半个多世纪，对于当时红十字会医疗下乡活动的影响，至今还有人记忆犹新。据当时担任青岛市红十字会秘书组秘书的李建栋回忆："红十字在当时很有影响力，红十字的标志就像一面旗帜，他们每年春天都会抽调医生护士去崂山、城阳等地的村子进行巡回医疗、防病治病。那时候他们就住在乡公所或乡政府，医生护士们就背上药箱一个村一个村的走，近郊的村子我们几乎都去过。他们还为农村生产队培训卫生员，在农村普及卫生知识，无偿地给各个村提供木制的卫生保健箱，里面有常用的外伤药。" ② 对于红十字会员下乡送医的精神，刊登在《中国红十字》上的一首诗歌《牡丹花开朵朵红》，表达了群众的感激之情：

牡丹花开朵朵红，
红十字会员受欢迎，
随时有伤随时救，
不花钱又不误工。

玫瑰花开喷喷香，
红十字会员真光荣，
讲卫生他带头干，
除四害他打先锋。

牡丹花红玫瑰香，
群众热爱咱会员。
人人称赞会员好，

① 《红十字会青岛分会组织人员下乡巡回医疗和训练卫生员》，《青岛日报》1955 年 12 月 16 日。
② 菡萏：《建国初期的青岛市红十字会》，《微尘》第 1 期。

人人健康多劳动。①

解放初期，青岛展开大规模水利工程建设。在建设工地，经常能够看到青岛市红十字队员身影。1951 年 4 月开始，青岛崂东区一带开始挖掘河道工程，青岛市红十字会崂东服务站在代理主任张景山领导之下，偕同医护人员对挖掘河身的民工施行医防工作，仅一个星期时间就治疗病伤 66 名。市北区服务站还在“五四”青年节运动大会时，主动组织救护队前往汇泉会场工作，总计治疗病伤 31 名。②

在送医下乡过程中，青岛市红十字会领导身先士卒，亲自带领医防人员深入乡村，走村上户，服务农民。副会长章拯民于 1965 年、1968 年和 1971 年先后三次参加青岛市红十字会农村巡回医疗队，在青岛市郊棘洪滩、平度、招远等农村地区，坚持送医送药到门，坚持培训农村医疗队伍。1971 年夏，他已经患肝炎，仍带病坚持参加农村巡回医疗队工作，带着有病的身体到招远农村为乡民看病。工作时，他不要领导和同事们的照顾，同大伙一起翻山越岭，蹚河涉水，走到哪里就看病送药到哪里。③青岛市红十字会理事、青岛市立医院大夫王训颎在 1965 年带领巡回医疗队在崂山县马戈庄公社医院工作半年，精湛技术广为传播，时隔几十年后，仍有农村病人辗转打听曾在马戈庄“开刀”的王院长。④冯雁忱大夫也多次参加支农医疗队，受到干部和农民好评。⑤

青岛市红十字会通过送医下乡，使红十字救死扶伤精神深入基层，扎根社会，在公众中赢得口碑，他们的工作也受到青岛市委、市政府的表扬。青岛红十字会送医下乡是新中国成立后红十字会作为群众性卫生救护团体在实践中的具体实施，改变了解放前青岛红十字会主要是事后被动应对突发事件的状况，改为主动进行疾病预防和卫生急救及医疗知识普及，不仅救死扶伤，还促进了农村医疗水平和人们健康水平的提高。

---

① 张桂林：《牡丹花开朵朵红》，《中国红十字》1958 年第 4 期，第 5 页。

② 《青岛分会两服务队自动组织救护队》，《新中国红十字》1951 年第 9 期。

③ 民盟山东省委员会编：《山东民盟贤达》，群言出版社 2009 年版，第 181 页。

④ 民盟山东省委员会编：《山东民盟贤达》，群言出版社 2009 年版，第 134 页。

⑤ 民盟山东省委员会编：《山东民盟贤达》，群言出版社 2009 年版，第 136 页。

第三节 爱国卫生运动

青岛市红十字会适应新形势变化，根据总会的指示，将卫生救护作为主要工作，并响应中央和总会的号召，以具体行动消灭疾病根源，由此在20世纪五六十年代开展了一场轰轰烈烈的爱国卫生运动。

1. 爱国卫生运动的发起

爱国卫生运动是20世纪50年代在全国进行的一场全民卫生运动。运动起因于1952年春，抗美援朝已经进入到第二个年头，美国对我国沿海地区施放有毒细菌。中央政府高度重视公共卫生事业，毛泽东主席发出号召："动员起来，讲究卫生，减少疾病，提高健康水平，粉碎敌人的细菌战争。"中国红十字会总会发出了开展爱国卫生运动的号召，指出爱国卫生运动是一个政治性的任务，并成为新中国红十字会务活动的一个重要内容。针对美军用细菌毒虫来杀害无辜平民，红十字会工作者及全体会员应在爱国主义和革命人道主义思想的指导下，普遍地、深入地将爱国卫生运动开展并坚持下去，变成一个经常性的工作，变成是群众良好的习惯。① 为了领导青岛爱国卫生运动，青岛市政府在1952年12月成立青岛市爱国卫生运动委员会，将反细菌战与爱国卫生运动结合，爱国卫生委员会吸收红十字会、青年、妇女、工会、卫生、文教、农业、水利、军队、宣传等部门参加。② 此后，爱国卫生运动成为20世纪五六十年代的常态性运动。

爱国卫生运动从开始的防细菌到大跃进运动发生后，配合群众卫生工作的大跃进，进一步发展到消灭老鼠、麻雀、苍蝇、蚊子的"除四害"。1958年2月12日，中共中央和国务院发出"关于除四害、讲卫生的指示"，指出除四害、

① 《继续普遍开展爱国卫生运动是红十字会活动的一个重要内容》，《新中国红十字》1952年第10期。

② 青岛市应急管理办公室、青岛市档案局编：《青岛建置以来重大突发事件与应对》，青岛出版社2011年版，第37页。

讲卫生的根本目的就是“消灭疾病，人人振奋，移风易俗，改造国家”。指示要求红十字会会员积极投入除四害、讲卫生的群众运动中去，并且努力加强自己的工作，力求站到群众运动的前面来促进运动的发展。[①]为了贯彻落实中央精神，中国红十字会总会于2月21日发出《关于动员全体会员积极参加除四害、讲卫生的通知》，通知要求各地红十字会员要把除四害、讲卫生作为一项主要任务落实在卫生知识教育和卫生救护训练中；在社会卫生宣传方面，各地红十字会要利用各种形式的宣传工具和各种场合，来加强除四害、讲卫生的宣传；要充分发挥会员组织的宣传作用和组织作用，使之成为卫生部门和有关科学研究机构实现技术指导的助手；通过这场爱国卫生运动，各级红十字会要结合运动的开展，整顿和健全基层组织，进一步发挥基层组织在运动中的作用。[②]1957年，《光明日报》发表《充分发挥红十字会的作用》一文，强调红十字会在“群众卫生活动”中的作用，以促进“群众卫生事业得到更大的发展”。开展爱国卫生运动成为红十字会在新时期的又一项政治任务。

2. 消灭病媒虫，防治传染病

1952年3月，美国先后出动4次9架次飞机侵入青岛上空，在青岛市投放鼠疫杆菌、霍乱弧菌、炭疽杆菌、伤寒杆菌等病毒的苍蝇、蜘蛛、蚂蚱、蚊子、蚂蚁等细菌毒虫，造成疫病流行。美机对青岛进行4次骚扰后，除陆地发现毒虫外，又陆续发现在山东头村前的海滩上、太平角海滩上、王哥庄会场村海口等沿海很多地方的海滩上都有毒虫，最密的地方每平方米约五六千个，一般密度为四五十个，大部分为猿叶虫、步行虫、瓢虫、椿象、蚂蚱、金龟子等害虫，也有少数苍蝇臭虫、蜂子等，还有其他毒物。[③]对于美军使用细菌武器伤害无辜平民的暴行，中国红十字会利用国内外各种场合，严厉谴责美军这一罪行，认为美军的暴行显然违反了自己所签订的《日内瓦红十字国际公约》。

① 中国红十字会总会编：《中国红十字会历史资料选编（1950—2004）》，民族出版社2005年版，第53页。

② 中国红十字会总会编：《中国红十字会历史资料选编（1950—2004）》，民族出版社2005年版，第53—54页。

③ 青岛市史志办公室编：《青岛市志·卫生志》，新华出版社1994年版，第293—295页。

传染病菌发现后，青岛市人民政府当即责令市卫生局联合有关部门，于1952年3月11日组成“青岛市细菌战防御专门委员会”，22日改为“青岛市防疫委员会”，并设立专职办事机构。市内6区及崂山办事处均成立防疫分会，各区防疫分会之下，按主要路段设立防疫站，站以下各街道设卫生小组作为防疫机构的最基层组织。全市共有7个防疫分会、74个防疫站。同时组织了专业防疫大队，下设防治、检疫、防疫3个中队。各中队下属各小队和各小组均于3月20日后分赴各战斗岗位，青岛市红十字会会员与全市公私医药工作者自动申请报名参加防疫工作的就有2176名。①

为了控制细菌疫情蔓延，青岛市细菌战防御专门委员会发布《关于扑杀毒虫的办法》，要求全市人民分区、分路段扑杀，由内及外、由近及远、重点扑杀相结合，选择成群的地方，后普遍搜查扑杀；扑杀中多数用火烧，少数以土埋；并组织专业人员传授扑杀技术，使广大群众很快掌握扑杀方法。为使宣传教育工作做到家喻户晓、人人皆知，青岛市红十字会组织和发动会员，与青岛市医药科学工作者，深入群众中宣传反对细菌战的伟大意义和科学知识。文艺界还组织了各种文艺宣传活动，采取快书、大鼓、相声、花棍舞、幻灯、电影等多种形式，走上街道、深入农村，放映电影，举办各种展览会。《青岛日报》还设立“反对细菌战讲座”专栏，电台设立“反细菌战特别节目”。通过这些活动，使群众认识到防治细菌毒虫的意义和提高战胜美军细菌战的决心。

在这场消灭病媒虫的运动中，青岛市仅1952年3月12—31日，就出动46万人次的灭虫大军，男女老幼齐上阵，掀起了扑虫灭虫高潮。至4月7日，全市累计出动85万多人次，由美军撒布的细菌毒虫基本上被消灭。通过这场运动，各种群众性的卫生组织和卫生制度普遍建立和健全起来。89%市民群众订立了爱国卫生公约，推行“爱国卫生日”制度，保障人民的健康。②

青岛市红十字会在运动中与全市人民一道，粉碎了美军的细菌战，荡涤了旧社会遗留下来的污泥浊水，改善了城乡不卫生的状况。青岛市取得的成绩得到中央肯定。在1952年第二届全国卫生会议上，青岛市被评为全国丙等卫生

① 青岛市史志办公室编：《青岛市志 · 卫生志》，新华出版社1994年版，第295—298页。
② 青岛市史志办公室编：《青岛市志 · 卫生志》，新华出版社1994年版，第298页。

模范市，荣获毛泽东主席题词的“动员起来，讲究卫生，减少疾病，提高健康水平，粉碎敌人的细菌战争”的奖旗及奖金；青岛市茌平路被评为全国乙等卫生模范单位，荣获毛泽东主席题词的奖旗一面。①

3. 除四害，讲卫生

“除四害、讲卫生”运动是对消灭细菌毒虫运动的进一步深化，这场运动将一个局部的反病毒运动推广成一场全国性的且带有长期性的爱国卫生运动。1956 年 4 月中旬，在北京召开的中国红十字会全国会议上，强调进行群众性卫生知识宣传和发动群众参加除“四害”、防治血吸虫病等是今后工作重点。4 月 3 日，中国红十字会李德全会长专门发表题为《发挥红十字会在群众卫生工作中的作用》的文章，称除四害、讲卫生、消灭主要疾病的群众卫生运动，是红十字会在新中国成立后一项极为重要的政治任务。②

为贯彻中国红十字会总会的要求，1958 年 2 月，青岛市人民委员会发布了“关于开展以除害灭病为中心的爱国卫生运动”的指示，争取在 1958 年内把青岛建成“五洁四无”城市，把全年奋斗目标制定为“六洁六无”，提倡开展“六不要”活动。“五洁”是指室内、室外、道路、厕所、厨房清洁。“四无”是指无鼠、无雀、无蚊、无蝇。“六洁”是指在“五洁”基础上增加衣服被褥用具清洁。“六无”是指在“四无”基础上增加无臭虫、无蟑螂。“六不要”是指不要随地吐痰，不要随地大小便，不要随地倒垃圾污水，不要随地扔瓜果皮核、纸屑和烟头，不要在马路两旁晾晒有碍卫生的东西，不卖不买不吃不做腐烂变质的食物。青岛市红十字会积极协助政府落实爱国卫生运动目标，动员和组织基层红十字会和会员投入运动，为创建洁净卫生城市作出贡献。

青岛市红十字会于 1958 年 2 月 7 日举行了全市工厂、企业、学校和各区、街道的红十字卫生员“除四害、讲卫生”誓师大会。在誓师大会上，青岛市红十字会会长陈志藻在会上讲了话，他希望全体红十字卫生员在这场轰轰烈烈的“除四害、讲卫生”运动中，起到桥梁和先锋作用，并要求红十字卫生员积极

---

① 青岛市史志办公室编：《青岛市志 · 卫生志》，新华出版社 1994 年版，第 301 页。

② 中国红十字会总会编：《中国红十字会的九十年》，中国友谊出版公司 1994 年版，第 155 页。

图 5—9 1958 年 12 月，青岛市获得中央爱卫会的表彰

向群众宣传除四害、讲卫生的重要性，在最短时间内做到“六不要”。

在誓师大会上，与会代表争先恐后表决心和开展竞赛。单县路管区红十字卫生救护队代表首先向到会全体代表提出了 9 项挑战条件，保证在 6 月份以前赶上茌平路。台西区南村路红十字卫生站代表，立即在会上向单县路管区应战，保证在 6 月底之前争取全管区达到“五洁”、“七无”。有的街道、工厂红十字卫生员代表用书面向大会表示了尽早达到“五洁”、“四无”决心。① 青岛市红十字会在这场全市进行的大规模爱国卫生运动中发挥了很好的引领和带头作用。他们参与制作宣传画、板报、宣讲、座谈等各种方式，做到家喻户晓；将中国红十字会编辑的《除四害》小册子作为教材，通过举办会员学习小组、卫生讲座、黑板报、小型展览等形式，进行卫生常识教育和除四害重要性及除四害的方法教育。有些区县红十字会，还组织会员卫生宣传队，通过说、唱、街头话剧、秧歌、腰鼓等艺术形式，将“除四害、讲卫生”送到群众中去，从而带动群众，促进运动的发展。

青岛市争创“五洁四无”城市的爱国卫生运动，自 1957 年 12 月 8 日起到 1958 年 9 月止，历时 10 个月，全市传染病患病人数比 1957 年同期降低 41.7%，其中乙型脑炎没有发生，痢疾降低 58%，流行性感冒降低 52.7%。在运动中，实行标本兼治，加强基础设施建设，以便从根本上消除蚊蝇孳生条件。市区 1 万多个死厕所全部进行了改造。街道、公园、海滨、车间、食堂、教室、办公室和居民院等都设立了卫生负责人，实行卫生划片包干责任制，坚持突击与经常相结合，做到日小扫、周大扫、节日突击，严格检查，并组织青

① 《红十字卫生员誓师除四害》，《青岛日报》1958 年 2 月 9 日。

少年学生设立卫生监督岗。10月2日至7日，山东省爱国卫生运动委员会组织30多人的检查验收团对青岛市进行了检查验收，宣布青岛市为山东省第一个“五洁四无”城市。12月，荣获全国爱国卫生运动先进城市称号（见图5—9）。①

青岛市爱国卫生运动在获得荣誉基础上，1959年更提出了要在市内彻底实现“八无”、“八洁”、“十灭”。②由于20世纪60年代初遭遇严重经济困难，全市进行生产救灾，爱国卫生运动难以深入开展。“文化大革命”开始后，爱国卫生运动被说成搞封、资、修，是彻底修正主义路线，爱国卫生运动中止，青岛市红十字会的命运也遭到同样摧残。

第四节 抗震救灾

1976年7月28日凌晨，拥有百万人口的华北著名工业城市唐山发生了大地震，整个华北大地在剧烈震颤。天津市发出房屋倒塌的巨响，北京也摇晃不止，许多房屋倒塌。在华夏大地上，北至哈尔滨市，南至安徽蚌埠、江苏清江一线，西至内蒙古磴口、宁夏吴忠一线，东至渤海岛屿和东北国境线，共有14个省、自治区受到了唐山大地震波及。③

这次大地震震级为里氏7.8级，地震使唐山人民蒙受了巨大灾难：24万多人遇难，16万多人重伤，97%的地面建筑、55%的生产设备毁坏，交通、供水、供电、通信全部中断，直接经济损失人民币30亿元。④地震发生后，党中央、国务院对灾区人民十分关怀，立即组织大批人力、物力星夜赶往灾区救援，大

---

① 青岛市史志办公室编：《青岛市志·卫生志》，新华出版社1994年版，第304页。

② “八无”指无苍蝇、无蚊子、无老鼠、无麻雀、无臭虫、无虱子、无跳蚤、无蟑螂。“八洁”指室内洁、院子洁、街道洁、厨房洁、公共场所洁、衣服洁、被褥用具洁、个人身体洁。“十灭”指消灭黑热病、狂犬病、现症梅毒、伤寒、痢疾、乙型脑炎等。

③ 傅征祥等编：《近代亚洲巨大灾害地震选编》，地震出版社2011年版，第174页。

④ 张晋藩等主编：《中华人民共和国国史大典》，黑龙江人民出版社1992年版，第790页。

批医药、食品、衣物、建筑材料等救灾物资从祖国的四面八方源源不断运往灾区，伤病员和老人儿童很快得到了妥善的安置。

地震发生后，青岛市卫生局根据上级指示组成医疗队，共抽调64名医务人员，于7月28日晚8时40分乘车冒雨出发，7月31日凌晨4时到达唐山震区指挥部——唐山飞机场，10时到达唐山市东矿区赵戈庄矿，立即投入抢救伤员工作。3天后医疗队移至水泥厂附近执行巡回医疗任务。青岛医疗队在抢救伤员工作中成绩突出，特别在抢救开滦煤矿被困在井下的6名工人时，发扬了吃大苦、耐大劳的精神，奋力抢救。其中，有一名老工人陈学海被围困在井下达14天又10小时，经过3天4夜的抢救工作，终于使伤员转危为安，受到指挥部表扬。全队有30人被评为抗震救灾积极分子。医疗队于8月30日离开唐山市返回青岛。青岛市在组织赴唐山抗震救灾医疗队的同时，又抽调81名医务人员组成3支列车医疗队，自8月2日至8月13日共完成3个专列的伤员护送任务，尚有飞机专运伤员11架次。① 在转运伤员过程中，一些红十字会员发扬人道主义精神，他们臂缠红十字袖章，以救死扶伤争分夺秒的勇气，将从唐山运来的受伤同胞，抬上救护车，运往医院治疗。

在这次地震救护中，青岛市共接收2077名伤员。青岛市医务人员昼夜抢救，千方百计减轻伤员痛苦，出色地完成了救护任务，受到唐山救灾指挥部的表扬。②

从本编内容中可以看到，青岛市红十字会在新中国成立后通过改造和重组，在组织性质和功能定位上发生了很大变化，在极“左”思潮的冲击下也难逃厄运。即使如此，青岛红十字事业也没有完全中断，仍在从事着医疗救护和卫生防疫工作，为“文化大革命”结束后的再次兴起延续了历史命脉。

① 青岛市史志办公室编：《青岛市志 · 卫生志》，新华出版社1994年版，第252—253页。

② 青岛市史志办公室编：《青岛市志 · 卫生志》，新华出版社1994年版，第9页。

下　编

（1980—2014）

第六章　青岛红十字会恢复与发展

十年“文化大革命”结束后，国家走上由乱治兴之路，青岛开始了改革开放新时代。深受“文化大革命”干扰破坏的青岛市红十字会在改革开放的潮流中，开始复会，并逐步理顺管理体制，逐渐走上自主发展道路。在新的时代，青岛市红十字会在壮大组织、吸收会员、服务社会、对外交流、打造品牌等方面进行了卓有成效的工作，走在全国红十字工作前列，谱写了青岛市红十字事业的新篇章。

第一节　组织恢复

青岛市红十字会恢复是在国家的大环境下按部就班进行的。1978 年 3 月 29 日，国务院批转卫生部、外交部《关于恢复红十字会国内工作的报告》，决定先在北京、上海、天津、南京、杭州、广州、长沙、武汉、西安、沈阳等 10 个城市恢复红十字会工作。中国红十字会根据国务院精神，决定立即恢复建立国内工作机构，并组织人员到第一批恢复红十字会工作的 10 个城市调查了解情况，督促、帮助尽快恢复建立红十字会组织。① 全国大环境趋向宽松，

① 蔡勤禹、王永君主编：《山东红十字会百年史》，中国海洋大学出版社 2012 年版，第 61 页。

使青岛市红十字会恢复成为可能，而青岛所在位置，也为红十字会恢复提出了要求。作为一座沿海城市，改革开放后来青岛参观、访问、游览的外国人越来越多，许多涉及外国人的卫生医疗救护事宜需要由红十字会出面联络处理。

1980年11月14日，青岛市人民政府根据国务院批转卫生部、外交部《关于恢复红十字会国内工作的报告》文件，山东省人民政府《关于恢复山东省红十字会的通知》文件精神，决定恢复青岛市红十字会，由副市长韩洪勋兼任会长，李景斋、孙思哲、殷树萍、丁石岩、初守琨、王念斌、吕兴东任副会长，殷树萍兼任秘书长。办公室编制3人，在市卫生局内与医政科合署办公，红十字会有关国内工作由卫生局负责，有关涉外工作由市外事办公室负责。①

青岛市红十字会复会后，为适应外事工作的需要，将市人民医院对外加挂“青岛市红十字医院”牌子，并于11月22日举行挂牌仪式，韩洪勋会长到会讲话，向全体医护人员颁发会员证章。后来，胶南县人民医院加挂“青岛市胶南县红十字医院”，胶南县医院泊里分院加挂“泊里红十字医院”，市南区教育局幼儿园加挂“红十字幼儿园”，青岛妇幼保健院、青岛市街道妇幼保健站、青岛市盲人按摩诊所等，也都加挂红十字牌子，以便与国外相应的机构进行卫生医疗、儿童保健方面的交流。②

青岛市红十字会恢复后，按照条状方式开始建立下级红十字会组织。1981年，市南区、市北区、四方区、沧口区、黄岛区、胶州县、胶南县红十字会相继建立，1982年，台东区、即墨县红十字会建立。1986年，平度县、莱西县组建红十字会。至1986年底，全市建立红十字卫生站450个，基层红十字组织1507个，发展会员90355人。③

青岛市红十字会恢复工作，结束了自“文化大革命”开始后红十字工作停顿局面，青岛红十字会逐步完成拨乱反正工作，开始了新的征程。

---

① 青岛市史志办公室编：《青岛市志·社团志》，新华出版社1997年版，第325页。

② 青岛市史志办公室编：《青岛市志·社团志》，新华出版社1997年版，第326页。

③ 青岛市史志办公室编：《青岛市志·社团志》，新华出版社1997年版，第326页。

第二节　理事会沿革

青岛市红十字会恢复后，其发展可以分为两个阶段：第一阶段自 1980 年恢复到 2003 年正式理顺管理体制。在该阶段红十字会的管理体制仍然是半独立状态，即在卫生局负责管理下，与卫生局相关科室合署办公，主要从事卫生救护和其他工作。在 1993 年《中华人民共和国红十字会法》颁布后，渐渐走上依法办会道路，青岛红十字会工作进一步全面展开。第二阶段自 2003 年至 2014 年，青岛市红十字会理顺管理体制，脱离卫生局负责管理的体制，走上自主独立发展之路，青岛红十字会真正快速发展起来。

一、第二届理事会

青岛红十字会恢复后，虽然没有获得独立自主发展，但开始按照社会团体的要求实行理事会管理制度，筹备召开新的理事会工作。自 1952 年 9 月青岛市红十字会组成第一届理事会后的 30 年时间里，受到国内政治形势影响，青岛市红十字会没有按照正常的换届程序实现正常的换届选举，一直到重新复会后的 1981 年 8 月，市红十字会才召开第二届理事会，由 47 人组成理事会，会长由副市长韩洪勋兼任（见图 6—1）。①

图 6—1　青岛市红十字会第二届会长韩洪勋

二、第三届理事会

1985 年 4 月 1 日，青岛市红十字会召开第三届理事会，选举产生了 41 人

① 青岛市史志办公室编：《青岛市志 · 社团志》，新华出版社 1997 年版，第 325 页。

组成理事会。在三届一次理事会上选举市人民政府副市长施稼声兼任会长（见图6—2），刘伯云、高瑞玺、殷树萍、孙思哲、刁春堂、殷树明、郑世侗、高衍裔、程光恒为副会长，程光恒为专职副会长兼秘书长。1987年10月由殷树萍主持日常工作。①

图6—2　青岛市红十字会第三届会长施稼声

三、第四届理事会

1991年4月6日，青岛市红十字会召开第四届代表大会，进行了理事会换届改选工作，组成第四届理事会，副市长程友新当选为理事会会长（见图6—3）。

图6—3　青岛市红十字会第四届会长程友新

1992年，青岛市红十字会召开四届二次理事会，决定将红十字会纳入岗位工作目标管理。1995年，市红十字会与各市、区红十字会签订目标责任书，加强目标责任制管理。② 市红十字会建立每月定期例会制度及时传达上级文件精神，通报情况，反馈信息。

四、第五届理事会

青岛市红十字会复会以后的一段时间，虽然没有获得自主权，但主要工作都已经开展起来，理事会按期进行换届，开展工作。1995年10月11日，市

① 青岛市史志办公室编：《青岛市志·社团志》，新华出版社1997年版，第326页。

② 青岛市年鉴编辑部编：《青岛年鉴1995》，齐鲁书社1995年版，第336页。

红十字会举行第五次会员代表大会，市委常委、市红十字会会长程友新代表市红十字四届理事会作工作报告和1996—2000年工作规划。代表大会选举产生了56名理事组成新一届理事会。在五届一次理事会上，选举正、副会长，后根据工作需要，为了扩大红十字会工作范围，经会长提议，又增加几名副会长，使正、副会长人数达13名，副市长周迪颐当选为市红十字会第五届会长（见图6—4）。[①]市卫生局副局长刘志远为常务副会长，另有副会长11人，分别是：孙志周、臧爱民、邢厚仁、李殿芳、李刚、于福令、张瑞臣、王守境、王维田、曲伦斌、周洪德，秘书长是张丽嘉。[②]在第五届会员代表大会上，为表示对上届名誉会长韩洪勋、施稼声和会长程友新为全市红十字事业所作出的贡献，为他们颁发了荣誉证书。[③]

图6—4　青岛市红十字会第五届会长周迪颐

五、第六届理事会

2004年2月11日，青岛市红十字会第六次会员代表大会召开。会议选举产生了青岛市红十字会第六届理事会，市长夏耕为青岛市红十字会名誉会长，副市长臧爱民为会长（见图6—5），刘丽萍为常务副会长，田云南为副会长，丁钢为专职副会长，张丽嘉任秘书长，选举常务理事19

图6—5　青岛市红十字会第六届会长臧爱民

---

① 青岛市年鉴编辑部编：《青岛年鉴1996》，齐鲁书社1996年版，第336页。

② 青岛市档案馆藏：《关于青岛市红十字会换届候选人预备人选的批复》，青岛市档案馆，C0002—062—00590。

③ 青岛市年鉴编辑部编：《青岛年鉴1996》，齐鲁书社1996年版，第336页。

图6—6　青岛市红十字会第六届会长王修林

图6—7　青岛市红十字会会长栾新

人，理事118人。①

在2005年3月召开的六届二次理事会上，对六届一次理事会的人员进行微调，田云南不再担任副会长，张丽嘉不再担任秘书长，由副会长丁钢兼秘书长。②

2008年5月5日，市委提名副市长王修林兼任市红十字会会长(见图6—6)，李然担任市红十字会常务副会长，提议刘丽萍不再担任市红十字会常务副会长。5月30日，市红十字会六届五次理事会召开。会议选举副市长王修林为会长、李然为常务副会长、苏海音为副会长，聘请市委常委、原市红十字会会长臧爱民、市人大常委会副主任马泽、市政协副主席郄晋生为市红十字会名誉副会长。③

2012年3月，在青岛市第十五届人民代表大会第一次会议第三次全体会议上，栾新当选为青岛市人民政府副市长，并分管市红十字会工作，会后接替前任会长的工作，担任新一届青岛市红十字会会长（见图6—7）。

可见，青岛市红十字会自复会以后，稳步走上了正常的轨道，会员大会按期召开，理事会换届按期进行，这为红十字会发展奠定了良好的组织基础。

---

① 《青岛市红十字会第六届理事会名誉会长、会长、常务副会长、专职副会长、副会长名单》，2004年2月，未刊稿。

② 青岛市红十字会：《关于市红十字会秘书长人选的提议》，2005年6月，未刊稿。

③ 《青岛市红十字会六届五次理事会关于会长、副会长、常务理事变动情况说明》，2008年5月30日，未刊稿。

第三节　全面发展时机成熟

青岛红十字会复会以后，迎来了大发展的良好机遇，这表现在几个方面：一是政府开始重视红十字事业，为红十字发展提供了保障；二是红十字会法颁布，使红十字会历史性地第一次有了专门性法律来保驾护航；三是红十字会理顺管理体制，有了自主独立发展主动性；四是政府由全能向有限转变，“小政府、大社会”改革思路的提出，为公益组织发展释放出较大空间；五是青岛市红十字会透明度和监督方面得到加强。正是在这样的背景下，青岛红十字会走上了全面快速发展之路。

一、红十字会法颁布

1993 年 10 月 31 日，《中华人民共和国红十字会法》（以下简称《红十字会法》）正式实施，这是中国红十字会重新恢复后由国家立法机关针对某一部门颁布的最高法律。该法明确规定，中国红十字会依照中国参加日内瓦公约及其附加议定书和中国红十字会章程，独立自主地开展工作。《红十字会法》的颁布在红十字发展史上具有里程碑意义。

《红十字会法》颁布后，山东省红十字举办报告会、研讨班、纪念活动等多种形式，学习宣传《红十字会法》。2002 年 9 月，山东省红十字会颁布了《山东省实施〈中华人民共和国红十字会法〉办法》（以下简称《实施办法》），进一步细化了贯彻落实的方法和措施，成为进一步推动青岛红十字发展重要文件。

法的精神贵在实施。《红十字会法》和《实施办法》（简称“一法一办法”），是青岛红十字会“依法治会”的根据，也是青岛红十字长久发展的法律保障。为了检查法律实施情况，2011 年 4 月 9 日—10 日，山东省人大教科文卫委员会主任王天瑞、省红十字会副会长王志民一行，对青岛贯彻实施“一法一办法”情况进行执法检查（见图 6—8）。检查组在青岛期间，听取了副市长、市红十

图 6—8　2011 年 4 月，山东省人大检查组在即墨市残疾人托养中心红十字志愿服务基地视察

字会会长王修林就青岛市贯彻实施“一法一办法”情况的报告以及即墨市有关工作情况的汇报，视察了四方区红十字老年护理院、遗体捐献者奉献林、即墨市残疾人托养中心红十字志愿者服务基地、即墨市农村大病医疗救助工作和红十字 175 救援志愿队演练。检查组认为青岛市各级政府认真履行法定职责，市人大多次进行执法检查，多部门合作，红十字会创造性开展工作，积极发挥红十字会人道助手作用，“三救”成绩突出，“三献”工作达到全省乃至全国先进水平，红十字文化建设和品牌创建取得显著成果，志愿服务工作为全省树立了典范。①

《红十字会法》及其他各项法规制度的颁布，使青岛市红十字事业逐步走上健康有序发展轨道，为其复兴提供了必要条件。

① 《省人大视察肯定我市“一法一办法”贯彻实施情况》，见 http://www.qdredcross.org.cn/NewsDetail.aspx?nid=201104130001。

二、理顺管理体制

所谓理顺管理体制，“就是将县级以上红十字会机构从原来由各级卫生部门代管，改由各级政府领导联系，使其真正成为独立自主开展工作，充满生机和活力、密切联系群众、符合自身特点的人道主义救助团体”①。青岛市红十字会从20世纪50年代开始，即与青岛市卫生局业务部门合署办公，受卫生部门的直接领导。1980年，青岛市红十字会复会后，在管理上仍然属于市卫生局的一个基层单位，经费、编制由卫生局控制，一切工作都要通过卫生主管部门协调解决。1993年公布的《中华人民共和国红十字会法》规定，地方各级红十字会要依法取得社团法人资格，自主开展活动。但是，由于长期以来政府全能包办影响，对社会团体存在的意义和作用缺乏深刻认识，包括青岛在内的许多地方红十字会并没有独立自主开展活动，这种状况的存在是与红十字会法不符的，严重限制了红十字会作用的发挥，减弱了红十字会地位。这种状况不解决，红十字会就不可能真正发展起来，因此，青岛市红十字会复会后面临的最棘手的问题是理顺管理体制，对管理体制进行改革，使红十字会走上自主发展之路。

1999年12月29日，中编办印发的“《关于理顺中国红十字会总会管理体制》的通知”中指出：“将中国红十字会总会由‘卫生部代管’改由国务院领导联系，其机关党的工作由中央国家机关工委领导、干部按中组部有关规定进行管理、经费列国管局。”②中国红十字会总会管理体制的理顺，为下级红十字会理顺管理体制提供了参考和压力。在中国红十字会总会的带动和督促下，2001年6月14日，山东省红十字会得到省编委通知，由省卫生厅代管改由省政府领导联系，正式获得独立自主开展工作地位。

在上级红十字会理顺管理体制影响下，青岛市红十字会加快了与市卫生局和政府部门的沟通。2003年2月18日，青岛市机构编制委员会下发《关于理

---

① 《江亦曼在理顺地级市红十字会管理体制座谈会上的讲话》，《中国红十字年报》，台海出版社2007年版，第288—289页。

② 中国红十字会总会编：《中国红十字会历史资料选编（1950—2004）》，民族出版社2005年版，第408页。

顺青岛市红十字会管理体制有关问题的通知》，根据通知要求，设置青岛市红十字会机关，由市卫生局管理改由市政府领导联系，编制 12 人，列入群团机关序列，参照公务员管理，同时撤销原在市卫生局的青岛市红十字会办公室。市红十字会实现了独立建制，会长由市政府分管领导兼任，配备常务副会长 1 人、专职副会长 1 人，内设综合处和业务处，调剂培训和仓储用房 800 余平方米。8 月，市委批准建立青岛市红十字会党组，11 月，市委市直机关工委批准建立中共青岛市红十字会机关党支部。① 青岛市红十字会开始走上独立办会之路。

为了推进各区、市红十字会理顺管理体制，青岛市政府将此项工作写进 2004 年《政府工作报告》，列入对区市政府目标考核内容，全年进行专项督查 3 次。2004 年 6 月，市南、市北、崂山、四方四个区红十字会已初步理顺红十字会管理体制，明确了红十字会常务副会长和部分专职人员，安排了办公场所、落实编制人员和经费。②2005 年，青岛七区五市全都下发了理顺本区市红十字会管理体制文件，10 个区市召开会员代表大会，配备了专职干部。至 2006 年，十二区市编委下发了三定方案，配备了专职人员，按区市部门正职配备了常务副会长。十二区红十字会均召开了会员代表大会，进行了换届选举，管理体制全部理顺，实现了独立建制，走上了自主发展之路。③

青岛市各级红十字会理顺管理体制，实现了从依附、挂靠卫生行政部门的团体转变为单独建制，独立自主地开展工作的社会团体，有利于青岛红十字会全面发展，有利于在青岛社会建设中发挥更大作用。

三、加快红十字会发展政策出台

青岛红十字会理顺管理体制后，获得了自主独立发展的条件，政府并没有撒手不管，而是要通过政策和购买服务等方式扶持其成长。

---

① 青岛市史志办公室编：《青岛年鉴 2004》，青岛年鉴社 2004 年版，第 272 页。

② 《青岛市红十字会关于区市红十字会体制理顺进展情况的报告》，2004 年 6 月 30 日，未刊稿。

③ 刘丽萍：《在青岛市红十字会第六届理事会第四次会议上的工作报告》，2007 年 3 月 13 日，未刊稿。

1.《关于加强红十字会工作的意见》

为了促进全市红十字会事业发展，2003 年 11 月 21 日，青岛市政府签发了《关于加强红十字会工作的意见》（以下简称《意见》）。

《意见》要求各级政府提高认识，增强工作的责任感、紧迫感，切实加强对红十字工作的领导。《意见》强调："要将学习贯彻《红十字会法》和《实施办法》，纳入普法内容；将红十字事业纳入国民经济和社会发展计划，及时研究解决红十字会工作中遇到的困难和问题；将红十字事业经费列入财政年度预算，并根据事业发展的需要不断增加，切实保障红十字会依法履行职责"。

《意见》对红十字会基层组织建设提出要求："街道（镇）及 500 人以上的机关、企事业单位要建立红十字会组织，并有固定的办公场所和专（兼）职工作人员；建立健全教育、旅游、卫生、体育等行业红十字工作委员会和志愿工作者委员会，完善基层组织网络，不断壮大红十字会会员和志愿者队伍，促进全市红十字事业的发展"。

《意见》对红十字会今后工作提出具体要求：加大对"一法一办法"的宣传，提高社会对两法知晓率；强化紧急救援和备灾救灾工作；大力普及初级卫生救护和防病知识；加强红十字志愿救护员队伍建设；深入广泛开展社区和农村红十字工作及红十字青少年工作；做好无偿献血、造血干细胞捐献、遗体捐献和无偿献血工作，并力争走在全国前列；加大募捐救助工作力度；兴办红十字实业，增强救助实力；加强对外交流与合作。①

《意见》从经费、编制、体制、任务等方面对各级政府提出明确的责任和要求，改变了青岛红十字会复会以来的边缘化状况，对其今后发展提供了保障。对红十字会今后工作开展提出明确要求，特别是在经济方面提出了红十字会不仅要加大社会募捐力度，还要兴办实业，以钱生财，增强救助实力，为红十字会指出了新的增资渠道。总之，《意见》的颁布，为今后青岛红十字会在创新社会管理、保障和改善民生、参与基本公共服务建设中发挥更大作用，提出了目标和要求。

① 《青岛市人民政府办公厅关于加强红十字会工作的意见》，《青岛市政府公报》2003 年第 22 期。

2.《关于进一步加强红十字会工作的意见》

2011 年 6 月，“郭美美事件”的发生[①]，将中国红十字带到了风口浪尖上，使红十字会的公信力受到严重影响，此后，全国的红十字系统募捐额大幅下降，青岛红十字会也受到影响。另外，青岛红十字会在发展过程中，面临着新问题，如制度建设跟不上公众期待和要求。为了充分发挥红十字会在人道工作领域的独特优势和在创新社会管理、构建和谐社会中的积极作用，更好地促进青岛红十字会发展，青岛市政府于 2011 年 12 月 22 日下发《关于进一步加强红十字会工作的意见》（以下简称《工作意见》）（见图 6—9）。

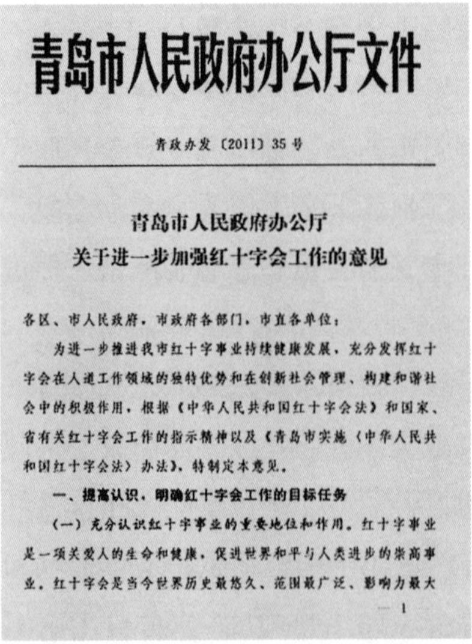

青岛市人民政府办公厅文件

青政办发〔2011〕35 号

青岛市人民政府办公厅
关于进一步加强红十字会工作的意见

各区、市人民政府，市政府各部门，市直各单位：

为进一步推进我市红十字事业持续健康发展，充分发挥红十字会在人道工作领域的独特优势和在创新社会管理、构建和谐社会中的积极作用，根据《中华人民共和国红十字会法》和国家、省有关红十字会工作的指示精神以及《青岛市实施〈中华人民共和国红十字会法〉办法》，特制定本意见。

一、提高认识，明确红十字会工作的目标任务

（一）充分认识红十字事业的重要地位和作用。红十字事业是一项关爱人的生命和健康，促进世界和平与人类进步的崇高事业。红十字会是当今世界历史最悠久、范围最广泛、影响力最大

— 1 —

图 6—9　2011 年 12 月，青岛市政府下发《关于进一步加强红十字会工作的意见》

《工作意见》围绕落实青岛“十二五”时期的总体要求和目标任务，提出了到“十二五”末全市红十字会基层组织发展到 5000 个以上，会员数达到 10 万人；红十字学校达到 450 所，青少年会员达到 20 万人；专业红十字志愿服务体系基本形成，志愿者总数超过 4 万人，注册志愿者达到 5000 人；每年救助特殊困难群众 5.5 万人次；全市救护普及达到 100 万人，每百人中有 1 名红十字救护员；红十字会建设成为应急救助科学化、公益项目品牌化、宣传筹资长效化、组织建设规范化、志愿服务特色化、运行机制社会化的国际性人道救助团体。

为了实现上述目标，《工作意见》从 16 个方面要求各级政府、有关部门要以具体行动支持红十字会工作，主要做好以下工作：

① 2011 年 6 月 21 日，新浪微博上一个名叫“郭美美 baby”的网友自称住大别墅，开玛莎拉蒂的 20 岁女孩，其认证身份为“中国红十字会商业总经理”。根据警方的调查和郭美美本人的供述：她以及她的资金来源都与中国红十字会毫无关系。但是，这一炫富事件发生后，使中国红十字会系统受到牵连，红十字声誉和来自社会捐款大幅度锐减。

（1）健全各级红十字会备灾救灾应急体系。要将红十字会备灾体系建设纳入本地公共安全建设规划和应急体系建设中，统筹规划布局合理的红十字救灾应急救援网络系统。

（2）加强红十字会应急救护培训工作。要围绕建立全民灾害防御体系和防备文化建设，将普及救护知识作为改善民生的实事之一，组织开展救护培训“进机关、进学校、进社区、进工厂”活动。

（3）推动无偿献血和捐献造血干细胞工作健康发展。各级政府要把宣传、发动无偿献血，捐献造血干细胞和艾滋病防治纳入精神文明建设内容，列入考核目标。

（4）切实加强遗体（器官）捐献工作。要支持红十字会宣传《山东省遗体捐献条例》。民政部门要按照国家相关殡葬法律对遗体进行环保火化处理，并协助推进遗体捐献者奉献林扩建和捐献者事迹展厅改建；卫生部门要积极推动器官组织库、定点移植医院等配套建设。

（5）拓宽红十字筹资渠道。要支持和帮助红十字会开拓有效的多元化筹资渠道，支持红十字会通过运用“微尘”品牌，建立红十字人道救助基金，支持红十字会建立国际救援金和事业发展金。

（6）支持和帮助红十字会开展工作。司法、财政、人力资源和社会保障、民政、教育、公安、新闻单位等部门，要给红十字在法律宣传、经费预算、公益就业、社区服务、红十字青少年和志愿服务、救灾物资承运通行、红十字知识宣传和救灾捐助广告刊登等方面给予支持。

（7）着力打造微尘红十字文化品牌。各级文明办要把微尘精神作为城市文明建设的重要内容，引领社会公众积极参与各类公益活动；文化部门要组织创作一批以弘扬红十字文化为主题的优秀文艺作品，打造具有时代精神和青岛特色的红十字文化品牌。

（8）发展壮大基层红十字会组织。要把红十字工作列入街道（镇）工作职责，在街道（镇）机关、企事业单位和其他组织中建立、培育和发展符合红十字宗旨的社会组织。

（9）加强红十字青少年工作。建立和完善学校红十字工作委员会；要将应急知识普及、人道法传播、无偿献血和捐献造血干细胞健康知识教育纳入高校选修课及中小学校本课程，开展“红十字示范学校”达标活动。

（10）不断壮大红十字志愿者队伍。要将红十字志愿服务纳入当地精神文明建设整体规划；学校、街道（镇）、社区（村）、企事业单位和社团组织要积极组建各类红十字志愿服务组织；培育有特色的红十字志愿服务品牌。

（11）建立开放性红十字合作机制。各级红十字会要主动争取人大、政协的支持，进一步加强与卫生、教育、外办、民政等部门的横向联系，强化联动机制建设；要加强与工会、共青团、妇联、残联、老龄办、慈善等部门和单位的合作，探索共同发展的公益活动合作机制。

（12）扩大红十字会对外交流与合作。要支持和鼓励各级红十字会开展对外交流合作活动，对红十字会参与国际人道主义救助工作以及开展民间外交给予经费支持。

（13）加强对红十字会工作的领导。要把红十字会工作纳入地方经济社会发展规划，吸收红十字会参加相关协调议事机构和会议活动，定期听取红十字会的工作汇报。

（14）切实加强红十字会领导班子和干部队伍建设。要重视红十字会领导班子和干部队伍建设，把红十字会干部培养、轮岗、交流、调整纳入组织人事部门统一管理。

（15）进一步推进红十字会公信力建设。要切实发挥好监督职能，支持红十字会建设捐赠信息公示网络系统。

（16）不断改善红十字会工作条件。根据红十字事业发展需要，增加专职人员，补充工作车辆，单独设置市红十字会办公及工作场所，解决红十字展览馆、外宾接待室、救护培训教室、志愿者服务办公室、业务宣传常用物资存储间等业务工作用房。①

《工作意见》与2003年的《意见》相比有多个亮点。比如：政府在建立应急系统时要将红十字会纳入；政府要把捐献造血干细胞、献血和遗体（器官）捐献“三献”工作纳入地方精神文明考核指标；卫生、财政、教育、司法、民

① 《青岛市人民政府办公厅关于进一步加强红十字会工作的意见》，《青岛市政府公报》2012年第2期，青政办发〔2011〕35号。

政等各部门要在人、财、物等方面给予红十字会支持；把红十字会发展纳入地方经济社会发展规划；把红十字文化和红十字法作为中小学校课程和高校选修课；各社会团体要合作共同推动公益事业发展等；政府要监督好红十字会发展，提高红十字会公信力；支持红十字会建立人道主义基金、国际救援基金和事业发展基金等，提高募资能力。可以说，《工作意见》更具有针对性，主要针对青岛红十字会发展中面临的困难和问题提出了可操作性意见，并具体落实到政府相关部门实行，保证了政策的执行力度，也是对红十字会今后发展有了更明晰要求。《工作意见》的颁布，进一步保证了青岛市红十字会工作在全市合力推动下健康发展，使青岛红十字事业成为青岛社会建设的一道美丽风景线。

从以上论述中可以看到，青岛市红十字会自复会以来，青岛市委、市政府对全市红十字事业非常重视，两次出台促进全市红十字发展的意见，为全市红十字会创造了前所未有的发展条件。

四、管理信息化和公开透明化

作为一个以公众捐助为主要资金来源的人道主义公益组织，每年管理着几千万甚至上亿元募捐资金，如何更好地管理和使用这笔资金，考验着青岛市红十字会的管理能力，也左右着公众对红十字会的信任度。青岛市红十字会在恢复以后的发展过程中，也将财务公开透明化作为一项主要工作，结合当今信息技术发展，将信息化与公开透明化结合在一起，使公众可以对捐款的使用流程有比较清晰的了解。

青岛市红十字会依托青岛市金宏电子政务平台，开发建设了红十字捐赠款物管理监察系统。监察系统包括募捐管理、物资管理、个人救助、项目支出、公开信息、电子监察等 6 个模块内容。通过这一信息化监察系统，他们将所有捐赠信息在网上公示，公众可以直观了解捐赠资金的收入、支出和余额，捐赠物资的接收、发放和库存，个人救助明细、项目开支，以及募捐救助信息公开和大额支出、物资大额损耗等相关情况，并对大额资金物资支出和重要事项审批流程进行监察，从而保证了审核审批过程更加规范、有序，使用过程和结果公开、透明。①

2012年，青岛市红十字会制定了《捐赠资金物资管理使用信息公开办法》，规定捐赠收支全部实现网上运转，将捐赠信息的内容、方式、时限公开化、制度化，所有捐款收支情况可以通过青岛市红十字会网站进行查询。同年，他们还与市财政局、市监察局等部门联合下发《关于加强募捐财务管理的通知》，明确相关部门职责，对区市红十字会募捐财务管理进行专项检查，防止腐败现象发生。②

为了增强捐款使用透明度，青岛市红十字会加强与捐赠人、合作伙伴的沟通与联络，建立完善专项基金定期反馈报告制度，建立微信交流群等，及时反馈捐赠使用情况。在反馈形式上，采取了多种方式，如开展点对点反馈，仅2014年，他们向捐赠人书面反馈30次，电话反馈634次，微信邮件反馈140人次，组织捐赠人走访受助家庭30余次。③通过与捐赠人的沟通和联络，使捐赠人能够感受到青岛市红十字会对捐赠的重视，增强社会对捐赠人的记忆，满足捐赠人的荣誉感，更重要的是可以使捐赠人监督捐赠款物使用情况。

没有监督的权力容易产生腐败。同样地，服务于公众的红十字会的权力来自于公众的信托，公众信托的权力如果得不到监督，同样也会产生问题。2011年6月发生的“郭美美事件”，使中国红十字事业受到极大挫伤，重要原因就是公众感到自己的信托受到玷污，尽管事后证明这是对红十字会的误解和社会上对红十字标识滥用而导致的一场信任危机。然而，这场危机的蔓延和危害，使各地红十字会都受到影响，青岛市红十字会在应对危机过程中通过加强监督防范机制，来减轻危机带来的冲击，为此，他们建立多重监督机制，不仅有上述对财务严格管理的内部监督，更加强外部监督。首先，聘请社会审计机构、财务机构对会务日常财务管理和资金使用、项目管理及绩效情况进行审计，审计报告向社会公告。社会审计机构对青岛市红十字会2008—2012年募捐收支

① 青岛市史志办公室编:《青岛年鉴2013》，青岛年鉴社2013年版，第363页。

② 青岛市史志办公室编:《青岛年鉴2013》，青岛年鉴社2013年版，第363页。

③ 《青岛市常务副会长李然网谈实录》，青岛新闻网，2015年5月21日，见http://minsheng.qingdaonews.com/content/2015—05/21/content_11069162_2.htm。

情况进行了财务审计；邀请专业会计师对市北、黄岛、开发区红十字会募捐财务进行检查。同步接受监察、财政、审计和社会的在线即时监管。其次，设立社会监督委员会，由捐赠者、人大代表、政协委员以及相关专业人士组成，定期听取检查财务收支报告及项目执行过程及结果，保证监督到位。再次，加强综合监督体系建设。积极争取市审计局支持，密切配合市及区市审计局对两级红十字会芦山地震捐赠的跟踪审计工作，确保了捐赠管理使用规范。①

总之，青岛市红十字会通过内外自律机制的建立和完善，促进了财务管理水平和业务水平的规范和提高，获得了公众的信任和期待，履行好历史赋予的使命。

第四节　基层组织发展

作为社团组织的红十字会，其功能发挥主要依靠庞大的组织网络。因而，青岛市红十字会复会后，将恢复市、县、区红十字，培育和发展街道、乡镇乃至村红十字会，作为一项主要任务。通过发展基层组织，来提升市红十字会的影响力和服务社会的能力与水平。

一、基层红十字会发展概况

基层红十字会是指街道、乡镇及以下行政区域内的红十字会和机关、工厂、学校等单位红十字会。基层红十字会的建立数量和发展水平是检验一地红十字会发展程度的重要指标。表 6—1 是青岛市红十字会复会以来历年发展基层组织不完全统计资料：

① 《青岛市常务副会长李然网谈实录》，青岛新闻网，2015 年 5 月 21 日，见 http://minsheng.qingdaonews.com/content/2015—05/21/content_11069162_2.htm。

表6—1 青岛市红十字会历年基层组织发展表

年份	基层组织
1981 年	290
1986 年	1507
1990 年	997
1991 年	1458
1995 年	1472
1996 年	1684
1997 年	1023
1998 年	1024
2004 年	1290
2006 年	1524
2008 年	1786
2011 年	1565
2013 年	1554

资料来源：《青岛市志·社团志》，第 326 页；《青岛年鉴 1996》，第 336 页；《青岛年鉴 1997》，第 262 页；《青岛年鉴 1998》，第 244 页；《青岛事典》，第 596 页；《青岛年鉴 2007》，第 313 页；《青岛年鉴 2009》，第 316 页；《青岛年鉴 2012》，第 347 页；《青岛年鉴 2014》，第 354 页。

青岛市红十字会复会后，经过 30 年发展，在建会数量和会员规模上都走在山东省前列。总结青岛红十字会基层组织发展，主要有如下特点：一是重视干部队伍建设。青岛市编制委行文，要求各县（区）调整一名行政编制干部专门负责红十字会工作。二是重视组织发展和会员发展。三是条块结合。所谓“条”就是在纵的方面建立各区、县十字红会；所谓“块”就是在横向上按照行业有计划地发展红十字会组织。块（指各县、区）中有条，条（指主要行业）中有块。四是发展富有特色。如青岛木器一厂红十字会，在每个车间、仓库设一红十字卫生箱，由红十字会员不脱产无偿服务，小伤小病不出车间。

二、社区红十字会

为了推动社区红十字会事业发展，青岛市红十字会与民政、卫生、文明办联合于2003年下发了《关于开展社区红十字服务工作的意见》，将红十字工作列入社区建设规划和社区建设评比考核体系，并开展了争创全国社区红十字服务工作示范区（市）活动。

青岛市南区红十字会自2004年理顺管理体制后的一年多时间里，在基层组织建设上已经实现10个街道办事处（社区委）全都建立了街道红十字会，81个社区居委会全部建立了基层红十字会会员小组，形成了区、街、居委会三级红十字工作网络。他们还在社区建立了“红十字志愿者服务基地”、“红十字初级救护培训基地”、“博爱人间红十字社区服务站”、“募捐接收站和博爱超市”等；① 组织开展“红十字关爱进社区——六个一”活动，即红十字宣传小分队、红十字志愿者小分队、救灾救护应急小分队、募捐救助小分队、红十字示范单位、红十字示范学校进到这些服务站或服务基地，开展社区红十字宣传、查体义诊、募捐救助等人道主义活动。②

在创建红十字示范区过程中，李沧区人民政府在2006年10月颁布的《关于创建全国社区红十字服务示范区的意见》，要求全区各单位、各部门“以社区为依托，以广大会员和志愿者为服务主体，以社区居民特别是弱势群体为服务对象，以‘红十字关爱进社区’活动为载体，广泛开展社会服务、防病知识宣传、救护培训、募捐救助等人道主义工作”，创建社区红十字服务工作品牌，促进红十字事业的发展。③ 在此，有必要对李沧区永清苑社区红十字会工作站的工作方法做一介绍。

作为基层红十字会工作站，永清苑社区把“有事您就说”作为工作理念，全心全意为辖区群众服务。同时，他们不断发展壮大志愿者队伍，使“有困难就找志愿者”和“有时间就做志愿者”在该社区蔚然成风。他们对志愿者统一登记，举办“民情对话特色晚会”、“两谈润心入户访谈”，在区级医院建立“爱心病房”、志愿者服务基地，把“人道、博爱、奉献”的红十字精神，传播到社区家家户户，使永清苑成为富有爱心的社区、青岛市文明社区。在红十字

---

① 蔡勤禹、王永君主编：《山东红十字会百年史》，中国海洋大学出版社2012年版，第85页。

② 倪志涛：《发展红十字事业 更好地为群众服务》，《山东红十字》2006年1月10日。

③ 李沧区人民政府：《关于创建全国社区红十字服务示范区的意见》，2006年10月31日，见http://club.qingdaonews.com/showAnnounce_1054_3800518_1_0.htm。

图 6—10 李沧区永清苑社区在进行消防演练

精神感召下，社区居民纷纷来到红十字工作站帮助工作，产生了“有时间就做志愿者”，大家互帮互助的连锁效应。① 永清苑社区红十字工作形成品牌，李沧区红十字会抓住这一典型，推广到全区，形成抓点带面服务工作模式（见图 6—10）。

在创建红十字示范区过程中，青岛市两级红十字会积极行动，按照示范区标准严要求，2006 年，青岛市被中国红十字会总会、民政部评为全国社区红十字服务示范市，市南、市北、四方、李沧被评为全国社区红十字服务示范区。②

青岛市红十字会在基层组织发展中不断探索新形式，如创建红十字社区志愿服务站（又名“博爱驿站”）。“博爱驿站”根据社区居民的需求，以关爱空巢老人、流动儿童、残疾人等为重点，围绕应急救援、救护培训、助老助残、心理疏导、医疗保健、困难帮扶等内容来支持建立。③ 这种简便易行的网点式服务方式，对于生活自理能力差的人具有特别方便之处。青岛市红十字会每年在全市各区和街道建立几个博爱驿站，使红十字会走进百姓生活。2014 年，他们筛选符合红十字宗旨志愿服务项目 35 个，招募志愿者 300 余人，成立项目志愿者服务队 35 支，开展形式多样的志愿服务活动。“博爱驿站”成为红十字社区组织服务平台。④

我们归纳近年来青岛市红十字会在社区建设中的工作，认为主要有以下几个方面成绩和经验：

一是创建全国社区红十字服务示范区。为了推动基层红十字会发展，青岛

① 蔡勤禹、王永君主编:《山东红十字会百年史》，中国海洋大学出版社 2012 年版，第 86 页。
② 青岛市史志办公室编:《青岛年鉴 2007》，青岛年鉴社 2007 年版，第 313 页。
③ 《红十字博爱驿站为拓展社区服务能力加油》，《半岛都市报》2014 年 11 月 27 日。
④ 《青岛市红十字会 2014 年工作情况报告》，未刊稿。

市红十字会在2008年制定了《基层组织建设、社区服务、募捐筹资工作调研指导方案》，发动区（市）开展“争创全省、全国第三批社区红十字服务示范区（市）”活动。青岛市红十字会深入开展红十字关爱进社区活动，建立健全社区红十字服务站网络，开展募捐救助、志愿服务、初级救护培训以及无偿献血、艾滋病预防宣传等工作。评选创建社区红十字示范区（市）先进单位，鼓励七区五市开展争创全国社区红十字示范区（市）活动。

二是全面构建服务网络。建立市、区、街（居）三级红十字组织，坚持整合社区资源，将红十字会基层建设、募捐、培训和志愿服务为一体，构建社区红十字服务网络，逐渐形成了“一街一会、一居一组”的基层红十字会工作网络。

三是以创建“红十字博爱社区”为主线，大力发展社区（乡镇）红十字基层组织规范、长效服务平台。青岛市红十字会制定《红十字基层组织建设工作指南》，建立评选表彰退出机制，从而促进红十字会在基层社区规范健康发展。

三、农村红十字会

20世纪90年代，山东省红十字会提出“农村需要红十字会，红十字会需要农村”的口号。2001年，山东省副省长、省红十字会会长王军民多次讲道：“事业成败，关键在人。要坚持不懈地把加强基层组织和会员队伍建设作为重中之重，从实际出发，积极发展壮大农村红十字会队伍，镇、村两级卫生机构和医务人员要成为农村红十字会主体力量。”①2002年，召开了山东省农村红十字会座谈会，对开展农村红十字会工作进行了全面部署，把加强农村红十字会工作摆上了重要议事日程。

2002年，青岛市红十字会在李沧区毕家上流村建立全市第一个农村红十字社区服务站暨义工服务基地，首批康复志愿者走进社区，走进残疾人家庭，为残疾人免费提供服务。② 在推进农村红十字会过程中，青岛市红十字会以能

① 《积极开展关爱农民健康捐资助医活动》，《山东红十字报》2011年11月10日。

② 马泽主编：《青岛事典》，青岛出版社2006年版，第596页。

让百姓看得到的服务和实惠进入农村，他们将新型农村合作医疗制度建设作为发展农村红十字事业突破口，通过开展形式多样的资助特困农民参加新型农村合作医疗和特困农民大病救助工作，推进红十字会工作向农村延伸。胶南市红十字会建立博爱超市，募集资金10.6万元，积极配合新型农村合作医疗，开展农村大病医疗救助工作。即墨市在2005年上半年，在全市24处镇、办事处建立了红十字会，全市1033个村庄成立了红十字会员小组。实现了一镇一会、一村一组。① 即墨市红十字会积极开展农村大病医疗救助，精心打造“博爱助医”服务品牌，他们协助政府建立了农村大病医疗救助金，到2006年，累计接收社会各界捐款3920万元，向全市1600户大病医疗特需家庭发放救助金381万元。② 原中国红十字会总会彭珮云会长对即墨红十字会开展农村大病医疗救助工作给予肯定和推广。平度市红十字会联合卫生、民政等部门募集20万元开展农村大病医疗救助活动。对于青岛市农村红十字会工作，中国红十字会给予了肯定。2005年10月，中国红十字总会在青岛召开现场会，认为青岛红十字会通过帮助贫困农民参加新型农村医疗合作保险的办法来发展农村红十字会的做法，闯出了一条红十字会开展农村工作的新路子。③

青岛农村红十字会工作取得成绩的同时，问题也同样不能回避：

一是镇、村红十字组织在全面履行职责方面还存在很大差距。特别是村级红十字会虽然建立了不少，甚至建会时搞得轰轰烈烈，但后续工作跟不上，村级红十字会很多名存实亡，几乎没有开展任何工作，在群众中有名声没动静。村两委干部行政性事务较多，不能承担具体的日常工作。会员和志愿者没能发挥应有的作用，影响没有发挥。

二是镇、村红十字会工作人员流动性大，不利于工作的稳定性和连续性。由于农村很多青壮年出外务工，农村人口出现空心化和老龄化、低龄化现象，

---

① 即墨市红十字会：《即墨市红十字会开展农村基层红十字会组织建设调研工作》，2008年3月26日，见 http://www.jimo.gov.cn/jmhongshizihui/news/200832610083482556.htm?typeid=402&videos= 。

② 青岛市红十字会编：《青岛市红十字会年报2006》，第41页。

③ 以上资料见：《中国红十字会农村工作座谈会指出：积极稳步地推动农村红十字会工作》，《山东红十字报》2005年11月10日。

许多工作在农村无法开展，即使开展也难以持续进行。

三是红十字会知识宣传不深入。基层群众对红十字会工作不很了解，直接影响了他们对红十字会工作参与的热情。村庄缺少一个相对固定的宣传阵地和熟悉红十字会工作的明白人。一定程度影响了市委、市政府的惠民政策在基层的宣传和落实。

四是部分镇、村干部对红十字会工作认识不到位，缺乏主动做好这项工作的热情。这也与部分村干部服务意识差、社会担当责任不强有关，因为红十字进农村工作是一项服务民生工作，需要村干部耗费时间和精力做一些宣传和组织工作，若没有责任心和服务意识，这项工作就难以开展，老百姓也就难以得到实惠。

上述问题的存在，阻碍青岛农村红十字会发展。所以，农村红十会字要想真正发展，必须在办公场所和人员配备上落实到位，有专人负责，有活动场所。在新农村建设中，村并社，推进农村城镇化是今后一段时期中国现代化的发展重点，农村红十字会也必将随之发生变化，青岛红十字会要把握时机，为今后农村红十字工作建设寻找新的突破点。

第五节　红十字青少年

民国时期，青岛红十字会就重视青少年会员发展，青岛市红十字会在20世纪80年代恢复后，仍将吸收青少年会员作为任务之一，以此来为红十字会长久发展提供后劲。

一、中小学红十字会

青岛市红十字会在20世纪80年代初下发了《关于在全市大中小学校普遍建立红十字会组织的通知》，并在1988年成立了青岛市红十字会中小学青少年工作委员会，区、县相继成立了红十字青少年工作委员会或红十字学校工作委员会。工作委员会主要职责是向青少年传播红十字精神、普及红十字运动知识、组织开展卫生救护、组织青少年参与无偿献血和造血干细胞捐献、参与社会服务和国际交往等，使红十字青少年工作逐渐成为推进学校德育教育和素质教育的有效载体。① 学校红十字工作委员会的建立为红十字青少年工作的开展提供了组织保障。到 1990 年底，全市建立红十字青少年组织 386 个，发展红十字青少年会员 56623 人。② 红十字青少年的快速发展也带来良莠不齐问题，90 年代中期，青岛市红十字会对不合格的基层组织和不履行义务的会员，给予撤销和免于登记，红十字青少年组织和会员数量有所减少，但对于一个规范的组织发展是必不可少的，2006 年，全市累计 383 所大、中专学校及中小学校建立红十字组织，至 2011 年，大中小学红十字青少年 50 多万。③

在中小学红十字会工作中，青岛市红十字会通过积极引导的办法，促进青少年红十字事业发展。如对组织健全、活动搞得好的学校则授予红十字学校，对积极参加活动的会员则授予红十字青少年称号。自 1999 年开始在全市中小学中开展创建红十字学校和红十字好少年活动，当年即有 10 所中小学被授予“青岛市红十字学校”称号，65 名中小学生获“红十字好少年”称号。④ 2004—2010 年，全市 374 余名大、中、小学生获红十字好少年称号和红十字奖学金。2006 年，全市累计 383 所大、中专学校及中小学校建立红十字组织，至 2011 年，市级以上红十字学校 136 所，大中小学红十字青少年占在校生人数的 16.17%。⑤2012 年红十字学校发展到 150 所。⑥ 在创建红十字学校过程中，2006 年，青岛市实验小学等 6 所被省红十字会、省教育厅评为全省红十字模范校，贵州路小学被国家教育部、中国红十字会总会评为全国红十字模范

---

① 《山东省学校红十字工作委员会工作细则》，2006 年 6 月，载蔡勤禹、王永君主编：《山东红十字会百年史》，中国海洋大学出版社 2012 年版，第 171 页。

② 山东省红十字会编著：《山东红十字事业九十年》，山东友谊出版社 2002 年版，第 151 页。

③ 青岛市史志办公室编：《青岛年鉴 2007》，青岛年鉴社 2007 年版，第 314 页；《青岛年鉴 2012》，青岛年鉴社 2012 年版，第 347 页。

④ 山东省红十字会编著：《山东红十字事业九十年》，山东友谊出版社 2002 年版，第 156 页。

⑤ 青岛市史志办编：《青岛年鉴 2007》，青岛年鉴社 2007 年版，第 314 页；《青岛年鉴 2012》，青岛年鉴社 2012 年版，第 347 页。

⑥ 《青岛市红十字会 2012 年大事记》。

校。①

青岛市中小学红十字会活动内容是丰富多彩的。他们结合中小学生特点，将学校德育教育、能力培养相结合，通过卫生救护、社会服务以及各种有益的活动结合起来，如开展暑期夏令营，1982 年 8 月，青岛市红十字会首次为全市优秀红十字青少年举办了为期两天的夏令营，100 多名红十字青少年在两天时间里进行模拟战地救护表演，到海军某舰艇参观军舰，在市少年宫进行“开火车”、“过河”团体游戏，还观看了上海市木偶剧《金猴出世》。② 举办红十字夏令营已经成为青岛市红十字青少年活动的常态。不仅青岛市红十字会组织举办夏令营，也承办由中国红十字会和其他国际红十字组织举办的夏令营。2012 年 7 月，红十字青少年关爱留守儿童系列活动启动仪式暨全国红十字青少年夏令营开营式在青岛举行。这次夏令营由中国红十字会总会、红十字会与红新月会国际联合会和香港红十字会共同主办，山东省红十字会和青岛市红十字会承办。来自全国各省（自治区、直辖市）和新疆生产建设兵团及香港、澳门的红十字青少年骨干和红十字会负责青少年工作的专职干部约 150 人参加此次夏令营。③ 通过夏令营这样的集体活动，来自不同地区的红十字青少年在各项活动中陶冶了情操，磨砺了意志，增进了友谊，训练和培养救死扶伤、助人为乐、无私奉献的意识和社会服务观念。

再比如，青岛市红十字会结合青少年特点，开展“祖国在我心中”、“敬师一杯茶”、“让人间充满爱”等演讲会、作文竞赛、外出服务等，培养助人为乐精神。许多学校红十字会把红十字青少年组成几个服务队，利用课外时间和节假日走上街头，深入公共场所打扫卫生，定时、定点、定人、定服务对象去孤寡病残人家中为他们打扫卫生，烧水买粮，每逢节假日还为他们送礼物，表演节目，让孤寡病残老人体现人道主义温暖。比如青岛第五十七中学成立了“爱心帮扶基金”，开展“献爱心、捐款帮扶”活动；青岛第十七中学师生为帮助

① 《青岛市红十字会 2007 年大事记》。

② 邵敏：《愉快的暑假生活——记青岛市红十字青少年夏令营》，《青岛日报》1982 年 8 月 5 日。

③ 《弘扬人道精神 关爱留守儿童——2012 年全国红十字青少年夏令营青岛开营》，2012 年 7 月 28 日，中国红十字会网站，见 http://www.redcross.org.cn/hhzh/zh/newscenter/tq/201207/t20120726_4706.html。

患急性白血病的高三学生捐款50000元；宁夏路小学举行红十字纳新大会暨救护比赛活动，提高学生的自救互救能力。① 青岛市南区教体局将每年5月作为市南区学校红十字活动宣传月，并以此为契机向全区师生宣传普及卫生健康教育、预防传染病、艾滋病知识及红十字会的百年历史，传播红十字精神；开展救护演习活动和技能竞赛，培训并提高师生的救护技能和人道主义社会服务，让学生带着红十字精神走进社区，开展尊老、敬师、爱幼、助残等社会服务活动（见图6—11）。②

值得一提的是青岛市儿童少年参与的一场活动。1991年是青岛建置100周年，青岛市红十字会建会87周年。同年4月14日，为了纪念"5·8"世界红十字日和青岛建置一百周年，青岛市红十字会组织了200余名儿童绘制了以

图6—11　青岛市实验小学的学生在进行救护演练

① 《青岛市红十字会2001—2006年工作情况汇报》，未刊稿。

② 市南区教体局：《市南区学校红十字月活动实施方案》，南教体〔2004〕42号。

图 6—12　1991 年，青岛市红十字会向红十字会与红新月会国际联合会赠送百米画卷

“让世界充满爱”为主题的两幅各长百米的巨幅画卷。一幅送总会参展后存本市，另一幅由总会转送红十字会和红新月会国际联合会收藏。① 绘画由 104 幅图案构成，赞美和平、友爱、团结、人道。红十字会与红新月会国际联合会总部秘书长帕克先生与公关部部长雷蒙德·霍尔先生收到赠品后，给青岛市红十字会写来感谢信，并将赠品放在国际红十字会总部大厅展览，并在《国际红十字与红新月》杂志上刊登，向全球发行（见图 6—12）。

二、高校红十字会

高校红十字会是青岛市红十字会工作的另一发展重点。1998 年 1 月，青岛市高校红十字青少年工作委员会成立，3 月下旬，中国海洋大学、青岛大学和远洋船员学院等高校成立了红十字会，逐步建立院系班基层红十字会组织并

---

① 山东省红十字会编著：《山东红十字事业九十年》，山东友谊出版社 2002 年版，第 158 页。

开展无偿献血、社区志愿服务活动。

青岛市高校红十字会结合青年人的特点和大学生的知识才能，开展了许多内容新颖、形式多样的红十字活动：

1. 组织夏令营。如 1995 年举办各类红十字夏令营 16 次，参加人数 2000 人。①2000 年 8 月，青岛市举行第三届大学生夏令营，来自全市 12 所高校的 50 余名大学生共同学习红十字知识、急救技术和献血知识，交流经验。他们还举办了海峡两岸夏令营，获得中国红十字总会和山东省红十字会肯定。②

2. 开展红十字演讲比赛。为了普及红十字知识，宣传红十字精神，从 1999 年开始，每年举办“青岛高校红十字志愿者演讲比赛”，围绕着“人道、博爱、奉献”主题，由驻青高校大学生参加比赛，至 2015 年已经举办 13 届。③如今，高校红十字演讲比赛已经成为传播红十字文化的一种重要形式，从 2002 年开始，市广播电视局开始参与此项活动，并通过电视播出获奖选手的演讲，使更多观众通过观看比赛获得红十字知识，传播社会正能量。

3. 参加“三捐”活动。大学生无偿献血成为青岛市献血主力军，是流动血库的基本保障力量，在青岛市无偿献血志愿者中约有十分之一是大学生志愿者，50 余名大学生获得无偿献血奖杯和奖章。大学生成为捐献造血干细胞的重要队伍，全市登记捐献干细胞志愿者达 25000 多人，先后有 17 名志愿者成功实施捐献，其中在校大学生成为捐献主力。④

4. 开展公益活动。2001 年 5 月 12 日，青岛市红十字会与青岛市教育局联合成立青岛市红十字青少年义工团，红十字志愿服务基地也同时启动，全市

---

① 青岛年鉴编辑部编:《青岛年鉴 1996》，齐鲁书社 1996 年版，第 336 页。

② 青岛市史志办公室编:《青岛年鉴 2001 年》，五洲传播出版社 2001 年版，第 194 页。

③ 《正青春，正能量——第十三届高校红十字志愿者演讲比赛顺利举办》，2015 年 6 月 6 日，http://www.qdredcross.org.cn/News/NewsView.aspx?guid=20b885c3-1689-4c4a-b998-f5a5f25ef578&flag=。

④ 自 2004 年以来，青岛市先后有青岛职业技术学院王恺成为山东省第一例大学生造血干细胞捐献者，此后成功捐献的还有青岛职业技术学院王甜甜、山东科技大学张波、即墨第一职专李启广、青岛科技大学赵永昌、青岛科技大学董红周、青岛大学梁军、中国海洋大学罗锴、青岛大学王一虎、中国海洋大学张国庆、山东科技大学王彬、薛松。

10所高校的400余名大学生参加了红十字青少年义工团，并于每周六在红十字志愿服务基地进行义工服务。① 以大学生志愿者为主要内容的“大学生志愿者博爱月”，使越来越多的大学生会聚到红十字旗帜下。

总之，青岛高校红十字会结合青年人的身体状况、年龄特点，突出无偿献血、捐献造血干细胞、志愿服务、卫生救护知识培训、预防艾滋病讲座等活动，既奉献了社会，又促进了校园精神文明建设。

三、红十字青少年工作经验

结合以上论述，我们认为青岛市红十字会在发展红十字青少年过程中，主要有以下几点经验：

1. 任务上密切结合。如在20世纪90年代，红十字青少年工作委员会提出加强小学生良好卫生习惯的培养，保护视力，少先队提出争创金星大队、争创“十星”活动，其中就有“勤劳蜜蜂星”、“卫生白鸽星”，全校学生围绕共同的要求积极行动，推动了双方工作计划的实施。近年来青岛市教育系统与红十字会密切配合，把学校红十字工作与学校德育教育、健康安全教育融为一体，在全市高校和中小学中开展了“红十字博爱月”、“红十字宣传月”、无偿献血宣传、志愿服务、自救互救知识培训等活动，有效促进了校园精神文明建设。

2. 活动共同开展。在组织活动中，青岛市红十字会与相关部门合作开展，提供了活动效率，如第一个世界无烟日宣传活动，青岛市红十字会与卫生部门合作，通过多种形式宣传世界无烟日来历、意义和吸烟危害，卫生教师进行专题报告，对红十字少年举行讲座，提出要求，少先队则发挥红十字会员的骨干作用，开展人人争做“戒烟大王”活动，组织各中小队深入附近工厂、机关、饭店、商店、车站进行宣传，以小队为单位制作戒烟卡送给亲属，劝阻亲属戒烟，对劝阻家长10天不吸烟的少先队员评为“戒烟大王”。

3. 教育阵地共建。红十字青少年侧重于红十字精神，他们配合学校开展疾病防治、卫生宣传，建立各种角、站、组、队等基地，如红领巾卫生角、小医

---

① 《青岛市红十字会2001—2006年工作情况汇报》，未刊稿。

药站、红领巾医务小队等。在活动中，小队员是活动骨干，发挥着小能人作用。在少先队员开展的创造性竞赛活动中，市南区铁路第一小学的“红领巾家庭日用生活大全”、台西五路小学的“家庭小卫生员”等获得优秀活动奖。在敬老助残活动中，红十字少年与少先队共同开展“利民日”、“服务岗”、“服务中心”活动基地，如文登路小学建立了为老年人义务服务中心，3 年时间里 40 多个小组为退休干部、工人、残疾人服务。

4. 表彰奖励同步。在开展红十字教育中会同少先队制订表彰奖励制度，开展竞赛，如“红十字知识抢答赛”、“卫生知识竞赛”、“你是健康队员吗?”评选优秀红十字会员以及卫生流动红旗等，共同制订条件、制度、办法。比如学校开展的“小白鸽流动红旗”，双方共同制订条件，评选奖励同步，孩子们提出“人人争当小白鸽不当黑乌鸦”的口号，使学生卫生教育获得较大提高。红十字青少年和少先队员的教育都获得好成绩。①

① 青岛市市南区红十字青少年工委会:《红十字青少年教育与少先队教育的一致性》,《中国红十字》1988 年第 11 期。

第七章　传统功能延续与完善

“三救”（救灾、救助、救护）是青岛市红十字会成立后一直坚持的服务功能，新中国成立后功能收缩，只将卫生救护作为主责，其他职责被政府消除。20 世纪 80 年代重新恢复后，适应新形势变化，重新调整功能，恢复传统的救灾、救助和救护功能，并使之进一步完善，充当了政府在人道主义领域助手作用，为青岛市社会事业发展作出贡献。

第一节　备灾救灾

青岛市红十字会在新时期根据自身优势，在协助政府备灾救灾方面做了很多工作，多次受到中国红十字会总会和山东省红十字会表彰。

一、救灾工作概述

中国是个灾害频发的国家，每年发生的各类灾害也多，青岛红十字会发扬人道主义精神，对各地发生的重大灾害，常常在第一时间义不容辞地投入抗灾救灾，参与了青岛乃至国内重大灾害救助。

1989 年 8 月 12 日，黄岛油库被雷击爆炸起火，灾情牵动着人心，黄岛区、胶南县等红十字会派出红十字医疗队紧急奔赴现场。青岛捷能动力集团公司1500多名职工和红十字会员还主动要求为伤员献血，有1951名会员捐款6054.40元，向灭火抢险中壮烈牺牲的烈士家属表示崇高敬意。①

1998年1月10日，河北省张家口地区发生地震后，青岛市红十字会立即组织救援物资运往灾区，其中台湾独资企业六合集团捐赠价值20余万元的方便面6000箱并及时运至灾区，解决了灾区的燃眉之急。② 同年夏天，长江、嫩江、松花江等流域航道遭受特大洪水袭击，受灾省份损失惨重。抗洪期间，青岛市红十字会组织赈灾捐款150余万元，通过民政部门及时送往灾区；并根据香格里拉大酒店全体员工意愿，将近万元的捐款直接送往安徽省红十字会发给灾民。③

1999年9月，台湾发生特大地震，是20世纪末期台湾最大的地震，损失惨重。本着同为中华儿女、炎黄子孙的情怀，青岛市红十字会为台湾同胞开展了捐助活动。在短短的一周时间内，募集捐款8万余元，充分显示了岛城人民对台湾灾民的热切关心。④

2007年8月，青岛连续出现区域性暴雨，青岛市红十字会反应迅速，第一时间在全市开展救灾募捐宣传发动活动，通过青岛各大新闻媒体发出募捐紧急呼吁，策划活动把10万枚"'微尘'传真情、爱心献灾区"的爱心贴，贴在各大超市卖的鸡蛋上，这样救灾倡议通过爱心蛋走进了千家万户。同时及时上报灾情，争取了总会拨付47吨面粉，及时将救灾物资发放到灾民手中。⑤

2010年中国灾害不断，先后发生玉树地震和西南旱灾等大型灾害。青岛市红十字会在灾害发生后第一时间做出反应，启动紧急灾害救助工程，发出募捐呼吁，开通24小时捐赠电话。在玉树地震发生后，青岛市红十字会迅速向灾区伸出援手，同时组织救援队奔赴灾区参与救援。由于青岛市红十字会在玉树地震中组织救灾有力，获得中国红十字会玉树地震抗震救灾先进集体称号。

① 山东省红十字会编著：《山东红十字事业九十年》，山东友谊出版社2002年版，第108—109页。
② 山东省红十字会编著：《山东红十字事业九十年》，山东友谊出版社2002年版，第119页。
③ 《青岛市红十字会志》第34页，未刊稿。
④ 《青岛市红十字会志》第34页，未刊稿。
⑤ 李旭：《寻找微尘——一座城市的良心》，青岛出版社2008年版，第126页。

同年，西南地区发生特大旱灾，青岛红十字会开展了“微尘·春雨行动”，迅速向西南干旱灾区拨付了45万元善款。①

青岛红十字会在实践中认识到建立专业性的应急救援队伍对于应对突发事件的重要性，注册成立了青岛红十字天使紧急救援中心，建立了红十字应急搜救、应急通信、医疗救援、心理援助、水上救援、蓝天救援等骨干救援队伍，志愿者达到300多名，遍布青岛七区五市。开通首部红十字救援电话96599，将应急救援队纳入全市应急体系建设，与市公安局110指挥中心实现了救援联动。志愿救援队主要承担搜救在山林迷路或发生危险的群众，搜救在各大浴场、游泳馆发生溺水危险的游客，山东省范围内发生重大通信受阻事件时紧急救援，在青岛市发生重大交通事故时救援，在青岛市发生重大事故造成伤病员心理疾病时进行救援等五项任务，一定程度上保障了市民生命安全。②2013年，青岛市红十字应急搜救队被列为中国红十字会21支应急救援队之一。③

2013年，青岛红十字会统筹全市红十字备灾仓储布局，构建市、区、社区备灾仓库网络，设立备灾仓库11处、社区备灾物资库8处，全市备灾仓库面积3682平方米。优化备灾物资储备，动员社会爱心捐赠610万元救灾物资，调拨800个救灾包支持区市社区应急建设。④建立高效应急救灾物流体系，率先启动空陆联运机制，12小时内救灾包运抵雅安芦山、甘肃岷县重灾区，30小时内完成30吨救灾物资发运任务。⑤成立青岛市应急志愿者协会，开启全国红十字系统建立跨领域跨专业应急组织先河。⑥

青岛市红十字会在救灾应急过程中，响应政府号召，积极参与政府应对自然灾害和突发事件，建立完善了《自然灾害等突发公共事件应急预案》，出台了加强红十字被灾体系建设具体措施，救灾工作成绩显著，1982年至2010年，

---

① 《青岛市红十字会2008年大事记》，未刊稿。

② 蔡勤禹、王永君主编：《山东省红十字会百年史》，中国海洋大学出版社2012年版，第103、226页。

③ 青岛市红十字会编：《微尘》总第8期，青岛出版社2013年版，第13页。

④ 青岛市史志办公室编：《青岛年鉴2013》，青岛年鉴社2014年版，第354页。

⑤ 《青岛红十字会2013年工作情况》，2014年3月5日，未刊稿。

⑥ 青岛市红十字会编：《微尘》总第8期，青岛出版社2013年版，第13页。

累计募集救灾款物合计3.5亿元。[①]2013年救灾救助募捐资金3166万元，支出2922万元，[②]每年用于救灾的款项达上千万，使成千上万人得到救助。

二、抗击“非典”

抗击“非典”是青岛红十字会进入21世纪后遭遇的第一场大灾。2003年春天，“非典”突袭全国。面对突如其来的疫情，青岛市委、市政府紧急成立非典防治工作领导小组，迅速动员全市上下行动起来，构筑起一条条抗击非典的坚固防线。在这次抗击“非典”过程中，青岛市红十字会以其出色的组织工作为这场斗争取得最后胜利作出重要贡献。

2003年“五一”期间，社会各界掀起了捐款捐物的高潮，为抗击“非典”尽一份力量。5月1日，《青岛早报》在一版独家刊登了《北京紧缺B型血四个采血点等你献血支援首都》的报道，消息一经发出，爱心市民立即从四面八方涌向采血点。当天在青岛市红十字会、中心血站发起的“支援北京，抗击非典，无偿献血一日捐”活动中，619名市民献血19.1万毫升，在岛城演绎了一场血脉情深的动人故事。流动采血车刚刚驶上街头，就立刻被前来献血的市民围起来了，许多人围着采血车排起了长长的队伍，有些来得稍微晚的人，排了两三个小时的队才轮上。5月1日当天采血619人次，955个单位（共19.1万毫升），是平日采血量的三倍，创中心血站建站10年来日采血量的最高纪录。[③]在“众志成城，抗击非典”口号的感召下，许多年轻人在这里忘记了时间，急于购物的恋人在这里排起了长队，平日里难得见面的亲朋好友在血站相遇，“北京缺血，我们献！救人要紧，要多少抽多少，我们是一家人！”当人们在回忆起热烈的献血场面时，用“为之动容”和“敬佩”来形容。[④]

① 蔡勤禹、王永君主编：《山东省红十字会百年史》，中国海洋大学出版社2012年版，第226页。

② 《青岛红十字会2013年工作情况》，2014年3月5日，未刊稿。

③ 《青岛市红十字会抗击非典期间工作总结》，2003年6月10日，未刊稿。

④ 《青岛市红十字会抗击非典期间工作总结》，2003年6月10日，未刊稿。

5月2日，青岛市红十字会中心血站加班加点检测，于下午将合格的17.76万毫升鲜血分装成14大箱，由市南交警大队警车开道送往流亭机场，机场开通“绿色通道”将“救命血”送上青岛至北京的航班。当天下午5时30分，这批血液即被送至北京临床紧急用血一线，输入到首都人民的血脉。据报道，青岛市民捐血量占全国支援北京捐血总量的四分之一、占山东省支援北京捐血总量的三分之一。①

为纪念青岛市民对北京抗击“非典”的无私援助精神，铭记无偿献血者的名字，5月21日，青岛市红十字会中心血站将在5月1日这天参加援京无偿献血的619位市民名单上报至山东省献血办，由省献血办统一登记造册，连同山东其他5个城市的献血名单一起，这份名单被首都博物馆永久收藏。②

青岛市红十字会在组织捐献血液同时，还组织捐赠款物支援抗击“非典”的一线医务工作者。仅“五一”期间，青岛市红十字会就收到近15万元捐款和价值25万元的物资。③ 在灾难面前，千千万万名青岛人用坚定的信心和令人感动的爱心赢得了这场战役的胜利。

三、救助汶川大地震

2008年是极不平凡的一年，我国南方部分地区发生五十年一遇的严重雨雪冰冻灾害，四川汶川发生自1976年唐山大地震以来最严重的地震灾害，青岛近海海域爆发浒苔自然灾害。在这些重大灾害中，青岛市红十字会主动作为，敢于担当，为抗灾救灾作出可贵贡献。

2008年5月12日，四川省汶川县发生8级强烈地震后，按照中国红十字总会和山东省红十字会统一部署，青岛市红十字会第一时间做出积极反应。地震发生的当天，青岛市红十字会通过广播、电视、报纸、网络发布募捐呼吁，

① 《青岛市红十字会抗击非典期间工作总结》，2003年6月10日，未刊稿。
② 《青岛市红十字会抗击非典期间工作总结》，2003年6月10日，未刊稿。
③ 《青岛市红十字会抗击非典期间工作总结》，2003年6月10日，未刊稿。

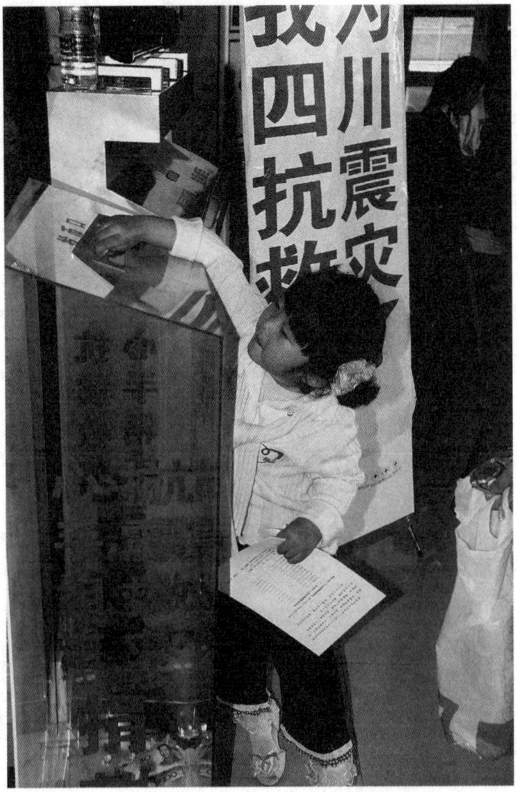

图 7—1 青岛一位小姑娘在为汶川地震灾区捐款

并设立募捐接收站，安排专人 24 小时值班，接收社会各界的捐款捐物（见图 7—1）。在整个抗震救灾期间，青岛市、区两级红十字会共接收抗震救灾捐赠款物 2.97 亿元，占全市募捐总额的 48.6%，占全省红十字会系统募捐总额的 56%；向灾区紧急发运抗震救灾帐篷、饮用水管材管件、衣物、被褥、药品等捐赠物资 11 批次，共计 485 吨，价值 2201 万元。[①] 这是继印度洋海啸和南方雪灾之后，青岛市第三次大型赈灾活动，也是最为热烈、最为持久的一次。青岛市红十字会以有力、有序、有效的组织，使募捐社会各界参与面之广，捐款数额之大，超过历次自然灾害和突发事件募捐数额总和，创造了青岛市红十字会建制以来新的里程碑。

① 《青岛市红十字会年报 2008》，第 5 页。

四、救助云南地震

2012 年 9 月 7 日，云南昭通市彝良县分别发生 5.7 级地震和 5.6 级地震，造成 80 多人死亡，加之由地震产生的次生灾害，给灾区人民的生命财产安全构成了严重的威胁。青岛红十字会在灾情发生当日，向社会公布募捐账号和捐赠途径，并于当晚安排专人 24 小时值守，确保社会捐赠渠道畅通。根据中国红十字会总会云南震灾前方工作组意见，9 月 10 日下午，青岛市首批 9 名红十字蓝天救援队队员带着 2 辆救援车和自身给养、救援用药品、器材出发前往彝良县，在中国红十字会总会的指挥下参与救灾物资发放、协助开展伤员救助等工作。① 青岛红十字会还紧急调拨家庭包 500 个，分别通过云南省红十字会、贵州省红十字会援助地震灾区受灾群众，11 日，市红十字会将 300 个家庭救灾包和被子 510 条发往贵州灾区。每个救灾包内包括面包服 1 件，毛巾被 1 条，手摇充电手电筒 1 个，不锈钢碗筷 3 套，雨披 3 件，牙膏 1 支、牙刷 3 支，香皂 1 块，洗衣粉 1 袋，内衣 3 套，毛巾 3 条，价值 370 余元，共计 11 万余元物资。②

2014 年 8 月 3 日，云南昭通市鲁甸县发生 6.5 级地震，再次造成损失。青岛市红十字会在地震发生后第一时间由会领导带队、20 名救援队员组成青岛红十字会综合救援队奔赴抗震一线。救援队深入重灾区开展搜救工作，并参与安置点建立、帐篷及大众卫生厕所搭建，完成卸载家庭包、棉被、帐篷、毛毯、夹克衫、方便面、矿泉水等物资；建立 3 处医疗点，为受灾群众、志愿者、解放军官兵提供医疗服务 1000 余人次，并及时展开走访、心理援助。央视焦点访谈、新闻周刊、新华网、光明网等媒体刊发报道，救援队在中国红十字会鲁甸救灾报告会上做典型发言。③

① 《各地各部门紧急支援彝良震区》，《人民日报》2012 年 9 月 11 日。

② 《青岛市红十字会 2012 年大事记》。

③ 《青岛市红十字会 2014 年工作情况报告》，2015 年 1 月 15 日，未刊稿。

五、雅安地震，青岛红十字会在行动

2013年4月20日8时02分，四川发生强烈地震，这次震中在雅安市芦山县，震级为7.0级。地震造成受灾人口152万，受灾面积12500平方公里，200多人死亡，一万多人受伤。地震发生后，青岛市各界纷纷行动起来，支援灾区人民抗震救灾。青岛市红十字会在地震发生后不到20分钟，就启动一级应急响应，向社会发出呼吁，公布募捐账号，庄严承诺，将按照“公开、公平、公正、透明”的原则，将捐赠款物及时发送到灾区。他们从备灾金中向雅安市红十字会紧急拨付10万元，同时，紧急调拨价值24.5万元650个救灾包发往灾区。地震发生当天，山东航空公司一架航班搭载着包括240套救生设备的救灾物资1.26吨抵达四川成都。该批物资为青岛红十字会紧急提供，山东省首批运往灾区的救援物资。第二天，青岛市中心血站将1700单位、34万毫升血液包装成箱，连夜出发运抵灾害指定地点，保障地震灾区医疗用血需要。①

在募集捐款过程中，青岛市民表现出了齐鲁儿女的爱心和热诚。邹晨宇成为第一个捐款市民，他捐赠3000元；来自青岛市红十字会微尘基金会理事袁波、于海波、梁永建、黄克勇、刘勇、刘辉等6人合计捐款30万元。在社会各界的热情参与下，社会爱潮涌动，涓涓细流汇成大江，青岛市红十字会就收到各界捐赠款物合计2370.67万元，② 居全国副省级城市红十字会前列。

在雅安抗震救灾中，青岛市红十字会还派出两支救援队深入灾区救灾，一支是青岛市红十字会蓝天救援队，另一支是青岛市黄岛区山海情红十字救援队。雅安地震发生时，青岛市红十字会蓝天救援队的8名队员正在北京门头沟执行搜救失踪台湾游客任务，地震发生后，他们立即返回青岛，于当天下午携带救援设施分乘两辆车赶赴灾区。4月21日，8名救援队队员抵达目的地芦山县中心医院，与中国红十字会总会指挥总部取得联系分配任务后，4月22日进入震区宝兴县城，红十字志愿者、青岛市骨伤医院程坤大夫与蓝天救援队一起建立起红十字应急救治站，为灾民诊治、赠药。4月23日，蓝天救援队到

① 《雅安地震　青岛红十字会救援大事记》，《微尘》，青岛出版社2013年版，第44页。

② 《雅安地震　青岛红十字会救援大事记》，《微尘》，青岛出版社2013年版，第45页。

达宝兴县隆东镇星火村，帮助村民搭建帐篷，与武警官兵一起将一批矿泉水、方便面、帐篷等运上山，补给山上灾民。山海情红十字救援队在芦山县人民医院周边的受灾村落进行调查，沿龙门县受灾线路进行救助，将携带的奶粉、药品、纸巾等物品沿路发放。青岛市红十字会两支救援队在灾区连续工作一个星期后陆续返回青岛。①

回顾青岛市红十字会参与的救灾工作，可以看到他们从最初的灾情发生后被动救援的单一救灾形式，向防灾备灾方向发展，建立备灾仓库，组建专业救援队伍，使救灾能力显著提高，由此也获得了很多荣誉和奖励，为他们进一步更好地实现人道主义救援提供了坚实基础。

第二节　救危助困

救助工作是青岛市红十字会的一项传统工作，从复会以来，青岛市红十字会先后设立了许多救助项目，帮助台胞寻亲，对贫困先天性心脏病儿童、白血病儿童、白内障患者、农村贫困人群、特困家庭和特困学生等进行专项救助，救危助困领域大大扩展。

一、为台湾同胞转信寻亲

20 世纪 80 年代是青岛红十字会恢复和工作初步开展阶段。由于长时间停止活动，复会后的工作内容相对比较单一，主要是卫生救护训练和帮助台胞转信和寻找失散多年亲人。1987 年 11 月，台湾当局开放民众赴大陆探亲，海峡两岸骨肉分离 40 年，终于有了团聚的机会。但是，斗转星移，人事变迁，两岸隔绝 30 多年使很多早年赴台人员已经与在大陆亲人联系不上，常常信寄来找不到收信人地址成为死信。两岸失散同胞寻找自己的亲人成为当务之急，红

① 《雅安地震　青岛红十字会救援大事记》，《微尘》，青岛出版社 2013 年版，第 45 页。

十字会这一人道主义组织责无旁贷地承担起沟通两岸亲情的重任。为了做好这项富有人情工作，中国红十字会总会向各级红十字会发出《关于做好查人转信工作的通知》，就工作中的一些具体问题提出了具体意见，山东省红十字会及时转发总会的有关文件，印发了《查人工作技术指南》、《赴台指南》、《寻人启事录》，使寻亲转信工作有条不紊地开展起来。

青岛市在解放前去台人员有6.6万多名，位居山东省首位。为了做好寻亲转信这项涉及两岸互信的工作，青岛市红十字会两次召集市内五区红十字会负责人会议，具体部署查人转信事宜。青岛各级红十字会复会初期，人员少、经费不足，但工作人员以高度的政治责任感，认真负责，接待来访人员3000人次，受理《寻人表格》874宗，协助处理台胞死亡事件2宗，协助处理台胞其他问题186宗，处理来访信件20余封，为探亲患病台胞治病8起。① 在这个过程中，上演了许多故事，红十字会在其中发挥了重要作用。

1987年10月23日，青岛市北区红十字会接到由总会转来的从台湾转寄的于鉴浦寻儿子于模宸一封信，见信后市北区红十字会立即研究，并专派一名工作人员去联系，通过热河路管区红十字会、派出所干警的共同努力，在无棣路找到了于模宸住址。已经59岁的于模宸说："我老家在海阳县高家乡后峨村，父亲于鉴浦1937年离家，一晃50年，现在他已经77岁了。叶落归根，人老思亲，骨肉盼团聚。数十年来几经碾转，父亲捎过几次信来，急切希望回归故里。现在可好了，通过红十字传信，我们父子见面的一天就要实现了，这也是我们全家盼望已久的，感谢红十字会为我们牵线搭桥。" ② 为了海峡两岸亲人的团聚，红十字会发挥了独特的作用（见图7—2）。

原青岛市台东区太平镇是去台人员较多的地区，据不完全统计有台胞112户，去台人员118人。为了使海峡两岸的亲人早日相聚，太平镇红十字会工作人员想方设法帮他们查找亲人。台胞王玉堂到红十字会让帮助找其妻李秀美，在情况复杂又无线索的情况下，红十字会到派出所查找，但无此人户口。后来他们就挨门挨户地访问老住户。听说她是青岛第一染织厂工人，他们立即到青

① 山东省红十字会编著：《山东红十字事业九十年》，山东友谊出版社2002年版，第163页。

② 张梅丽：《红十字会为他找到亲人》，《中国红十字》1988年第1期。

岛第一染织厂，在厂方的协助下，终于在湛山村找到了李秀美。当时他们夫妻见面后，王玉堂老先生激动地说："我这次来是大海捞针，真没想到在红十字会的帮助下，我们竟团聚了。"1989年，太平镇红十字会接到查人信件12封，在地址不详或有名无人的情况下，做到没有结果绝不退信，想尽一切办法查找，为8户找到了亲人。另外，他们还委托回台人员为台属查找，使2户团聚。为了查找方便，他们还建立较完整的联系档案，为今后进一步服务工作打下基础。①

图7—2　1988年5月9日，台胞王福善先生在亲人陪同下，到青岛市红十字会，感谢为他找到了失散多年的亲人

太平镇红十字会对回大陆探亲的台胞，主动登门看望，向他们介绍政府对台政策和家乡变化，并利用茶话会征询他们对工作的意见，并尽力解决台胞遇到的困难。台属刘桂香丈夫去台后，儿子改为母姓，在台的丈夫来信要求帮助其子改为父姓。太平镇红十字会工作人员立即与派出所等单位联系，克服办理手续上的困难，将其子母姓改为父姓。在台的父亲知道后，非常高兴，寄来感谢信表达心情。太平镇红十字会为台属帮忧解困，使台属感到十分高兴。他们主动与台属所在单位取得联系，为4户台属解决了住房难的问题；为14户解决了家庭纠纷；帮助办红白喜事，解决衣、被70余件；帮助13户台属办起了家庭托儿所、2户办起了烟糖店、1户办起了饭店。② 太平镇红十字会通过细

① 任敦祥：《太平镇红会热心为台胞台属服务》，《中国红十字》1990年第7期。

② 任敦祥：《太平镇红会热心为台胞台属服务》，《中国红十字》1990年第7期。

致周到服务，为海峡两岸“三通”和祖国和平统一大业，贡献了一份力量。

二、救助贫困学生和儿童

少年儿童是国家的未来和希望，然而，有些儿童天生残疾，给家庭和社会带来负担。另外，一些在校学生由于家庭贫困而不能完成学业。关注少年儿童健康成长，就是关注国家未来，青岛市红十字会一直将少年儿童健康成长和学业进步作为救助方向。1999 年，他们设立专项医疗救助金，2000 年开始设立红十字助学金，对特困学生进行专项救助。①2003 年又以募捐箱募集的资金启动建立了红十字儿童医疗救助金，对特困居民和儿童开展专项医疗救助，仅 2000—2005 年，就救助患先天性疾病、白血病和残疾儿童 150 余人。他们在此期间开展了“看新世纪曙光”白内障复明手术和社会福利院腭裂儿童“微笑行动”手术等医疗救助活动，还设立了红十字助学金和特困家庭救助金，开展了“红十字博爱进万家”救助活动，累计救助特困家庭和特困学生 2160 余户。②为无耳少年李进月、福利院 10 名残疾儿童进行免费康复手术的爱心行动，为 50 位低钾和 30 位苯丙酮尿症患儿提供医疗费，每位患者获 2700 元—50000 元不等。在他们最困难时，人道主义的温暖帮助他们渡过难关。③2005 年，设立“微尘救助金”，当年即募集款物 502 万元。④2006 年，青岛市红十字会募集救助金 312 万元，各区市红十字会募集 221.39 万元。与市卫生局、医疗卫生单位实施了健康博爱送万家系列工程，救助 66 名心脏病儿童，与市教育局联合开展救助特困学生募捐活动，募集 12 余万元，救助贫困生 340 名。⑤2009 年，“天使回声”项目募集 13 万元善款，为贫困耳疾患儿免费查体并进行资

---

① 《青岛市红十字会志》第 34 页，未刊稿。

② 刘丽萍：《抓住机遇，改革创新，开创红十字会事业新局面——在第六次会员代表大会上的报告》，2004 年 2 月 11 日，未刊稿。

③ 青岛市红十字会：《与时俱进、不断创新、开创红十字事业新局面》，2002 年 3 月 31 日，未刊稿。

④ 王丽艳：《青岛设立微尘救助金　推出关爱生命微尘救助项目》，《青岛日报》2005 年 10 月 28 日。

⑤ 刘丽萍：《在青岛市红十字会第六届理事会第四次会议上的工作报告》，2007 年 3 月 13 日，未刊稿。

助。[①]2012年11月，成立“小草基金”，是全国第一家以服刑人员16岁以下未成年子女为救助对象的爱心组织，成立当年即筹集善款17万元，救助8名失依儿童。[②]2014年，困难儿童得到中国红十字基金会总计166.5万元资助。[③]青岛市红十字会的每一次救助，不仅缓解了患者的家庭负担，更是对幼小生命的一次拯救，使不幸者健康成长。

在救助儿童少年基金中，青岛红十字“微尘”基金最为著名。“微尘”基金于2009年6月6日正式启动关注儿童“生命·健康·教育”项目，截至2011年5月底，“微尘”基金在两年时间里共筹集爱心款物1600余万元，除救助患大病贫困儿童和失学学生外，还成立了52所爱心图书室，参与《青岛早报》“暖春行动”，让1000名患病儿童及贫困家庭吃上爱心年货，为961名贫困学生免费验光配镜，联合《青岛早报》开展“日行一善”公益行动，解决2000名西南灾区儿童饮水难。[④] 2011年4月份，“微尘”基金首次开展对外地贫困地区孩子的救助，从支教学生口中得知贵州遵义市乌江中学基础设施较差，资助50万元建设学生公寓、浴室等基础设施，随后在贵州安顺市资助了100名困难中小学生，共发放爱心助学金5万元。同年11月份，“微尘”基金在安徽六安市金寨县燕子河镇3所小学资助助学金、电脑、体育器材、文具、书籍等共计近8万元。2012年底“微尘”基金接到四川甘孜乐安希望小学的求助函，当地153名孩子没有过冬的衣物，便捐助2万多元为每个小学生紧急置办了一套包括棉衣、棉裤、棉鞋在内的衣物。同年4月，“微尘”基金理事团对北川曲山镇小学和陈家坝中小学进行了回访，给当地50多名品学兼优的贫困学生送去了奖学金。[⑤] 该项目不仅为“微尘”这个岛城爱心名片增光，还在全国各地叫响“微尘”两个字，让很多困难中的孩子们知道，有个“微尘”在关注他们，让更多孩子因为“微尘”而重展笑颜。青岛红十字微尘基金自

---

① 《青岛市红十字会年报2009》，第13页。

② 青岛市红十字会编：《微尘》总第8期，青岛出版社2013年版，第24页。

③ 《青岛市红十字会2014年工作情况报告》，2015年1月15日，未刊稿。

④ 《微尘》总第1期，青岛出版社2012年版，第16页。

⑤ 孙启孟：《一份大爱点亮77个希望——微尘基金启动“阳光少年”计划》，《青岛早报》2012年9月24日。

2009年成立后的5年，共接收捐款3600余万元，非实物及物资捐赠1000余万元，16个省的4000多名少年、200多名贫困大学生、228所学校，都留下了微尘基金爱的足迹。[①] 至2014年，筹集善款已达3700余万元，共救助868名贫困疾病患者，资助近6000名家庭贫困儿童，[②] 书写了人间无私大爱。

救助贫困学生和残疾儿童就是救助国家的明天和希望，青岛市红十字会以实际行动，忠实地履行着“人道、博爱、奉献”的红十字精神。

三、救助特殊困难群体

特殊困难群体包括生活困难的老人、贫困白血病患者、股骨头坏死病人、肾病患者、癌症患者和造血干细胞移植患者、结核病大学生、特困农民、生活

图7—3　青岛市红十字会的扶老助残服务

① 《微尘》总第9期，青岛出版社2014年版，第36—37页。

② 《微尘》总第10期，青岛出版社2014年版，第33页。

困难新市民等。

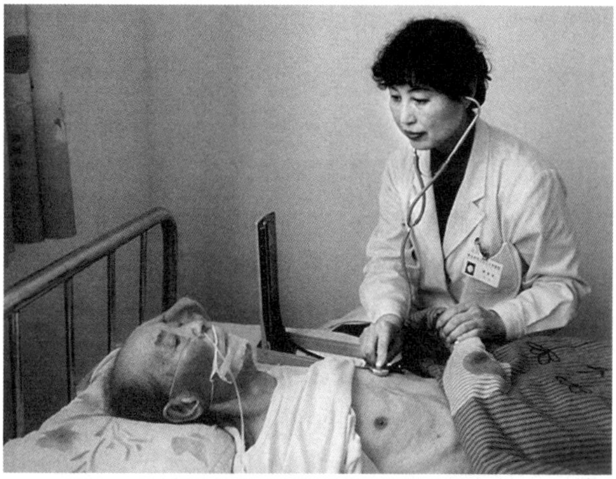

图 7—4　谭美青大夫在为病人进行诊治

老年人是国家的宝贵财富，他们生活得如何是检验一个国家、一个城市生活水平和文明程度的标尺。青岛市红十字会将老年人中的生活困难群体纳入救助范围，弥补政府社会保障不足。2001 年，青岛市红十字会与《青岛晚报》、青岛市人民医院联合举办了“看新世纪曙光”活动，为 8 位贫困白内障老人免费进行了复明手术；与《老年生活报》联合走访慰问了市内生活贫困的百岁老人，为每人送去 1000 元的慰问金和食品（见图 7—3）。①

在此，需要特别介绍谭美青和她创办的红十字老年护理院（见图 7—4）。2003 年 6 月，曾担任四方区医院副院长，离岗待退后的谭美青在岛城创建第一家融医疗护理和生活照料为一体的临终关怀机构“青岛市四方区红十字老年护理院”。“莫道桑榆晚，为霞尚满天”，作为兢兢业业奋斗大半生的老医生、老院长，离岗待退后，她本可以拿着工资回家享清福。但是近十年的社区卫生服务工作，使她感受到医疗机构护理功能不强和托老机构医疗能力缺乏的困境，自己有责任为这些老人做点什么。于是她决心成立一家既能给疾病晚期的老人提供专业医疗救护，又能让老人得到细致生活照顾的机构，让临终老人在世的时候提高生活质量，离去的时候维护生命尊严。在政府的支持下，2003 年，岛城第一家临终关怀机构——“青岛市四方区红十字老年护理院”建成。从那以后，护理院里的老人们就成了谭美青生活的全部。为将家属的经济负担减少到最低，让老人用退休金就能享受机构养老，她千方百计降低开支，特别是对那些癌症晚期、心脑血管疾病终末期、平均年龄 80 岁以上的老人，每月

① 青岛卫生年鉴编辑委员会编：《青岛卫生年鉴》，北京五洲传播出版社 2002 年版，第 101 页。

仅收取500—800元的费用。而她自己每天工作12小时以上，却不拿护理院一分钱报酬，还把每月的退休金全部投在护理院的建设上。①4年中，谭美青不计较报酬和收入，一直在护理院义务劳动。白天她的工作服口袋里总是装着四样东西：听诊器、指甲剪、乳胶手套、卫生纸。查房时听诊器随时为病人听诊，和老人聊天时随时帮助老人剪指甲，巡视时发现老人大便不通戴上乳胶手套为老人抠出来，随时帮助老人擦鼻涕口水。到2007年，该院共有入住老人近400人次，其中130位老人在微笑中悄然消逝，他们用爱心和辛勤的劳动温暖着老人最后的时光。② 她的事迹让更多的人体会到爱心护理“帮天下儿女尽孝，替世上父母解难，为党和政府分忧”的真正内涵，也让“临终关怀”的理念和意义得到社会的逐渐认可和接受。谭美青也因此先后获得“全国孝亲敬老之星”、“全国红十字会员之星”、“感动青岛”十佳人物等诸多荣誉称号。

青岛市红十字会在救助工作中，针对不同群体，开展不同形式的救助活动。如救助家庭困难的乳腺病患者和失业妈妈。2009年3月，“青岛市红十字粉红丝带基金”成立，该基金源于国际粉红丝带理念，传承国际粉红丝带精神，以救助贫困乳腺病患者、募集社会爱心善款、服务全体女性、普及乳腺健康知识、增强防病理念、降低乳癌发病率为己任的公益基金为宗旨，开展一系列的社会公益活动。③ 这是国内首个为家庭贫困的乳腺病患者提供救助的红十字公益基金，乳腺癌患者最高可获5000元的救助。④ 基金成立两年多时间里，成功救助乳腺疾病患者46人，乳腺癌患者152人，“乳腺健康体检”及“女性健康课堂”受益女性近万人。⑤2011年5月4日，由青岛市红十字会、市妇联、淘宝网和青岛红十字粉红丝带基金联合举办的粉红丝带“魔豆妈妈”爱心工程正式启动。此次活动面向全市征集40名贫困妈妈和下岗妈妈，向其提

① 姬祥鸽、王鹏泣：《陪你到最后——专访红十字老年护理院院长谭美青》，《微尘》总第9期，青岛出版社2014年版，第20—27页。

② 李莉莉：《播撒临终关怀——记青岛红十字老年护理院院长谭美青》，《青岛日报》2010年2月21日。

③ 《青岛市红十字粉红丝带基金介绍》，青岛市红十字粉红丝带基金网站，见 http://www.qdfenhong.net/about.aspx。

④ 孙启孟：《“粉红丝带基金”救助乳腺病患者》，《青岛日报》2009年3月14日。

⑤ 《青岛市红十字会2012年工作情况报告》，未刊稿。

供 1 万元启动资金和 1 台电脑，用于网上创业。[①] 该项目启动以来，已经帮助了近百名困难母亲，使其通过网络获取月收入千元以上的稳定生活来源。2013 年，青岛全市有 200 多名困难母亲报名参加魔豆爱心项目，通过征选及后期培训考核，最终有 30 名“魔豆妈妈”接受资助，并获得专业的电脑知识培训和开店指导等一系列救助，使失业母亲得到了创业机会，也重新获得了生活的自信。[②] 实施“爱助坦途”项目，募集资金 75 万元，为 50 名贫困骨关节患者进行了免费救助；[③] 建立青岛市红十字会小妹基金，救助癌症患者。[④]

青岛市红十字会 2006—2010 年，救助款物合计 6887.08 万元，救助人数 49964 人次；2012 年救助款物合计 2774.14 万元，救助人数 55982 人次；[⑤]2013 年救助人数 52947 人次；[⑥]2014 年筹集款物 2273 万元，受益人数 4228 人次。[⑦] 青岛市红十字会当好政府在人道救助领域的助手，使困难群体切实感受到社会的温暖和关爱，红十字精神也越来越深入人心，红十字事业发展有了更为强大的群众基础。

四、创新救助工作思路

青岛市红十字会在开展社会救助工作中，与时俱进，不断创新工作思路，增加适应社会需要能力。

第一，探索募捐新路径。青岛市红十字会救助资金主要来自社会捐赠，历年募捐款物见表 7—1 ：

---

① 薄克国：《“魔豆妈妈”爱心工程启动　困难妈妈可领取创业资金》，《半岛都市报》2011 年 5 月 4 日。

② 王娉：《“魔豆妈妈”帮你网上创业》，《青岛日报》2013 年 8 月 4 日。

③ 王娉：《撒播人道的力量——市红十字会以特色实践推动事业发展》，《青岛日报》2009 年 7 月 13 日。

④ 《青岛市红十字会 2006—2010 年工作情况汇报》，未刊稿。

⑤ 《青岛市红十字会 2012 年工作情况报告》，未刊稿。

⑥ 《青岛市红十字会 2013 年工作情况报告》，未刊稿。

⑦ 《青岛市红十字会 2014 年工作情况报告》，未刊稿。

表 7—1　2006—2011 年青岛市红十字会接受社会捐赠款物统计表

年度	捐款（万元）	捐赠物资（万元）
2006 年	376.77	149.14
2007 年	551.16	466.46
2008 年	26456.92	3324.41
2009 年	2603.44	1228.48
2010 年	6793.26	128.21
2011 年	2858.10	736.29

资料来源：青岛市红十字会提供。

青岛市红十字会近十年来，主要在两方面加强筹资救助工作：一方面充分发挥“博爱人间”和“微尘”品牌作用筹资，并且通过设置募捐箱、开展定向募捐、举办义演义卖等方式筹资，实现筹资方式多样化；积极推行筹资宣传活动项目化运作，通过生活在线爱心基金、新闻网爱心基金、早报暖春行动等募集社会捐款。另一方面，青岛市红十字会通过红十字公益项目推介会，建立了红十字会公益项目库；与多家爱心企业建立合作项目，进一步推动博爱救助工程。再一方面，青岛市红十字会按照“围绕中心工作、符合社会需求、新闻媒体关注、坚持红十字特色”的原则，探索品牌筹资、项目筹资新模式，建立基金、项目、品牌、会员、服务等多元化长效筹资机制。积极推行筹资宣传活动项目化运作，通过生活在线爱心基金、新闻网爱心基金、早报暖春行动等募集社会捐款；举办大病医疗救助、阳光爱眼救助等公益项目交流，评估表彰了一批优秀救助项目，发挥上下联动筹资机制作用，全年举办各类筹资活动。

第二，建立可持续筹资工作机制。他们借鉴香港红十字会忠诚计划和筹款先筹人的长效筹资理念，建立了 2000 多人的捐赠者数据库，探索出基金、项目、大众小额经常性捐款、微尘理事、微尘之友等长效筹资新模式。注重发展持续捐款者，2013 年新增每年捐款 50 万元基金 3 个，发展年捐款 1 万元个人 77 人，年捐款个人 102 人，年捐款 5 万元单位 6 个，申请国家红十字会总会博爱家园项目 2 个，资金已全部到位。全年救灾救助募捐资金 3166 万元，支出 2922 万元，居副省级城市首位。①

① 孙启孟、王鑫：《红十字救援　咱全国领先》，《青岛早报》2014 年 1 月 9 日。

第三，完善阳光救助机制，建立完善了救助审批、资料核查、网上公示、社会评价等救助工作规范 17 项，聘请社会人士参与救助项目实施，确保救助真实、有效、公开、公正，逐步形成了阳光救助模式。开通网上捐款渠道，探讨多种形式的筹资渠道；优化筹资救助结构，提高救助质量。加强红十字救助基金募集、管理使用、监督制度建设，规范救助程序，制定募捐救助信息公开工作制度，打造阳光救助工程；自觉接受审计机构审计，确保募捐款物管理使用规范运作。

第三节 救护培训

普及卫生救护和防病知识，进行初级卫生救护培训，组织群众参加现场救护，是红十字会的职责所在，青岛市红十字会复会以来为此做了大量工作。

一、按行业和人群进行培训

青岛市红十字会针对不同群体，有重点地开展培训工作。在复会初期的八九十年代，青岛市红十字会和公安、交通部门在 1983—1991 年期间，每年举办卫生救护培训、卫生知识讲座、四大急救技术培训（止血、包扎、骨折固定、搬运）、心肺复苏训练、水上救护训练和汽车司机训练等共计 822 期，培训有关人员 96 万多人次。①1995 年 9888 人次机动车驾驶员参加急救技术培训，心肺复苏培训 1890 人次，四项技术培训 2900 人次，普及卫生知识 15500 人次。1997 年，青岛市红十字会又与青岛市公安局联合于 4 月再次启动对机动车驾驶员进行初级救护培训工作，培训新驾驶员 70 期，计 3500 人次。1998 年和 1999 年，青岛市红十字会与市交警部门共同合作，继续开展机动车辆驾驶学员初级卫生救护培训工作，每年培训 6000

① 山东省红十字会编著：《山东红十字事业九十年》，山东友谊出版社 2002 年版，第 91 页。

余人次。[①] 以后，对驾驶员应急救护培训成为青岛市红十字会常态培训工作。通过培训，使很多驾驶员和一些交通管理员掌握了初步急救知识，为发生突发事件后抢救伤者挽救生命把握了基本技能。

建筑行业的从业人员由于室外空中作业，也是容易发生伤亡事故行业。1997 年 7 月底至 8 月初，青岛市红十字会与市建委联合对建筑系统近千名建筑工地的卫生人员举行初级卫生救护培训，共培训 5 期，经考试合格核发合格证 830 人。2000 年，与市建委共同举办第二届建筑工地职工全员安全生产意识培训，共有两千余名建筑工人参加了为时 2 个多月的学习。[②]

每年夏天青岛海滨浴场都会发生溺水事故。为了培训水上急救员，1982 年 6 月 17—24 日，青岛市红十字会受山东省红十字会委托，举办水上救护训练班，来自山东省内 30 个市（地）、县和驻青部队的 79 名学员参加了师资培训。副省长、省红十字会会长丁方明，青岛市副市长胡延森等出席开班式并讲话。[③] 培训班主要训练寻找溺水者或伤员的方法，呛水的预防和处理，溺水救护的入水、接近、解脱、拖带、上岸急救、肌肉痉挛的解救和各种游泳姿势等救护知识和技术等内容。为了加强救护训练，青岛市红十字会还与市电视台、广播电台联合播映《水上救护》科教片，使更多观众能够掌握水上急救知识，减少不幸事件发生（见图 7—5）。

老年人易患各种突发性疾病，为了培养老年人自救和预防突发性疾病的能力，1982 年 5 月 28 日，青岛市红十字会与市卫生局、市保健委员会、市医学会联合举办老年人健康保健知识讲座，讲授冠心病的预防、自救和老年人的生理变化常识。1983 年，青岛市红十字会为 600 多名老人举办老年病预防知识讲座。同年，市红十字会在街头组织宣传、设咨询站 44 次，开展医疗咨询服务 576 次，诊治病人 4848 人次。[④] 进入 21 世纪后，青岛市红十字会多次与市老龄委联手，开展了老年人防病和救护知识普及。

---

① 《1995—1998 青岛市红十字会工作概况》，青岛市史志办网站；《青岛市红十字会志》第 67 页，未刊稿。

② 山东省红十字会编著：《山东红十字事业九十年》，山东友谊出版社 2002 年版，第 91—92 页。

③ 山东省红十字会编著：《山东红十字事业九十年》，山东友谊出版社 2002 年版，第 77 页。

④ 山东省红十字会编著：《山东红十字事业九十年》，山东友谊出版社 2002 年版，第 79 页。

进入21世纪后，青岛市红十字会应急救护培训范围扩大，从20世纪八九十年代易受伤害群体扩展到一般群体。仅2010年的一年时间里，全市举办各类普及救护培训700多场次，普及人数20.8万人，持证培训1.1万人。[①] 同年，青岛市红十字会“加强现场救护和避险知识的培训普及”内容被写入《青岛市政府2010年工作报告》，以市政府办公厅的名义印发了《青岛市应急救护培训工作方案》。方案要求由青岛市红十字会牵头，成立市应急救护培训协调办公室，通过开展应急培训工作，到2012年末，全市公安、交通运输、教育、商业、建筑、旅游、安全监管、海洋与渔业、电力等行业部门从业人员救护知识普及率不低于30%，取得红十字救护员证人员达到2%；2014年末，普及率不低于50%，取得红十字救护员证人员达到4%。到2014年末，全市普通市民应急救护知识普及率不低于10%，

图7—5　20世纪80年代青岛市红十字会救护培训情况

① 《微尘》创刊号，2011年第1期，第14页。

每100—200人中有1名培训合格的红十字救护员，全市初级卫生救护知识普及率和救护员培训合格率达到国家标准。①

青岛市红十字会救护培训工作有四个特点：一是从对重点行业如煤矿、建筑、交通运输、公安等向新闻、教育等行业、领域延伸；二是从易受损害人群向普通市民延伸；三是在培训中，把初级救护培训与安全生产、职业培训相结合，把师资培训与普通员工培训相结合，提高培训质量；四是积极参与大型活动培训，将大型活动卫生救护培训工作作为新时期救护培训的一项重要任务，从医疗等方面保障活动的顺利举办。

二、救护培训经验

青岛市红十字会救护培训工作，一步一个脚印，培训人数由少变多，为青岛市民的健康安全付出了辛勤劳动，他们的救护培训经验可以归纳为三条：

一是积极与政府配合，争取政府支持。青岛市红十字会复会初期只是进行零星小群体培训，随着社会发展，培训要求越来越高，2003年青岛市红十字会与市民政局、市教育局、市地政局等16个部门联合签发了《关于广泛深入开展初级救护工作的意见》，面向社会和广大市民，抓住重点行业和重点人群，采取防病知识讲座、各级救护知识培训班等形式，为市民培训救护知识。市红十字会建立报名登记、组织学习、考核发证及意见反馈等完整的培训体系，并重新修订了教学大纲，规范了急救培训工作。②在2010年，青岛市政府首次将“加强现场救护和避险知识的培训普及”写入《政府工作报告》，建立了市应急救护培训联席会议制度，有力地推进了救护培训工作在各行业部门的展开。

二是加强救护培训宣传和救护知识普及。救护培训是关系人们生命健康安全的大事，需要经常不断地宣传应急救护知识，让人们了解发生突发人身伤害事件后，掌握应急救护工作的重要性。在2010年世界急救日期间，青岛市红十字会与青岛市人民政府应急办公室联合举办世界急救日知识竞赛，网上点击

① 《青岛市政府办公厅印发应急救护培训工作方案》，《山东红十字报》2010年11月。

② 《青岛市红十字会志》第69页，未刊稿。

率达 30 万人次，参与答题 8000 多人。他们与青岛电视台开办《生活天天秀》栏目，以尊重生命、关注生命为主题联手制作了 30 期初级救护知识的系列专题片进行播放。系列专题片每期长 3—5 分钟，通过主持人和青岛红十字会救护专家的交流及现场演示，向观众普及生活中常见紧急突发事件应急救护方法。① 青岛市红十字会积极发挥应急协会平台传播功能，比如在 2014 年，他们在全市 134 条公交线路 3000 多辆公交巴士移动媒体上宣传防溺水知识和技能，连续 70 天滚动播出，每日受益人次超过 30 万。他们还依托救援队进行防灾减灾宣传、安全知识培训及技能培训，受益人数超过 5000 人次。建立红十字市北生命教育体验基地，大力推广"红十字急救掌上学堂"，张贴"红十字急救掌上学堂"宣传画 5000 张，发放宣传彩页 10 万份。②

三是实施培训传播工程。该工程主要从四个方面进行：一是深入学校、机关、社区、企事业单位和农村传播红十字运动基本知识，开办红十字知识传播培训。二是做好重点行业领域急救培训，在教育、公交、交通运输、公安消防、城管、电业、建筑、旅游、酒店宾馆等行业及单位，针对不同人群开展培训。比如，2013 年和 2014 年，他们与市妇联联合开展救护培训进社区、家庭活动，社区受众 10000 余人；与旅游局合作为 3000 余名导游员进行了培训；与市教育联合推进全市中小学学校红十字急救知识普及培训，对全市 2000 多个学校班级开展培训；举办公务员急救知识培训 12 期，培训 1152 人；培训一线交警等约 2.1 万人次；在大中小学校中开展了救护培训和消防、地震自救逃生演习。③ 三是加强救护培训师资队伍建设。四方区红十字会为 7 个街道培训配备了救护培训教师，开展初级救护培训进社区活动，为机关部门、街道分管负责同志进行救护培训，取得了良好的效果。四是开展社区减灾救护知识的普及工作，与市民政局、市地震局等部门制定了《广泛开展城市"社区减灾"活动的意见》，开展了"社区减灾、自救互救培训进社区"活动，普及避险逃生救护常识。④

① 《青岛市制作初级救护知识系列专题片》，《山东红十字报》2010 年 6 月。

② 《青岛市红十字会 2014 年工作情况报告》，2015 年 1 月 15 日，未刊稿。

③ 《青岛市红十字会 2014 年工作情况报告》，2015 年 1 月 15 日，未刊稿。

④ 《青岛市 2012 年世界红十字日情况汇报》，未刊稿。

青岛市红十字会坚持救护培训和应急培训的长期化和细致化，使救护培训工作取得突出成绩，2014 年培训普及 83.38 万人，占全市人口数的 9.6%，[①] 基本达到了全市普通培训人数预订目标。

第四节　志愿服务

志愿服务是国际红十字运动七项基本原则之一。青岛市红十字会“三救”工作的开展，离不开大量志愿者的参与和支持。至 2014 年底，青岛全市注册红十字志愿者 9428 人，会员近 16 万人。[②] 正是成千上万的志愿者提供服务，才使红十字精神光照岛城。

一、志愿服务概述

青岛市红十字会的志愿服务在 30 多年发展，取得显著成绩：

第一，主动承担大型群众性活动志愿服务。青岛市每年都举办一些大型群众性活动，比如在每年 4 月，青岛市红十字会、市卫生局组织 30 名初级救护志愿者，在崂山巨峰风景区主会场设点为全国群众登山健身大会提供志愿服务。各区市红十字志愿者参与了 11 个区市分会场群众救护志愿服务工作。在每年 6 月，市民健身万人行活动中，又组织了医疗单位红十字志愿者为参加活动的市民提供救护服务。另外，青岛市经常承办的一些大型比赛和展览项目，需要大量志愿者参与服务，如 2008 年奥运会帆船赛、每年一次的世界帆船竞标赛及 2014 年世界园艺博览会，都活跃着青岛市红十字会志愿者身影。以世园会为例，2014 年 4—10 月，世界园艺博览会在青岛举办，青岛市红十字会落实青岛世园会执委会联合签署的《合作备忘录》和《2014 青岛世园会志愿

---

① 《青岛市红十字会 2014 年工作情况报告》，2015 年 1 月 15 日，未刊稿。

② 青岛市红十字会编：《微尘》总第 10 期，青岛出版社 2014 年版，第 52 页。

图 7—6　青岛世园会志愿者团队荣获 2014 年“感动青岛”十佳

者工作备忘录》，推荐红十字优秀救护师资志愿者参加世园会志愿者通用培训课程编制，为世园会会场内 14 个服务站点高标准配置红十字应急救护箱、志愿者服装、标志，对世园会志愿者进行红十字救护员培训。青岛市红十字会出色的工作获得青岛市委、市政府世园会筹备工作先进单位称号。[①]2014 年，青岛世园会志愿者团队荣获“感动青岛”十佳人物（见图 7—6），7000 余名志愿者有在校的小学生，也有年逾古稀的长者，他们在 4 月 25 日至 10 月 25 日半年时间里，奉献了 130 万小时，[②] 成为城市的一抹亮色，其中包含着许多青岛红十字会志愿者的奉献和风采。

第二，建立志愿者服务基地。建立固定的志愿服务基地，是新时期青岛红十字会保持志愿服务经常化的一个突出表现。至 2013 年，青岛市红十字会志愿服务基地达到 30 个，[③] 很好地承担起志愿者的服务，比如四方区红十字积极

① 共青团青岛市委：《2014 青岛世园会志愿者工作汇报》，未刊稿。

② 《2014 年“感动青岛”十佳人物出炉》，中国文明网，2015 年 2 月 16 日，见 http://www.wenming.cn/syjj/dfcz/sd/201502/t20150216_2463073.shtml。

③ 《青岛市红十字会 2013 年工作情况报告》，未刊稿。

利用社会力量，筹建了四方区红十字老年护理院，并在全区招募了82名红十字志愿者，长期以老年护理院为志愿者服务基地，为社区老年人提供志愿服务；青岛理工大学红十字志愿服务团与老年护理院建立了结对帮扶；青岛市立医院红十字志愿者服务基地挂牌，青岛卫校学生利用暑期在医院开展健康咨询、帮扶指引等志愿服务。很多单位和机构成为青岛红十字志愿者定点活动基地，促进志愿服务经常化。

第三，建立专业志愿者队伍。在青岛市红十字会志愿者队伍中，既有普通志愿者群体，也有专业志愿者队伍。青岛市红十字会在发展过程中，不断整合专业应急救援志愿者力量，至2013年已经与青岛市志愿者协会合作发展应急志愿者队伍700多支、志愿者近万名，涵盖地震、消防、卫生、水利、农业等近40个政府部门，覆盖70%城市社区，实现了全市应急救援管理体制重大突破。建立街道、社区救灾志愿服务队100支，总人数1511人，报灾员649人，初步形成街道、社区救灾救援队伍网络。① 青岛市红十字志愿者队伍与青岛市政府应急办对接，纳入全市应急体系建设，在青岛市和全国性应急事件中发挥突出作用，例如，青岛红十字会蓝天救援队，多次参与国内重大灾害救援任务，成为在国内有影响的民间志愿组织，2014年成为中国红十字会重点支持的全国24支专业志愿队伍之一，他们的事迹不仅获2011年度“感动青岛”十佳人物，还上了《焦点访谈》，名扬全国。②

第四，打造志愿特色项目。2013年，青岛市红十字会制定全国首个《红十字志愿服务项目扶持管理办法》，联合共青团青岛市委评选资助20个公益项目，征集服务社区红十字志愿服务项目17个，指导推荐3个优秀项目获得总会支持，位居副省级城市领先地位。③ 青岛市立医院国际门诊驻青韩国友人志愿服务项目、海慈医院“慈爱相伴护送导医”、妇儿中心“孤独儿训练陪护”、市传染病院李桂美志愿者服务队、青岛理工大学“模拟家庭”等项目形成特色。在2014年青岛市志愿者服务品牌命名大会上，青岛市红十字志愿者服务品牌

① 《青岛市红十字会2013年工作情况报告》，未刊稿。

② 《微尘》2014年总第10期，青岛出版社2014年版，第29页。

③ 《青岛市红十字会2013年工作情况报告》，未刊稿。

"博爱相助"被首批命名为青岛市十大志愿服务品牌之一。

第五，志愿服务管理日趋规范。2004年，青岛市红十字会出台了《红十字志愿者登记注册管理办法（试行）》和《红十字志愿者服务基地管理办法》，开展红十字志愿者服务基地规范化创建工作，红十字志愿服务更加规范。青岛市红十字会在志愿服务发展过程中，将创建优秀服务基地、特色志愿服务项目、评选星级志愿者三位一体的志愿服务，作为长效机制，极大地促进了全市志愿工作的开展。①2013年，青岛红十字会启动全国首个红十字志愿服务管理数据库建设，初步实现志愿者注册管理规范化、信息化；制定全国首个《红十字志愿服务项目扶持管理办法》，评选优秀志愿服务项目；同时成立青岛市应急志愿者协会，有效连接政府部门与专业民间组织，形成了政府与社会组织、社会组织与社会组织协同应急处置新格局；推荐评选星级志愿者，最高为五星级志愿者。上述措施，促进了志愿服务向着健康规范方向发展。

二、奥帆赛中的红十字志愿者

2008年奥运会帆船比赛项目在青岛举行，这是青岛建置以来举办的最高水平的国际赛事。为了举办一次成功的奥帆赛，青岛市红十字会按照北京奥组委与中国红十字会《合作备忘录》和《中国红十字会奥运工作实施方案》，积极协调奥帆委，明确了红十字标志使用、救护志愿者标志，对奥帆赛志愿者进行初级救护培训，开展赛前救护演练，组织招募、培训部分城市运行志愿者，制定下发了《青岛市红十字会奥帆赛工作实施方案》，落实了责任处室和责任人。作为青岛市奥帆赛残奥帆赛志愿服务指挥部成员单位，青岛市红十字会主要承担服务奥帆赛红十字志愿者的管理和后勤保障工作，他们通过媒体、海报、网络等招募了21名水上救护志愿者和56名初级救护志愿者，为赛场内外52处服务站点配备了急救包，在赛场内外12处站点设置了红十字旗和红十字标志牌，②为赛场内外78名红十字志愿者佩戴了红十字臂章。

---

① 牟静：《青岛市红十字会：创新机制体制发展红十字事业》，《人民政协报》2015年9月18日。

② 《青岛市红十字会志》，第72页，未刊稿。

为了使服务奥帆赛工作万无一失，青岛市红十字会成立了奥帆赛红十字志愿服务指挥部，设立了综合协调组、巡视督导组、新闻宣传组和社区志愿服务组，分工协作。一方面加强市红十字会指挥部工作调度，指挥部成立后，迅速建立了会议制度、巡视制度、报告制度、宣传制度等指挥部工作机制，先后召开 8 次全体会议，督查调度巡视、宣传工作进展情况，了解志愿服务过程中出现的新情况，研究解决存在的问题。指挥部领导 5 次参加巡视，慰问了在岗服务的红十字志愿者，并送去了防暑降温用品。另一方面强化志愿者培训和思想教育，对红十字志愿者进行了上岗动员，从思想认识、组织纪律、团队精神等方面提出了严格要求。根据青岛市奥帆赛指挥部的工作要求，针对巡视和宣传工作发现的问题，两次召开城市运行红十字志愿者座谈会传达部署，听取志愿者的反映和建议，对存在的问题进行了反馈和强调，提高了红十字志愿者在规范服务、仪容仪表、宣传工作和应急处置等方面的意识，确保了服务奥帆赛红

图 7—7　2008 年，青岛市红十字水上救生志愿者进行救护演练

十字志愿服务规范有序展开。①

自7月27日起，青岛市红十字会组织的110名应急志愿者和22名水上救生志愿者全部上岗（见图7—7）。比赛期间，红十字会志愿者分布在赛场内观众席以及设于城市旅游景点、交通要道的46个综合服务站点，为运动员、观众、游客、市民等提供志愿服务，累计服务368人次，其中14人来自国外及港台地区。自奥帆赛志愿者上岗以来，坚持每天巡视服务站点，对107个奥帆赛城市运行志愿者服务站进行了全面的督查，每个站点督查巡视3次以上，共计371点次，纠正了在志愿服务规范、药品使用程序、红十字标志佩戴等方面存在的问题，及时有效的服务和保障，保证了应急类志愿者正常开展工作。②应急志愿者分布在岛城各交通枢纽、旅游景点、超市等地方的110个综合服务站点提供救护服务，水上救护志愿者在比赛水域的医疗艇上，负责海上救生等工作。志愿者精神饱满，服务热情高涨，克服天气等因素的影响，扎实细致、热情周到地做好每一次救护志愿服务。

在奥帆赛期间，青岛市红十字会110名应急志愿者共服务23295小时，为游客和运动员应急服务7485人次，水上救生红十字志愿者累计服务5760小时。③他们的服务得到了社会各界和海内外游客的广泛赞誉，91人次获得组委会星级志愿者称号，其中五星级志愿者1人，四星级5人。④8月11日，中国红十字会总会常务副会长江亦曼视察青岛市红十字会参与服务奥帆赛工作情况，给予充分肯定，认为红十字会此次参与服务奥运，不仅仅是一次培训与展示，而是红十字会的人道主义精神与奥林匹克精神的首次正式融合，是在为世界红十字会组织提供经验。⑤2013年，青岛红十字水上救援队成为中国红十字会8类21支救援队中的一支，⑥实为名之所归。

① 青岛卫生年鉴编辑委员会编:《青岛卫生年鉴》，2009年印，第163页。
② 《青岛市红十字会志》，第79页，未刊稿。
③ 《青岛市红十字会大事记2008年》，未刊稿。
④ 《青岛市红十字会志》，第78页，未刊稿。
⑤ 《青岛市红十字会年报2008年》，第13页，未刊稿。
⑥ 《青岛市红十字会2013年年报文字稿》，未刊稿。

三、救灾中的志愿者

青岛市红十字会志愿者身影经常活跃在救灾现场，在 2008 年汶川地震、2014 年云南鲁甸地震救灾现场，都可以看到青岛红十字救援队员冒死救援的场面，他们为抗灾救灾积极贡献力量。

2008 年 5 月，青岛近海出现了较大面积飘入浒苔;6 月份，浒苔快速繁殖，侵入奥运会帆船赛场海域。这次浒苔聚集规模之大、持续时间之长、治理任务之重，均为历史罕见。面对浒苔灾害，青岛市红十字会迅速响应青岛市政府号召，全面发动会员、志愿者 2250 余人投入到抗击浒苔工作中去。在沿海一线设立 6 处红十字初级救护点，为清理浒苔群众服务达千余人次(见图 7—8)。[①] 青岛红十字会志愿者为抗击浒苔最后胜利，保障奥帆赛顺利进行作出了可贵贡献。

图 7—8　2008 年 7 月 6 日，青岛红十字志愿者在青岛前海一线清理浒苔

① 《青岛市红十字会年报 2008 年》，第 13 页，未刊稿。

青岛市红十字会各专业志愿救援队经常活跃在地震、火灾、水灾等前线，救灾助难。2013年在“11·22黄岛爆燃”事故救援中，青岛红十字蓝天救援队以其纪律严明、技术过硬、作风扎实、装备齐全赢得了广泛认可。[①]2014年，红十字蓝天救援队、山海情救援队、水上救援队先后参与“麦德姆”台风等突发事件应急搜救、救援任务93次，参与救援人次1065人次，被救人数186人。青岛第一海水浴场红十字救护队仅2014年就救助遇险群众1528人次，成功抢救危及生命者15人，确保了第一海水浴场全年无伤亡事件发生。[②]

总之，青岛红十字会带给需要的人关爱与关怀，将桑田变作情海，让所有人相信：生命易碎，但爱心长存。

---

① 《青岛市红十字会2013年工作情况报告》。

② 《青岛市红十字会2014年工作情况报告》。

第八章　新功能产生与发展

青岛市红十字会在日新月异的新时代，在做好传统救灾、救助和救护工作同时，不断回答时代的新命题和群众的新需求，使组织能够跟上时代的脚步和人民群众对生命健康的要求。无偿献血、捐献造血干细胞和捐献人体器官（以下简称“三献”）这三大生命工程，是青岛市红十字会在新时期产生的新功能，它使许多人的生命质量提升，使人道主义精神得到更大发扬。

第一节　无偿献血

青岛市红十字会献血工作起步于20世纪60年代，此后的20多年主要是以公民有偿献血进行血液的采集。90年代以后，随着国家将无偿献血列入公民义务，无偿献血在青岛普遍推行。青岛市红十字会在无偿献血的宣传、组织、动员和参与血液管理方面，进行了不懈的努力，使青岛市无偿献血工作走在全国前列。

一、无偿献血发展概况

青岛市的献血管理工作起步较早。早在1965年，青岛市红十字会便组建了青岛市献血管理站，有职工4人，统一管理全市的献血工作，改变了过去献血员由各医院分散管理的状况（见图8—1）。①1967年，青岛市红十字会献血站移交市卫生局管理。

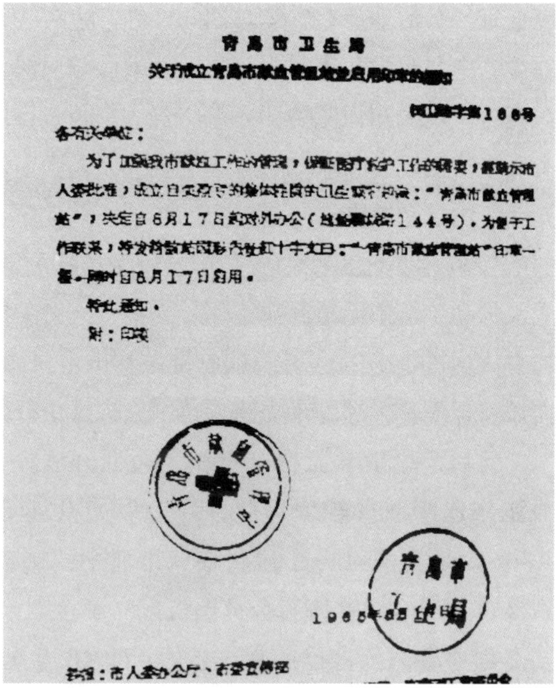
青岛市卫生局

各有关单位：

特此通知。

附：印模

图8—1　1965年设立献血管理站的通知

1982年，青岛市红十字会购买科教片《崇高的义务——献血》，形象、直观地宣传义务献血。1986年，青岛市红十字会编写印发了10万册《献血是公民的光荣义务》科普图书，对宣传无偿献血工作起到了积极的推动作用。同时，基层红十字会还发动会员、民兵化验血型，建立个人血型档案。②1993年，青岛市红十字会成立了血站。③

青岛市的无偿献血工作起步于1994年。在此之前，青岛市临床用血全部依赖有偿卖血，临床用血得不到满足，血液质量难以保障。1994年，青岛市出现血荒，为确保血液数量和质量，保障人民群众的生命和安全，青岛市委、市政府决定在全市逐步推行公民无偿献血，青岛市红十字会积极响应。同年2月，青岛诞生了第一支无偿献血志愿者队伍，时任青岛市委书记的俞正声亲自带领市级机关党政干部1900多人参加无偿献血，年内青岛市共有4008人次无偿献血。④此后，青岛市红十字会与市卫生局、宣传部一起连续5年开展无偿

---

① 山东省红十字会编著：《山东红十字事业九十年》，山东友谊出版社2002年版，第127页。

② 山东省红十字会编著：《山东红十字事业九十年》，山东友谊出版社2002年版，第128页。

③ 山东省红十字会编著：《山东红十字事业九十年》，山东友谊出版社2002年版，第131页。

④ 青岛市年鉴编辑部编著：《青岛年鉴1995》，山东友谊出版社1995年版，第267页。

献血宣传月活动。在宣传月期间，红十字会共印发各类宣传品 30 余万份(册)，在大、中、小学和市民中开展无偿献血知识课、专题讲座、文艺汇演、有奖知识竞答、电视知识竞赛、公益广告、专题节目、报纸广播等一系列活动，[①]使有关法律法规和献血知识家喻户晓、人人皆知，逐步形成了“无偿献血、无上光荣”的社会氛围。

1996 年 5 月 8 日，《青岛市公民义务献血条例》正式实施。《条例》的颁布，大大推动了全市无偿献血工作。当年，无偿献血人数达 20953 人次，占全市献血总人数的 52.7%，无偿献血量占临床用血总量的 36%，青岛市达到无偿献血城市金质奖标准，率先跨入全国先进城市行列。[②]

此后，无偿献血在全市城乡全面开展，在各界的努力下，全市无偿献血工作逐年取得较大进展。到 1998 年，全市无偿献血量占临床用血量的 100%，是全国第一个达到临床用血全部来自无偿献血的城市。[③]1999 年，青岛市无偿献血者协会会员倡议成立了全国第一个“扶贫济困”血库，1346 多名献血者捐出自己的献血指标 471940 万毫升，由红十字会用于救助特困病人。累计救助特困病人、白血病患者 52 人，许多被救助者家属在感激政府和社会关心的同时，也积极参加无偿献血。[④]无偿献血人数和献血量不断攀升，到 2010 年青岛已有 6 支无偿献血应急志愿服务队，全市累计 110 万人次参加过无偿献血，平均每年献血人次 10 万余人。[⑤]至 2014 年，青岛红十字会无偿献血志愿者队伍建设又有新发展，年内新增志愿者队伍 10 支，全市全血采集 92677 人次，当年采血总量 34.1 吨，临床用血 100%来自无偿献血（表 8—1）。[⑥]自无偿献血以来，青岛市 148 万人次参与献血，献血总量达 456 吨。[⑦]

---

① 青岛市红十字会：《与时俱进 不断创新 开创红十字事业新局面》，2002 年 3 月 31 日，未刊稿。
② 青岛市年鉴编辑部编：《青岛年鉴 1997》，齐鲁书社 1997 年版，第 262 页。
③ 青岛市年鉴编辑部编：《青岛年鉴 1999》，五洲传播出版社 1999 年版，第 248 页。
④ 青岛市红十字会：《与时俱进 不断创新 开创红十字事业新局面》，2002 年 3 月 31 日，未刊稿。
⑤ 青岛市红十字会编：《微尘》创刊号，青岛出版社 2012 年版，第 19 页。
⑥ 《青岛市红十字会 2014 年工作情况报告》，未刊稿。
⑦ 青岛市红十字会编：《微尘》总第 10 期，青岛出版社 2014 年版，第 52 页。

表 8—1　青岛市无偿献血工作一览表（1994—2014 年）

<table>
<tr><th rowspan="2">年度</th><th rowspan="2">年内参加无偿献血人数</th><th rowspan="2">累计参加无偿献血人数</th><th rowspan="2">无偿献血量占医疗急救用血量比例</th><th colspan="4">获全国无偿献血工作表彰情况</th></tr>
<tr><th>金质奖杯</th><th>金质奖章</th><th>银质奖章</th><th>铜质奖章</th></tr>
<tr><td>1994</td><td>4008</td><td></td><td></td><td></td><td></td><td></td><td></td></tr>
<tr><td>1995</td><td>5605</td><td></td><td></td><td></td><td></td><td></td><td></td></tr>
<tr><td>1996</td><td>20953</td><td></td><td>36%</td><td colspan="4">青岛市获得无偿献血银奖城市称号</td></tr>
<tr><td rowspan="2">1997</td><td rowspan="2">50203</td><td rowspan="2"></td><td rowspan="2">65.2%</td><td colspan="4">青岛市获得无偿献血金奖城市称号</td></tr>
<tr><td>10 人</td><td>16 人</td><td>53 人</td><td>133 人</td></tr>
<tr><td>1998</td><td>73975</td><td></td><td>100%</td><td>32 人</td><td>35 人</td><td>67 人</td><td>264 人</td></tr>
<tr><td>1999</td><td></td><td></td><td>100%</td><td>72 人</td><td>94 人</td><td>259 人</td><td>631 人</td></tr>
<tr><td>2000</td><td></td><td>26 万</td><td>100%</td><td></td><td>139 人</td><td>61 人</td><td>207 人</td></tr>
<tr><td>2001</td><td></td><td></td><td>100%</td><td colspan="4">青岛市获得无偿献血先进城市称号</td></tr>
<tr><td>2002</td><td></td><td>45 万</td><td></td><td>491 人</td><td>555 人</td><td>1159 人</td><td>1583 人</td></tr>
<tr><td>2003</td><td></td><td></td><td></td><td></td><td></td><td></td><td></td></tr>
<tr><td>2004</td><td></td><td>60 万</td><td>100%</td><td colspan="4">青岛市获得无偿献血先进城市称号</td></tr>
<tr><td>2005</td><td>46300</td><td>65 万</td><td>100%</td><td></td><td></td><td></td><td></td></tr>
<tr><td>2006</td><td></td><td></td><td>100%</td><td colspan="4">青岛市获得无偿献血先进城市称号</td></tr>
<tr><td>2007</td><td></td><td></td><td>100%</td><td></td><td></td><td></td><td></td></tr>
<tr><td>2008</td><td>9 万</td><td>80 万</td><td>100%</td><td></td><td></td><td></td><td></td></tr>
<tr><td>2009</td><td>10 万</td><td></td><td>100%</td><td colspan="4">青岛市获得无偿献血先进城市称号</td></tr>
<tr><td>2010</td><td></td><td>100 万</td><td>100%</td><td rowspan="2"></td><td rowspan="2">646 人</td><td rowspan="2">481 人</td><td rowspan="2">1499 人</td></tr>
<tr><td rowspan="2">2011</td><td rowspan="2"></td><td rowspan="2">110 万</td><td rowspan="2">100%</td></tr>
<tr><td colspan="4">青岛市获得无偿献血先进城市称号</td></tr>
<tr><td>2012</td><td>10 万</td><td>120 万</td><td>100%</td><td rowspan="2"></td><td rowspan="2">623 人</td><td rowspan="2">895 人</td><td rowspan="2">3891 人</td></tr>
<tr><td rowspan="2">2013</td><td rowspan="2">10 万</td><td rowspan="2">130 万</td><td rowspan="2">100%</td></tr>
<tr><td colspan="4">青岛市获得无偿献血先进城市称号</td></tr>
<tr><td>2014</td><td>10.5 万</td><td>140 万</td><td>100%</td><td colspan="4"></td></tr>
</table>

资料来源：青岛市红十字会提供。

在青岛无偿献血志愿者队伍中，遍及机关公务员、企事业单位职工、大专院校学生、个体从业人员、来青务工人员等社会各阶层。在众多志愿者中，青岛市第一个全国无偿献血金杯奖获得者——万雪芳女士就是一位令人敬佩的

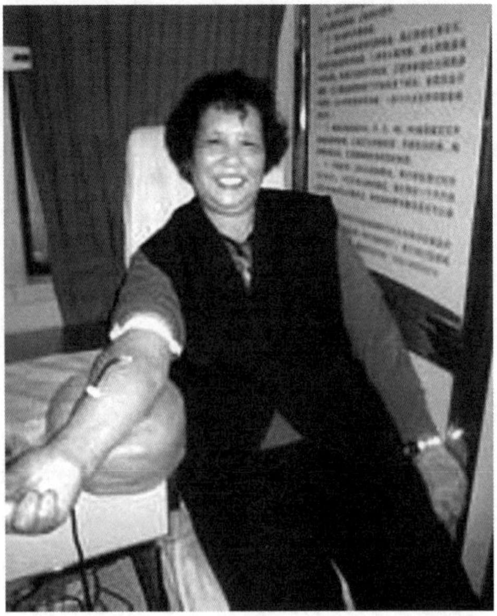

图 8—2　青岛市“献血女状元”——万雪芳

“献血女状元”（见图 8—2）。万雪芳无偿献血 10 年，75 次扎针，全身血液循环了 4 遍，只要身体允许，她每 3 个月就献一次血。[①] 她的血液流淌在众多患者的身体里，使他们获得了新生。像万雪芳这样不求名利多次无偿献血的青岛市民还有很多，比如李鸿波是一名普通的医务人员，从 1994 年第一次捋起袖子开始，18 年来他不间断地无偿献血 74 次，包括献全血 19 次，献机采血小板 56 次，到 2012 年 6 月，他累计献血量 94560 毫升，相当于全身换血 15 遍之多。他的妻子王玲玲已经两次荣获全国无偿献血金奖，献血量超过三万毫升。[②]

青岛还有一支“熊猫血”应急献血志愿服务队。在中国汉族人群中，RH 阴性血仅占千分之三，属稀有血型，因此又称“熊猫血”，极其稀少。经过了 10 多年的累积，如今青岛中心血站 RH 阴性献血者登记在册的献血者达到了 1100 余人，形成了一支固定的 RH 阴性献血群体，自 1993 年至 2015 年上半年，共有 RH 阴性献血者 5624 人次参加无偿献血，献血量达到 1863400 毫升。仅 2012 年共有 600 位 RH 阴性献血者献血 205600 毫升，为临床急症用血提供了及时的保障。[③] 独特的血型，稀有的血液，让“熊猫血”献血志愿者，时刻准备着拯救生命。

无偿献血是真情，更是爱心。只要患者需要，志愿者甘愿付出满腔热血，

① 《青岛献血女状元含泪“退役”》，《山东红十字报》2005 年 10 月 10 日。

② 田歌颖、宫岩：《李鸿波无偿献血 18 年，献血量相当于全身换血 15 遍》，《城市信报》2012 年 10 月 19 日。

③ 王磊江、王建亮：《“熊猫侠”他们时刻为生命准备着》，《青岛早报》2015 年 10 月 8 日。

为社会奉献出自己的一片爱心。“无偿献血遍岛城”成为彰显青岛城市文明的一道风景，青岛市由此连续9次荣获全国无偿献血先进城市奖。

二、无偿献血经验

第一，借助节庆日和一些重大活动，宣传《中华人民共和国献血法》，普及献血知识。青岛市红十字会经常结合中国红十字会建会纪念日、“五八”世界红十字日、世界献血者日、献血法颁布纪念日等重大节庆，通过举办无偿献血大学生夏令营、演讲比赛、无偿献血者海滨健步行等活动，推动无偿献血宣传工作。他们充分发挥各志愿者队伍的作用，深入机关、学校、社区及人群密集区宣传、普及无偿献血知识，加强对献血者典型人物的宣传。在血源紧张时期，通过新闻媒体发布血源公告，号召广大市民走上街头献血，保证了临床用血。

第二，在志愿者中建立应急流动血库，确保紧急抢救用血。青岛市红十字会联合青岛市卫生局和工会、青年联合会、妇女联合会，于1998年5月8日在全国建立了第一个“卫生系统万人流动血库”（见图8—3）。同年6月23日，经青岛市民政局批准，成立了青岛市无偿献血者协会，隶属青岛市红十字会领导，成为全国第一个由无偿献血者职员组成的群众组织。青岛市无偿献血者协会建立“无偿献血者协会流动血库”，保证了临床抢救和紧急用血需要。①1999年1月，无偿献血者协会会员自发捐出自己的献血指标，成立了国内第一个“扶贫济困血库”，为残疾人、特困居民免费提供医疗用血。②青岛市还成立了全国第一个稀有血型RH（–）献血者协会。另外，还建立“军民共建流动血库”、“大学生流动血库”等，③来保障青岛市拥有充足、稳定、优质的血源，保证临床紧急用血需求。

第三，建立方便群众的采血点，便利公众献血。为了促进无偿献血工作开

① 青岛市年鉴编辑部编：《青岛年鉴1999》，五洲传播出版社1999年版，第248页。
② 青岛市年鉴编辑部编：《青岛年鉴2000》，五洲传播出版社2000年版，第261页。
③ 《青岛市红十字会志》，第46—48页，未刊稿。

图 8—3　1998 年 5 月 7 日，青岛市首个爱心血库———卫生系统万人流动血库成立

展，保持无偿献血满足城市扩展的需要，青岛市中心血站建立无偿献血的固定站点。2003 年，青岛市内第一个采血屋在李沧区建成投入使用。[①]2012 年，青岛市下发了《关于进一步加强无偿献血工作的意见》，确定未来三年内建立 12 个永久性固定献血屋，规划在每个区市选择交通便利、人流密集的繁华商业街区，各设置一处面积为 80 平方米左右的永久性固定献血屋（非亭体），[②]为群众提供方便、舒适、温馨的献血环境，从而保障青岛市无偿献血工作继续走在全国前列。

第四，坚持每年对无偿献血先进个人和集体进行隆重表彰，弘扬社会正能量，传递“博爱、人道、奉献”红十字精神。2002 年 5 月，青岛市红十字会举行了以再现青岛市无偿献血光辉历程和感人事迹为题材的纪实报告文学——《热血》的首发仪式。《热血》是全国同类题材中第一部以纪实文学形式表现精神文明与红十字精神的作品，重现了青岛无偿献血事业发展的历程和

① 《青岛市红十字会志》，第 49 页，未刊稿。

② 《青岛市民一年献血 35 吨 设 12 个永久献血屋》，《青岛早报》2012 年 6 月 14 日。

青岛这座充满爱心城市的精神风貌。①2003 年“公民无偿献血”被评为“青岛市公民道德实践”十大品牌之首，“感动青岛”10 件大事之一。青岛市红十字会每年举行献血先进单位和个人表彰大会，激励市民奉献热血，传递爱心。

第二节　捐献造血干细胞

捐献造血干细胞是新世纪青岛红十字会一项具有挑战性的工作，是现代医学技术发展为红十字会增添了新的服务内容。在我国，白血病的发病率为十万分之四，造血干细胞移植是治疗白血病等各种造血和免疫系统疾病的最有效手段。中国红十字会总会于 2001 年 4 月启动“中国造血干细胞捐献者资料库”(中华骨髓库)，并决定在全国选择省市试点，山东省成为首批试点省份，由此拉开了青岛造血干细胞捐献工作序幕。

一、“青岛服务中心”建立

2001 年，中国红十字会将“5・8”红十字纪念日主题定为“捐献骨髓，关爱生命，展示人道力量”。7 月 26 日，中国造血干细胞捐献者资料库山东省分库工作委员会和专家委员会成立，由副省长、省红十字会会长邵桂芳任主任。② 与此同时，青岛市红十字会也紧张筹划青岛分库建设事宜。经过一年多的筹备，2002 年 11 月，中国造血干细胞资料库管理中心专家组对青岛红十字会中心血站组织配型实验室进行评审验收，青岛捐献造血干细胞配型实验室成功获得评审，成为全国七个造血干细胞配型实验室之一。③2003 年 1 月，“中国造血干细胞捐献者资料库山东分库青岛服务中心”正式成立（简

① 《青岛市红十字会志》，第 49 页，未刊稿。

② 山东省红十字会编：《山东红十字事业九十年》，山东友谊出版社 2002 年版，第 143 页。

③ 青岛市史志办公室编：《青岛年鉴 2003》，青岛市史志办印 2003 年，第 266 页。

称“青岛服务中心”），并开始在胶东半岛开展捐献、注册、配型工作。当年完成300例捐献者的HLA分型工作，并将结果传输总库。[①] 据不完全统计，截至2013年，我国加入中国造血干细胞捐献者资料库的志愿者已达147.5万余人，其中青岛就有3.1万余人，成功捐献44人次，在全国副省级城市中名列第二位。[②]

二、岛城市民踊跃捐献

青岛市民对这项关爱生命、帮助他人的社会公益活动给予极大关注，仅在此项工程启动的2001年，全市就有万人报名志愿捐献造血干细胞。“青岛服务中心”成立后的两年时间里，青岛市中心血站采集志愿者血样一万多份，完成一千多例骨髓分型工作。2004年，青岛市红十字会建立健全了《捐献造血干细胞工作规程》、《查询程序》等规章制度，规范造血干细胞捐献程序。同年，累计采集造血干细胞血样11375人份，中国造血干细胞入库6889人份，谢振华、王安正、李梅、郑强、王恺等五位市民成功捐献了造血干细胞。[③] 谢振华因是青岛第一例非血缘关系造血干细胞捐

图8—4　青岛市第一例造血干细胞捐赠者谢振华

① 青岛市史志办公室编：《青岛年鉴2003》，青岛市史志办印2003年，第266页。

② 隋峻、刘成阳：《三万多位青岛人加入中华骨髓库》，《青岛日报》2012年6月10日。

③ 《“捐献造血干细胞和无偿献血遍岛城”入选青岛市三大文明建设亮点初选结果》，《山东红十字报》2005年2月10日。

献者而获得2004年“感动青岛”十大人物（见图8—4）。

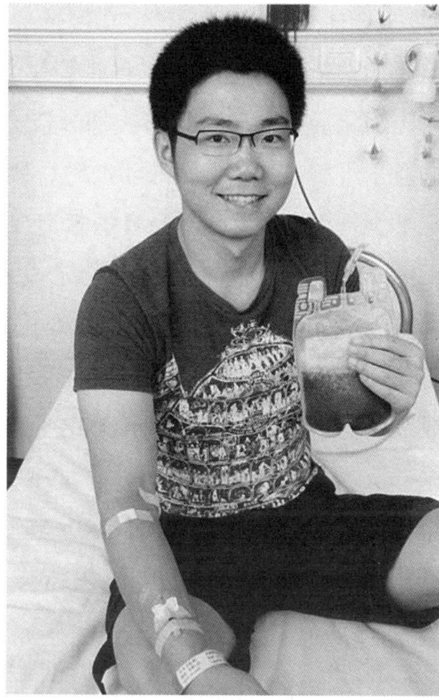

图8—5　罗锴成为青岛市第一位两次捐献造血干细胞的志愿者

青岛市造血干细胞捐献工作在青岛市红十字会宣传、动员和组织下，登记捐献人数和实现捐献人数稳步发展。2005年，5177人进行支援捐献造血干细胞采样，4人实现成功捐献，全市累计15177人造血干细胞血样资料库输入中华骨髓库，占全国的5%。①2006年，捐献志愿者累计达28075人，3人实现成功捐献。②2007年，采集近1000人的造血干细胞，2人实现成功捐献，救助白血病患者7人，捐献造血干细胞志愿者人数累计近3万人。③2008年，全市登记捐献志愿者2.5万余人，3人实现成功捐献。④2009年，造血干细胞志愿采样近700份，供者再动员230人，6人成功实施捐献，再动员成功保持在90%以上。⑤2010年，采集血样707份，10人成功实施捐献，是历年中捐献最多的一年。其中志愿者魏旭辉、张雯两个同班同学同时实施捐献，在全省乃至全国都是首例。⑥2011年，6名志愿者成功捐献造血干细胞，全市造血捐献干细胞人数累计39名。其中，王莉莉是青岛市首例为境外患者捐献造血干细胞者，获得韩国驻青岛总领事馆领事郑丙培的感

① 《青岛市红十字会志》，第57页，未刊稿。

② 青岛市年鉴编辑部编：《青岛年鉴2007》，青岛年鉴社2007年版，第314页。

③ 青岛市年鉴编辑部编：《青岛年鉴2008》，青岛年鉴社2008年版，第319页。

④ 青岛市年鉴编辑部编：《青岛年鉴2009》，青岛年鉴社2009年版，第316页。

⑤ 青岛市年鉴编辑部编：《青岛年鉴2010》，青岛年鉴社2010年版，第323页。

⑥ 青岛市年鉴编辑部编：《青岛年鉴2011》，青岛年鉴社2011年版，第326页。

谢。[①]2012 年，青岛市第 40 例造血干细胞捐献者满庆武，是青岛市军人中的第一例捐献者，也是山东省武警战士中的第一例；造血干细胞捐献志愿者罗锴时隔两年后对同一病人再次捐献造血干细胞，成为全国都比较罕见的两次捐献造血干细胞志愿者（见图 8—5）。胶南市志愿者解学山成为全国第一例残疾人干细胞捐献者；为韩国患者捐献造血干细胞的胶南市人民医院医生张杰是青岛市第二例跨国捐献造血干细胞志愿者。韩国籍友人尹女士成为青岛市第一例加入中国造血干细胞资料库的外籍友人。[②]2014 年，成立青岛市造血干细胞志愿队，造血干细胞新增入库 896 人，总计 3 万余人加入造血干细胞志愿者，成功捐献累计 54 人，列山东省首位，作为全国副省级城市唯一人选，志愿服务队长田健当选全国造血干细胞志愿服务总队副大队长（表 8—2）。[③] 数字是枯燥的，每个数字却代表着一个生命和一份爱，正是这一份份爱垒成了一座充满爱心的城市。

表 8—2　青岛市非血缘关系造血干细胞捐献者名录

序号	姓名	性别	工作单位	捐献年度	备注
1	谢振华	女	青岛市城阳区第二人民医院	2004	
2	王安政	男	莱西市言林医院		
3	李梅	女	青岛市海慈医疗集团		
4	王恺	男	青岛职业技术学院		
5	郑强	男	青岛市骨伤医院		
6	鄢丽	女	青岛市妇幼保健院	2005	
7	任鹏	男	青岛蓝宝石酒业有限公司		
8	郭庆广	男	青岛打工人员		
9	徐鸿春	男	青岛胶南市太已世界箱包有限公司		
10	王甜甜	女	青岛职业技术学院	2006	
11	周淑玉	女	青岛市北区		
12	党金松	男	莱西市环境卫生管理处		

① 青岛市红十字会编:《微尘》总第 9 期，青岛出版社 2014 年版，第 16—17 页。

② 青岛市红十字会编:《微尘》总第 9 期，青岛出版社 2014 年版，第 14—17 页。

③ 《青岛市红十字会 2014 年工作情况汇报》，未刊稿。

续　表

序号	姓名	性别	工作单位	捐献年度	备注
13	赵玉凤	女	青岛市莱西日庄镇瓦庄	2007	
14	张波	男	青岛科技大学		
15	李启广	男	即墨第一职专	2008	
16	赵永昌	男	青岛科技大学		
17	胡存福	男	青岛山下汽车配件公司		
18	荆翔瑜	男	青岛市妇女儿童医院	2009	
19	袁德文	男	青岛石油化工厂		
20	王涛	男	青岛湛山寺		
21	张修峰	男	即墨市中医院		
22	董红周	男	青岛科技大学		
23	贤业超	男	青岛流亭国际机场		
24	梁军	男	青岛大学	2010	
25	郭庆坤	男	山东康佳生物科技有限公司		
26	马川青	男	青岛海信集团		
27	罗锴	男	中国海洋大学		
28	王一虎	男	青岛大学		
29	刘 东	男	青岛清和路49号402户		
30	魏旭辉	男	青岛市北区光明街房产经纪行		
31	张 雯	女	青岛市市南区		
32	王焕涛	男	青岛莱西市方团圆油管有限公司		
33	张国庆	女	中国海洋大学		
34	袁卫青	女	青岛四方区教工第一幼儿园	2011	
35	王彬	男	山东科技大学		
36	薛松	男	山东科技大学青岛校区		
37	纪成金	男	青岛胶州市北关后王村		
38	王莉莉	女	青岛立才人力资源管理咨询有限公司		韩国
39	詹宝萍	女	青岛市四方区		
40	满庆武	男	武警青岛支队四大队十三中队	2012	
41	郑青春	女	中记文化传媒广告公司		
42	罗锴	男	中国海洋大学毕业生		第二次捐献
43	张杰	男	胶南市人民医院		韩国
44	解学山	男	胶南市宝山镇尚庄村		

续表

序号	姓名	性别	工作单位	捐献年度	备注
45	潘学奎	男	中建筑港集团公司	2013	
46	孙友强	男	青岛黄海橡胶公司		
47	李佳	男	青岛依奥制衣公司		
48	田健	男	青岛仁洲商贸有限公司		
49	江志朋	男	流亭土地所		
50	杨乃建	男			
51	盖奇德	男	青岛恒辉建筑公司	2014	
52	吴志	男			
53	唐海青	男	远洋大厦物业公司		
54	王华	男	青岛市中韩镇 92863 部队		

资料来源：青岛市红十字会提供。

“如果一个人把自己的血液和骨髓捐献出来帮助别人，那么这个人的一生就超越了自我，被放大成人类最美丽的故事，成为一种充满勇敢和友爱的慈悲。”①青岛市民将爱播撒在华夏大地，将热血献给邻邦患者，体现了当代青岛人的文明素养和博爱精神。

三、关爱相伴

捐献造血干细胞是一个新鲜事物，对于志愿者的奉献精神，整个社会及青岛市红十字会以各种方式，表达对他们感谢和支持。

针对捐献造血干细胞志愿者义举，政府给予褒奖，宣传他们的典型事迹，弘扬“博爱、人道、奉献”的红十字精神。2004 年，山东省副省长王军民向青岛市第一位造血干细胞捐献者谢振华颁发山东省“红十字博爱勋章”，亲自到医院看望捐献者李梅，称赞她是山东人民的骄傲，青岛人民的骄傲。青岛市首批造血干细胞捐献者被山东省红十字会授予荣誉会员称号；谢振华、李梅被

① 青岛市红十字会编：《微尘》总第 9 期，青岛出版社 2014 年版，第 14 页。

评为“感动青岛十大人物”、“感动齐鲁十大人物”。①2005 年，任鹏作为全国第 300 例造血干细胞捐献者，受到中国红十字会会长彭珮云的亲切接见，彭会长为其题词“捐髓救人是高尚的行为”。②2006 年，青岛市长夏耕亲自到医院看望慰问捐献志愿者周淑玉，对其无私奉献的精神给予充分肯定；中央电视台、山东电视台、上海电视台、青岛多家媒体对周淑玉捐献造血干细胞的事迹进行了报道。王恺等六位捐献者被授予山东省红十字会荣誉会员称号，志愿者袁卫青获颁中国红十字总会“博爱奖”奖牌。③2007 年，青岛造血干细胞捐献群体荣获“中华慈善事业突出贡献奖”。④2011 年，志愿者袁卫青获颁中国红十字总会“博爱奖”。荣誉实至名归，志愿者的名字将载入史册，永远被人铭记。

为了给造血干细胞捐献者搭建一个交流沟通的平台，青岛市红十字会在捐献造血干细胞工程启动不久就成立了捐献造血干细胞志愿者联谊会，为志愿者交流提供服务。为了对捐献者表达关怀之情，他们建立捐献者回访制度，通过“您献爱心，我送温暖”的回访一方面表达对志愿者无私捐献感谢之情，另一方面带去慰问品，并尽可能帮助他们解决生活中的困难，使捐献者感到尊重和温暖。2010 年 4 月 5 日，青岛市红十字会联合市文明办、市演讲与口才协会举办青岛市“爱生命、讲奉献、做文明市民”演讲朗诵歌唱比赛，宣传捐赠者事迹，扩大“三献”工作的影响。⑤广泛宣传干细胞捐献志愿者典型事迹，扩大了捐献干细胞工作的社会知晓度和认同度，增强社会对捐赠者的记忆和尊敬，使捐赠者的价值得到社会的广泛认可。

青岛市红十字会不仅对志愿捐献者给予关怀，也对受捐助者给予帮助。比如，他们募捐救助青岛市白血病患者孙姗姗就是一例。2004 年，身患白血病的孙姗姗家庭贫困，整个疗程下来花费巨大。青岛市红十字会为了给她筹措治疗费，策划了“爱在人间”救助白血病患者大型义演，青岛籍演员宋佳、王绘春赴现场采集血样，被授予红十字会“博爱大使”称号。他们还联系上海红十

① 《山东省红十字会年报 2004》，第 27—28 页。

② 《青岛市红十字会志》，第 58 页，未刊稿。

③ 《青岛市红十字会年报 2006》，第 7 页。

④ 青岛市年鉴编辑部编：《青岛年鉴 2008》，青岛年鉴社 2008 年版，第 319 页。

⑤ 《青岛市红十字会大事记 2010 年》，未刊稿。

字会为孙姗姗募捐义演，青沪两地共为其募捐 20 余万元，全部用于寻找组织配型和实施造血干细胞移植手术。① 同年，他们还通过互联网开展了救助白血病中学生婷婷及儿童阳阳等活动，筹集捐款 20 多万元；为青岛市第一位非血缘造血干细胞移植患者王玉查找配型相合者提供服务，为其募得 9 万多元医药费。②

青岛市红十字会承载社会希望，将志愿者的奉献化为动力，为推进青岛造血干细胞工作的开展，厥功至伟。

第三节　人体器官捐献

人体器官捐献（包括眼角膜捐献）是红十字会为延续患者生命或使盲人重见光明搭建的一座人道主义桥梁，是一种彰显社会文明进步的高尚行为。青岛市红十字会自 1997 年正式开展遗体捐献工作，在社会各界的关心支持下，青岛市遗体捐献工作逐步推进，遗体捐献和角膜捐献工作走在全国前列，许多志愿者以实际行动为这项崇高事业添砖加瓦。至 2014 年 11 月，近 3000 人登记遗体和器官捐献，417 人捐献遗体，12 人捐献器官，125 人捐献眼角膜（见表 8—3、表 8—4）。③

表 8—3　青岛市遗体捐献一览表

年度	年内志愿者人数	年内实现捐献人数	累计志愿者人数	累计实现捐献人数
1999	135			
2000	50			
2002		5		
2003			340	34

① 《为白血病患者募捐“爱在人间”义演相约阳光大厅》，《青岛早报》2004 年 2 月 2 日。

② 《青岛市红十字会志》，第 57 页，未刊稿。

③ 青岛市红十字会编：《微尘》总第 10 期，青岛出版社 2014 年版，第 52 页。

续　表

年度	年内志愿者人数	年内实现捐献人数	累计志愿者人数	累计实现捐献人数
2004	54	7	394	41
2005	129	12	523	53
2006	85	18	720	71
2007	200	31		102
2008	173	38	1200	140
2009	295	42		182
2010	300	29	1650	211
2011	233	27	1883	238
2012	300	60	2183	317
2013	307	73	2490	388
2014	310	94	2700	482

资料来源：青岛市红十字会提供。

表 8—4　眼角膜捐献一览表

年度	年内实现捐献人数	累计实现捐献人数
2007	4	
2008	10	14
2009	9	23
2010	4	27
2011	3	30
2012	6	48
2013	51	99
2014	77	176

资料来源：青岛市红十字会提供。

一、人性化服务

为了做好对捐献者及其家属的人道关怀，2004 年 4 月 1 日清明节前夕，青岛市红十字会建成了全国首个“志愿捐献遗体者奉献林”，纪念林占地 1500 平方米。凡是实现遗体捐献的志愿者家属和已经登记的遗体捐献志愿者均可亲自在纪念林内植树，并可进行日常管理、养护，红十字会免费为捐献者提供标

图 8—6 沈福彭和束星北两位岛城遗体捐献先驱握手的雕像就矗立在生命奉献林前

志石，负责篆刻姓名或纪念性标语（见图 8—6）。[①]2013 年 5 月 8 日世界红十字日前夕，奉献林二期开始启用，改建的奉献林不再实行以前植树纪念捐献者的方式，而是以纪念墙的形式，铭刻每一位捐献者的名字，纪念墙可以刻下 4000 个的名字，可以满足今后 10 年捐赠者的铭刻；同时增设两处电子屏，可以滚动播出捐献者的详细信息和爱心捐献的事迹。[②]

为了将遗体捐献志愿者联系起来，使他们能够在共同的使命下来交流和沟通，2004 年，青岛市红十字会率先成立了山东首个“捐献遗体（角膜）志愿者之友”，这是捐献者自发组织的一个群众团体。[③] 该组织以普及遗体捐献知识，革新遗体捐献观念，弘扬“人道、博爱、奉献”的红十字精神和“诚信、

① 宋学春：《全国首个“志愿捐献遗体者奉献林”今天在青岛启动》，《人民网》2004 年 4 月 1 日，见 http://www.qingdaonews.com/gb/content/2004—04/01/content_2940489.htm。

② 《青岛奉献林昨日启动》，《半岛都市报》2013 年 5 月 9 日。

③ 青岛市史志办公室编：《青岛年鉴 2005》，青岛市史志办印 2005 年，第 273 页。

博大、和谐、卓越”的城市精神，促进医学教育、科学研究和临床医疗事业的发展为宗旨。组织成立后，设立捐献遗体（器官）志愿者之友活动室，为捐献志愿者活动提供了固定的场所；在重阳节组织“捐献遗体（器官）志愿者之友”游园活动，提高了市民对遗体器官捐献的认知度和认同率。面对千年的殡葬风俗，捐献遗体志愿者是开拓者；面对医学实验资源的匮乏，他们是奉献者。

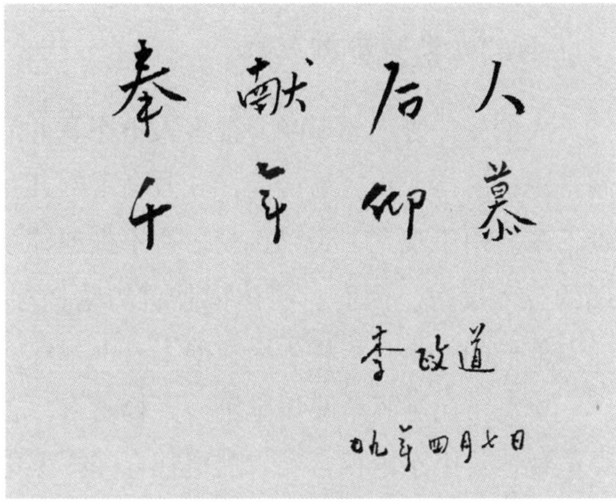

图 8—7　诺贝尔奖获得者李政道先生为奉献林题词

为了做好遗体捐献者家属工作，感谢志愿者们及其家人对红十字人道事业的支持，青岛市红十字会在 2009 年募集资金建成了山东省首家“遗体捐献者告别室”;2010 年 9 月，又建起了面积达 100 平方米的红十字“生命奉献展厅”。展厅以“感谢生命馈赠，感恩无语良师”为主题，展厅内容丰富，从遗体捐献相关知识、捐献工作流程、捐献者典型事迹介绍等方面，对青岛市捐献工作现状、捐献工作倡导的文化做了充分展示。青岛著名书法家、99 岁高龄的张杰三亲笔题写“青岛市红十字生命奉献展厅”；美籍华人诺贝尔物理奖获得者李政道题词:“奉献后人、千年仰慕”（见图 8—7）；山东省政协委员、省佛教协会会长觉照法师题写:“奉献他人、延续生命”。中国红十字会常务副会长王伟等领导亲临现场为展厅揭幕，对展厅的工作给予充分肯定。①

人体器官捐献是一项具有挑战性的工作，青岛市红十字会细致入微而人性化的服务，是对逝者的安慰，也是对生者的鼓励。经过他们长期不懈的努力，人体器官捐献工作成为青岛市精神文明的又一亮点。

① 《青岛市红十字会大事记 2010 年》，未刊稿。

二、历史将永远铭记

人们受传统观念影响，很多人不愿意死后遗体捐献，尤其是对于逝者的亲属来说，感情上不容易接受，一些逝者的儿女还担心捐出老人遗体会被别人指责不孝。由于观念上难以接受，有不少遗体捐献者在提出申请后，常会遭到家属的强烈反对。因而，遗体捐献者的精神和付之于行动的行为，是值得铭记的。他们的行为，是将生命在他人身上延续。

青岛市实施眼角膜捐献第一人杨占奇、首例器官捐献者俞杨的事例曾被中央电视台、山东电视台和青岛电视台等多家电视台广泛报道，杨占奇的事迹被拍成电影《留下来陪你》，让更多的人直观地了解了角膜捐献的意义和真谛。年龄最小的角膜捐献者小杨帆，异地接受角膜捐献第一人焦志雷，热心助人、身后捐献角膜的“渐冻人”窦永大，自愿身后留在青岛的日本老人吉洛桑，使人们知道了什么叫无私奉献。连续捐献妻儿 3 人遗体的崂山区王哥庄村村民王奎海，捐出女儿眼角膜的杨晓辉夫妇，让人们知道了大爱真谛。① 青岛市知名人士、遗体捐献者沈福彭、束星北、章拯民、殷树萍、刘树庄、毛善励等，他们将一身热血献给青岛，生的伟大，死后仍为青岛医疗事业奉献。2011 年，82 岁的孙锡林老人成为青岛有了器官捐献试点医院后首位志愿者，他也是岛城第 229 位眼角膜捐献者。原中国海洋大学教授，我国著名海洋生物学家李嘉泳成为青岛市实现遗体无偿捐献第 243 人。2012 年，两个月大的婴儿李晨希意外丧生，成为青岛市最小的遗体捐献者。

遗体捐献者虽然离开了人世，但是，他们的器官却在他人身上将生命延续下来，人虽逝去，精神却光照人间。正如诗人纪宇在青岛捐献者奉献林的石碑上写道的：

高尚的人在此安眠，
他们把自己的躯体，
化作最美丽的心愿；
他们睡得很甜很甜，

① 《青岛市红十字会志》，第 62 页，未刊稿。

人民的思念却醒着，

科学正大睁着双眼；

你可听到爱心呼唤，

这里的每一棵树木，

都是真与善的体现。①

这首诗饱含真情，道出了人们对捐献者大爱的赞颂和对他们的感谢与怀念之情。

① 邵方超：《让生命在这里延续——关注岛城遗体捐献事业》，《大众日报》2012年5月30日。

第九章　品牌培育与文化传播

青岛市红十字会在发展过程中，注重将品牌建设和文化建设融入红十字工作之中，通过品牌建设强化社会关注度和认同度，通过文化建设提升红十字品格。自新世纪以来，青岛市红十字会通过不断凝练和提升，打造了一系列品牌，既有“微尘”著名公益品牌，也有“博爱人间”这样的机关品牌，还有许多项目品牌。“微尘”和“博爱人间”像两个车轮，承载着青岛市红十字事业滚滚向前。

第一节　“微尘”

优秀品牌可以为组织提供人气和凝聚力。在2006年度“感动中国”颁给“微尘”的颁奖词是这样写的：“她来自人群，像一粒尘土，微薄、微细、微乎其微。寻找不到，又随处可见。她自认渺小，却塑造了伟大。这不是一个人的名字，这是一座城市的良心。”① 青岛市红十字会培育的“微尘”品牌，为青岛市红十字会树立了良好公益形象，也使青岛红十字事业美誉度、信誉度和知名度大大提升。

---

① 李旭：《寻找微尘—— 一座城市的良心》，青岛出版社2008年版，第7页。

一、“微尘”出现

“微尘”第一次进入人们的视野是在2004年。当时印度洋地震海啸造成了巨大的灾难，就在这一年岁末，一对中年夫妇顶着狂风，冒着严寒来到了青岛红十字会的捐款处。他们从包里拿出了50000元人民币，郑重地交到了工作人员的手中并一再声明是受人之托前来，是替自己的一位朋友来献爱心的。当工作人员询问他们的姓名以便开具收据的时候，这对夫妇说那位朋友是一位很普通又很有爱心的人，今天的事在她眼里是微乎其微的，她说自己就像一粒微不足道的尘埃，这样做仅仅是尽点微薄之力，如果非要留下她的名字的话，就写上“微尘”两个字吧。[①] 该年12月31日青岛市红十字会把第一笔总计102450元的捐款汇往中国红十字总会，是中国红十字会各地分会中的第一笔救灾捐款。[②] 随着一笔笔爱心的捐款，浓浓的关爱在岛城涌动，涌向遥远的印度洋。

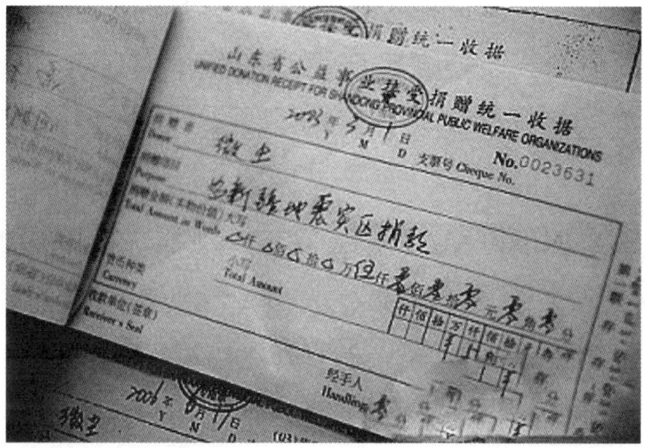

图9—1　2003年3月1日，以“微尘”名义捐款的最早的一张收据

当青岛红十字会的工作人员在查看捐款记录时惊讶地发现，早在2003年“非典”时期这位以“微尘”自居的人士便已经出现（见图9—1）。“微尘”并先后在“非典”时期捐款两万、新疆喀什地震时捐款五万、为白血病患儿捐款一万、为湖南灾区捐款五万……这一笔笔捐款，不仅仅是一个个数字，而是一个人，一座城市的良心。[③]

① 李旭：《寻找微尘—— 一座城市的良心》，青岛出版社2008年版，第11—12页。

② 《青岛市红十字会紧急为印度洋地区地震及海啸灾民募捐》，《山东红十字报》2005年1月10日。

③ 李旭：《寻找微尘—— 一座城市的良心》，青岛出版社2008年版，第6—7页。

二、“微尘”品牌的创建

青岛市红十字会抓住“微尘”这一典型事例，配合媒体宣传报道，开始了培育公益品牌过程。

2005年，青岛市红十字会联合媒体开展了以“微尘见真情，博爱遍岛城”为核心理念的“寻找‘微尘’”行动，把这一过程演变为塑造城市精神、展现市民爱心形象的过程。于是，岛城开始了寻找微尘的行动，并公布热线电话，欢迎市民提供有关微尘的线索，岛城市民们通过网络电话纷纷表达了他们对微尘的敬意。《2005请你找神秘“微尘”》成为青岛新闻网论坛里最热的帖子，上千名网友点击“神秘人”。而且网友们纷纷留言表达对微尘的敬意和祝福。一位网友说：“我们的社会需要这样有公益心的人，不一定要有多少钱才可以，重要的是有这样的爱心，向这位神秘人敬礼！”网友们也认为，微尘是个值得尊重的人，她不图名、不图利，只想以自己的方式做善事，那么市民就该尊重她的生活方式，既然她不愿露面，那就让我们默默祝福她吧，也希望微尘这两个字成为岛城公益事业的一个符号。还有的市民建议，微尘两字非常生动、贴切，今后不愿留名的捐献者都可借用“微尘”，让它成为岛城公益事业的一种象征、一个符号。[①] 社会上掀起了向“微尘”学习的高潮，越来越多的市民自发地以“微尘”名义频繁参加各种公益捐助活动。“微尘”从最初的一个普通市民，扩展为一个充满爱心的群体；从市民自发行为，发展成为支持慈善公益事业、奉献爱心的城市精神。“微尘”逐渐成为“人道、博爱、奉献”精

图9—2 “微尘”标识

---

① 李旭：《寻找微尘——一座城市的良心》，青岛出版社2008年版，第110—111页。

神的象征。青岛市红十字会向社会征集“微尘”标识，共收到设计方案 50 余份，来自黑龙江、上海、山西、陕西、四川、北京等地的设计方案也飞进岛城。经专家初选的 8 幅作品又向社会公开征集投票评选，市民通过发短信、网络、寄信等形式投票，选出自己心中的微尘标识（见图 9—2）。[①]2008 年 11 月，“微尘”正式被国家商标局注册为公益商标，成为青岛第一个经国家注册的公益商标。[②]

“微尘”标识整体以五颗手牵手的五角星代表不同的人群手手相连，互相帮助，汇聚成一条充满爱的纽带，“微尘”虽为一个小小的个体，但每一个个体汇聚到一起就能编织一个充满爱的世界，五颗星采用五大洲的色彩，寓意“微尘”精神将成为世界的精神。[③]

“微尘”自出现后，获得了众多荣誉和赞誉。2005 年 1 月，被评为“感动青岛”十佳人物特别奖。同年，“微尘”当选第二届“全国十大公益之星”并荣获首届“中华慈善奖”。2006 年荣获“感动中国年度人物”。[④]2006 年 4 月，中央政治局常委李长春在《人民日报》关于“微尘”的报道上作出重要批示：“这是我们社会的正气歌”；中宣部把“微尘”作为第四个“公民道德宣传日”的重大典范，[⑤]使“微尘”事迹和“微尘”品牌广泛传播，影响扩大。

2005 年 6 月 15 日，微尘标志、徽章及相关资料被青岛市档案馆永久收藏，这是青岛市档案馆第一次整体收藏一个公益品牌资料。[⑥]

“微尘”是时代正能量，“微尘有心，微尘有情。尘埃落定，大爱无声。”“微尘”荣获“感动中国年度人物”的颁奖词精练地概括出微尘品牌的价值。

---

① 吕进福：《构筑立体化品牌体系——“微尘”现象观察与思考之建设篇》，《中国红十字报》2012 年 4 月 6 日。

② 《青岛市红十字会大事记 2008 年》，未刊稿。

③ 李旭：《寻找微尘—— 一座城市的良心》，青岛出版社 2008 年版，第 91—92 页。

④ 李旭：《寻找微尘—— 一座城市的良心》，青岛出版社 2008 年版，第 58 页。

⑤ 张心宝：《在山东省红十字第七次会员代表大会上的工作报告》，《山东红十字报》2006 年 12 月 10 日。

⑥ 李旭：《寻找微尘—— 一座城市的良心》，青岛出版社 2008 年版，第 60 页。

三、"微尘"品牌文化价值

"微尘"承载着青岛市民的爱心，装载着一个城市的文明水平，体现着一个国家的社会正气。微尘从最初的个体发展为一个群体，发展为一个品牌，发展为城市的一种精神符号。

"微尘"现象至少包含三种文化内涵：从价值论角度来看，"微尘"精神是人们精神境界的较高层次。著名哲学家冯友兰先生将人生境界分为自然境界、功利境界、道德境界和天地境界。"微尘"精神是一种道德自觉，是个体自我价值实现的较高阶段。从认识论角度来看，"微尘"精神是人性哲学的延续，无论是儒家的"达则兼济天下，修己而安人"，墨家的"兼爱"，还是道家的"天道无常，常与善人"，都表明了行善是人性的升华必要途径。从公民社会角度来看，公民社会强调公民之间的信任、互助、合作。"微尘"精神正体现了这种信任、互助与合作精神。

"微尘"是一个热心公益事业的群体，是一个体现爱心的公益品牌。微尘像一面旗帜，让无数颗爱心自发地向她汇拢聚集，形成一种气势磅礴的声势，带动一群无私奉献的人，从事人道主义事业。"微尘"是展现社会精神风貌的缩影，它凝聚着中华民族的传统美德，具有鲜明的时代特征。

四、"微尘"品牌延伸

"微尘"品牌产生后，青岛市红十字会将这一品牌作为红士字会的主打品牌，围绕着该品牌，设计出系列服务社会的项目。联合使用"微尘"商标，开发"微尘"邮票等纪念品，开展"微尘"在行动等系列活动，成立"微尘"车友会、合唱团、"微尘"基金爱心理事团等公益团队，不断深化"微尘"品牌，使"微尘"品牌深入民心，具有旺盛的生命力。

2005年6月，青岛市红十字会推出首批1000枚"微尘"徽章，这是自"微尘"爱心标识确定后，首批爱心产品，并通过爱心义卖，救助贫困先天性心脏病儿童手术。每枚徽章的底价10元，上价不限。社会各界人士纷纷献出爱心，参与义卖活动，购买一枚"微尘"徽章，做一名"微尘"。作为义卖品，每枚"微尘"徽章定价为10元钱，最终千枚"微尘"徽章义卖达20万元，超出原价20倍，充分体现了青岛市民的乐于助人的善心。①

接着，青岛市红十字会以关爱生命为主题，2005年设立了“微尘救助金”，推出了微尘救助项目，制定了微尘救助金管理办法，引起社会各界关注与支持。为推进“微尘”救助项目，青岛市红十字会召开公益推介会，通过联合企业组织“海底情深‘微尘’心，新年‘猪’福送给您”、“爱在极地”、“爱心行天下”、“微尘传真情”、“微尘车友会”等活动募集善款。②

2006年，青岛市红十字会逐步扩大“微尘”的品牌影响力与号召力，在青岛市电话簿黄页刊登“微尘”救助热线，成立了红十字“微尘”合唱团，开展“微尘精神感动我”征文等活动。联合新华锦集团建立博爱义卖商店，开发“微尘”义卖品。同时青岛市红十字会还开展了捐书助学进农村活动。结合“爱润心田”微尘事迹组织“微尘”宣讲团在全省、全市巡回演讲30场，直接听众5万余人，使“微尘”品牌深入人心。③2011年3月，青岛市文明办决定，将每年10月定为“微尘公益活动月”，并推出“微尘公益之星”征选活动，向全市征选能够主动承担社会责任、履行社会义务、在社会公益事业中作出重大贡献的个人和组织。此后，每年评选一次“微尘公益之星”，激励公众参与公益，为这座城市增添更多的爱心和幸福。

在“微尘”品牌使用方面，“微尘基金”的创立是最好的实践。“微尘基金”创始于2008年11月。该年，在青岛市红十字会的指导和扶持下，青岛仁洲投资有限公司董事长于海波联合岛城十余位爱心企业家发起成立了青岛红十字微尘基金会，将关注儿童“生命、健康、教育”作为微尘基金救助主题，以“日行一善，微尘行动；微尘基金，有你一定行”作为微尘基金理念。④微尘基金自成立至2014年6月底，6年来共接收捐赠款物价值总额达3700余万元。微尘基金共救助868名疾病患者，设立20多个救助项目资助全国16个省近6000名贫困儿童。⑤

---

① 青岛市红十字会报市文明办“山东省道德模范”材料：《微尘爱心群体事迹材料》，未刊稿。

② 《青岛市红十字会年报2007》，第3页。

③ 《青岛市红十字会年报2006》，第2页。

④ 青岛红十字微尘基金编：《微尘基金五周年》，第1页。

⑤ 青岛市红十字会编：《微尘》总第10期，青岛出版社2014年版，第33页。

“微尘基金”在款物募集和项目运作中采取公开化市场化方式进行。每年6月份举行微尘基金年度公益盛典，已经形成特色。在公益盛典期间，他们推介微尘公益项目，通过拍卖面向社会征集的爱心拍品进行募捐。2009年至2012年四年公益盛典接收直接捐款和拍卖筹款总额达1400余万元，约占筹资总额的一半。① 微尘基金特别强调阳光透明，基金成立之初，就定下了一个规矩：筹集到的所有资金一律用于爱心资助保证微尘基金的募捐款物全部用于公益项目救助，不提取一分钱管理费。同时，在开展志愿活动，实施救助项目过程中，产生的各种成本费用以及专职志愿者的薪酬等费用，全部由常务理事团另外“凑钱”进行支付。微尘基金每年一次的公益盛典，理事团的活动费用都在募捐款之外，由常务理事们分摊，不占用募捐款。② 微尘基金就是这样在爱心人士的努力下，通过透明管理，规模由小变大，影响由近及远，成为青岛市有名的公益组织。

“微尘”品牌推动了青岛红十字事业发展，由“微尘”品牌设立的20余个救助金项目，涵盖了助学、助医、助老、助残等许多领域。“微尘”成为青岛市一张独特的爱心名片。

第二节 “博爱人间”

文化是软实力，塑造以公信力为导向的红十字文化品牌，是加强公信力建设，提升软实力的重要载体和有效手段。

一、“博爱人间”品牌诞生

青岛市红十字会具有较强的品牌意识，多年来一直把推进公益商标战略作

① 《微尘基金透明晒账本》，《青岛早报》2013年6月20日。

② 于顺、李璐：《微尘基金5年温暖数万人》，《微尘》，青岛出版社2013年版，第75页。

为加快红十字事业发展方式、提升公益形象、壮大救助实力的重要举措。2004年初，青岛市红十字会第六次会员大会把创建服务品牌，写入了2004—2008年五年工作规划中。① 同年3月，他们以青岛红十字会建会90年为机遇，把品牌宣传融入募捐救助、无偿献血、捐献造血干细胞、捐献遗体、志愿服务等各项工作中，开展了“博爱人间”红十字会品牌系列宣传活动。在实践过程中，他们逐步提炼出体现红十字精神和青岛地域特色的“博爱人间”品牌。

“博爱人间”内涵寓意着红十字以救助最易受损害群体，改善最易受损害群体的境况为使命；以保护人的生命和健康，发扬人道主义精神，促进和平进步为宗旨。强调以红十字会作为党和政府关心联系弱势群体的桥梁和纽带，社会各界帮助弱势群体的桥梁和纽带，人民群众自救互救的桥梁和纽带，倡导凝聚爱心力量，建立爱心社会。②

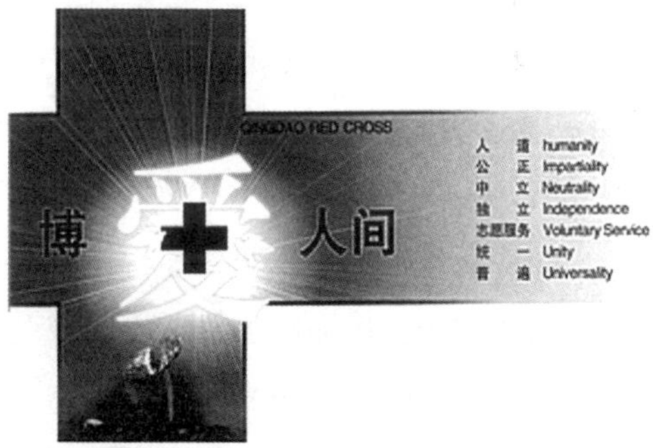

图9—3　博爱人间品牌标识

“博爱人间”标识是金黄色的橄榄枝环绕白底红十字，红十字标志由五个大小相等的红色正方形拼合而成，分别代表亚、欧、非、美、大洋世界五大洲，说明红十字会具有普遍性，是无所不在的（见图9—3）。③

“博爱人间”文化理念体系包括：

定位理念——政府助手、社会所急、职责所能；

创新理念——超越自我、追求卓越；

服务理念——造福于民、服务于民、取信于民；

学习理念——学习工作化、工作学习化；

执行理念——事事有着落、件件有回音；

---

① 《山东省红十字会年报2004》，第25页。

② 青岛市红十字会编：《文化手册》，未刊稿。

③ 青岛市红十字会编：《文化手册》，未刊稿。

廉政理念——干净做事、清白做人；

和谐理念——谐共事、共谋发展；

修养理念——博学慎思、明辨笃行。①

本着上述理念，青岛市红十字会以公信力、创新力、执行力建设为重点，把红十字文化理念融入红十字事业中。

二、提升品牌内涵

品牌的创建过程是一个逐渐得到社会认可和信赖的过程。青岛市红十字会坚持把“博爱人间”的文化理念融入到红十字工作中。具体做法为：

一是从学习型组织建设切入，编写了《青岛红十字会机关文化手册》，对全系统进行 NPI 培训，要求机关全体工作人员参与，树立“人人是品牌创建的主导者，人人是机关形象代表”的理念，激发全员参与品牌创建的积极性。另一方面将业务范围、工作标准、工作流程、时限要求、效能质量等内容，向社会公示并承诺，使品牌创建过程既成为组织内强素质的过程，也成为兑现品牌承诺、自觉接受社会监督的过程，增强了组织公信力建设。

二是创新管理模式，优化、再造工作流程，开展优秀工作成果、优秀救助项目评选，从规范运行层面，建立品牌创建维护机制。他们结合工作职责和特点，建立和完善了首问负责制度、服务承诺制度、限时办理制度和责任追究制度。根据处室分工，对处室承担的各项工作进行一次梳理，制定出合理的工作流程和岗位责任书。编制了《青岛市红十字会工作指南》，并上网公布，方便市民办事，利于公众监督。

三是加强红十字工作人员政治素质、职业道德和业务能力的教育和培养，增强工作人员“四种能力”：获取新知识、超越自我的学习能力，破除陈规、因时而变的创新能力，不甘人后、勇争一流的竞争能力，优质高效、热情周到的服务能力。通过建立目标管理机制，增强执行力，提高工作绩效和服务质量。

“博爱人间”品牌建设过程，使青岛市红十字会公信力、创新力和执行力

① 丁钢：《打造“博爱人间”机关文化品牌》，《中国红十字报》2012 年 7 月 17 日。

得到提升，群众从中受益。“博爱人间”在2010年被青岛市委、市政府评为青岛市“机关名牌”。

第三节　文化传播

青岛市红十字会主动传播红十字文化，普及红十字知识，宣传红十字品牌和红十字项目，使人们从多个方面了解和认识红十字会，并激励人们参与红十字会，从而为红十字会长久发展奠定基础。

一、多种形式传播红十字文化

青岛红十字会通过各种媒介、各种活动来宣传红十字文化，使红十字会成为社会认同度最高的公益组织。

1.组织论坛。组织多种形式论坛，研究和探讨红十字精神及其当代价值，是传播红十字精神的高级形式。

2009年5月，为纪念世界红十字会创立150周年、中国红十字会成立105周年和青岛红十字会成立95周年，青岛市红十字会与青岛电视台联合录制了大型访谈节目《人道的力量》。访谈嘉宾结合人体器官和遗体捐献，就人道主义精神与中国文化契合点、制约慈善捐赠的文化因素等问题展开讨论。[①] 访谈内容于5月8日世界红十字会日在青岛电视台黄金时段播出，并由中国红十字会总会向全国红十字系统推荐，取得了较好社会反响。

为了研讨“微尘”精神，2010年5月，青岛市红十字会邀请国内专家举行了“微尘与人道”公益发展论坛（见图9—4）。与会专家一方面探讨弘扬红十字精神和人道主义核心价值，另一方面围绕着“微尘”现象和品牌，以多元化视角，就“微尘”精神与人道主义传播、“微尘”品牌的文化价值、公益组

① 《青岛市红十字会2009年工作总结及2010年工作思路》，未刊稿。

图 9—4 “微尘与人道”公益组织发展论坛现场图片

织发展环境、公益组织面临的机遇与挑战、公益组织转型与能力建设、公益基金发展中的法律问题和风险管理等主题进行了深入探讨。①

青岛是一座具有爱心的城市，2012 年 4 月，青岛市红十字会举办了“博爱与城市精神”大型论坛。与会学者就红十字精神在培育和打造新时期青岛城市精神方面的作用进行了主题演讲和探讨。博爱是红十字精神至上体现，是一种博大的、广泛的、无私的、不以回报为目的的爱。这种爱超越了物质，超越了国界，体现的是一种对人类、对生命、对社会、对自然的尊重与关怀。②青岛是一座具有博爱精神的城市，涌现了“微尘”、万雪芳、谭美青等光耀的名字，每个名字的背后，都有一个感人的故事，彰显着市民的爱心和人性的美好。

2. 拍摄影视作品。青岛市红十字会抓住典型事例，以生动的影视作品展现人道情怀和无私奉献精神。“微尘”事迹在全国产生影响后，青岛市红十字

① 徐辉：《公益组织走上品牌突围之路 提升能力获社会认可》，《公益时报》2010 年 6 月 22 日。

② 刘淼：《青岛举行博爱与城市精神论坛 为培育新时期城市精神提供智力支持》，《青岛日报》2012 年 4 月 27 日。

图 9—5 《寻找微尘》电影宣传海报

会主动与青岛市委宣传部合作，于 2009 年 3 月拍摄《寻找微尘》电影。① 影片讲述的是一个农村姑娘杨念念为了给患癌症的母亲治病，无奈放弃学业，进入酒店打工，因为母亲决心要还“微尘”寄给母女俩的一万元学费，杨念念也加入到了“寻找微尘”的行列，而她和母亲的遭遇也引起了青岛市民的关注，一场“寻找微尘”的爱心接力由此引发。一时间，众多素未谋面的好心人，纷纷以“微尘”的名义为杨念念捐款，当念念的母亲在手术台上出现大出血，濒临生命危险时，又是青岛市民伸出了胳膊，支撑起念念母亲的生命。最终，“微尘”到底是谁没有人承认，岛城却出现了千千万万个“微尘”(见图 9—5)。②

这部电影吸引了 40 多名青岛籍影视明星无偿参与演出，带有浓浓的青岛本土特色，同时电影通过其独特的方式将微尘的精神形象化地展示在观众面前，扩大了“微尘”的影响范围，让更多的人通过电影了解微尘，了解青岛，同时也感染了全国各地的爱心人士加入到微尘的行列，成为微尘的一分子。这

① 《青岛拍摄全国公益品牌“微尘”题材电影〈寻找微尘〉》，人民网，2009 年 3 月 24 日，见 http://culture.people.com.cn/GB/9011203.html。

② 《“微尘”首个镜头从早报开始》，《青岛早报》2009 年 6 月 12 日。

部影片一年放映 2000 多场次，观众接近 80 万人，收获了眼泪和掌声，赢得社会喝彩，荣获中宣部“五个一”工程奖等 8 项大奖。①

3. 办刊建网。媒体的发达为红十字精神传播提供了更方便快捷的通道。青岛市红十字会坚持文化宣传战略，始终将传播红十字文化作为事业的一部分。2012 年，青岛市红十字会创办的《微尘》杂志出版。《微尘》每年不定期出版，由青岛出版社以书代刊形式出版，板块内容丰富，主要展示青岛红十字事业和精神文明创建成果，介绍全国乃至世界上红十字事业先进理念和重要观点，成为弘扬“人道、博爱、奉献”的红十字精神阵地，传播国际红十字运动的桥梁和纽带。②

青岛市红十字会还开通“博爱人间”红十字网站，作为传播红十字精神的全新开放型平台。网站将青岛市红十字会从事的各项工作列出板块，并设置红十字文化、企业公民、新闻中心等专栏，为传播红十字文化、提升公民理念、及时报道红十字会信息提供了方便，成为人们了解红十字会、认识红十字会、参加红十字会的又一平台。

4. 举行纪念活动。2009 年是青岛红十字会建会 95 周年，他们在 5 月 6 日至 11 日举办《从索尔费里诺到关塔那摩》150 年珍藏图片世界巡展青岛站展览，③ 让更多市民了解世界红十字会在世界各地人道主义救助中所发挥的巨大作用。2014 年是青岛市红十字会建会 100 周年，围绕建会百年主题，青岛市红十字会在《中国红十字报》、《青岛日报》、《青岛早报》、《青岛财经日报》等媒体推出纪念建会百年专版，展示青岛红十字会百年历程；联合青岛市档案馆发掘历史档案，举办青岛红十字会建会 100 周年历史图片展，通过 400 余张珍贵图片，向社会展示青岛红十字会百年发展历程，并向市民免费发放红十字百年图片画册 1200 册和万枚百年纪念徽章。④ 由于青岛市红十字会宣传工作成绩显著，被中国红十字会总会评为 2014 年度报刊宣传先进集体特等奖。

---

① 《〈寻找微尘〉上映一周年，微尘上升为城市精神》，青岛新闻网，2010 年 6 月 19 日，见 http://www.qingdaonews.com/gb/content/2010-06/19/content_8407902.htm。

② 《微尘》总第一期，青岛出版社 2012 年版。

③ 《青岛市红十字会 2009 年工作总结及 2010 年工作思路》，未刊稿。

④ 《青岛红会举办百年图片展》，《青岛日报》2014 年 5 月 9 日。

5. 举办演讲赛和报告会。通过演讲赛和报告会，向公众宣讲典型人物事迹和红十字人道主义精神，是传播红十字文化的又一办法。从 1999 年开始，青岛市红十字会和青岛市委高校工委每年都联合主办“大学生红十字演讲比赛”，至今已经举办了十多届。随着校园文化与红十字文化的结合，越来越多形式多样的红十字活动的开展吸引了更多的学生加入红十字的行列，他们成为红十字文化传播的一分子，为红十字精神文化的传播注入了新鲜血液。举办演讲或讲座式活动，成为青岛市红十字会常态化宣传活动，仅在 2010 年，青岛市红十字会就举办“纪念国际红十字运动创始人亨利·杜南逝世 100 周年”报告会和组织传播国学与人道、生命与人生哲学思想方面的专题文化公益课堂、大型宣传活动就达 66 期次，2.59 万人直接受益。①

在宣讲活动中，规模最大、参与人数最多、影响最大的报告会是“微尘”事

图 9—6　“微尘”事迹在社会各界广为传播

① 《青岛市红十字会 2010 年工作总结》，未刊稿。

迹报告会。“微尘”事迹经媒体报道后，在社会产生广泛影响，青岛市红十字会联合青岛市委宣传部、市文明办为了进一步弘扬“微尘”精神，于2006年5月，在全市举办“‘爱润心田’——微尘事迹报告会”巡回演讲10余场，听众达数万人，报告内容还被中国文明网“百城市道德模范巡讲网上行”播发。[①] 同年6月，中共山东省委宣传部组织“微尘”事迹报告团在省直及威海、淄博、泰安、日照等市作巡回报告，使“微尘”事迹和“微尘”品牌广泛传播，影响扩大。[②] 通过“微尘”的事迹使人们进一步了解和认同“人道、博爱、奉献”的红十字精神（见图9—6）。

二、建立红十字文化研究机构

青岛市红十字会充分借助青岛高校资源，建立青岛市红十字文化研究会，与中国海洋大学合作成立了青岛红十字文化与公益事业研究中心，深入研究红十字文化，传播红十字精神。

1. 青岛红十字文化研究会

2010年8月27日，青岛红十字文化研究会成立，研究会旨在探索并建立中国特色红十字文化，以改善最易受损害群体境况为目标，以“人道、博爱、奉献”精神为立足点，致力于开展红十字精神文化专题研究和红十字文化传播的策划与推动工作，丰富青岛现代化国际城市文化内涵，为红十字精神在当代中国的培育、发展、壮大提供文化土壤和养分。研究会下设文化研究中心、文化管理中心、文化传播中心三个分支机构，有三个具体研究方向：一是深入研究“人道、博爱、奉献”的红十字精神，与中国传统人文思想相结合，深入探析国际红十字理念扎根中国文化土壤蓬勃发展的文化现象；二是系统创建并完善红十字会组织文化体系、传播文化体系；三是策划红十字文化传播，创新文化传播方法和载体。[③]

---

① 《青岛市红十字会年报2007》，第50页。

② 张心宝：《在山东省红十字第七次会员代表大会上的工作报告》，《山东红十字报》2006年12月10日。

③ 《青岛红十字文化研究会资料》，未刊稿。

青岛市红十字文化研究会成立后，组织开展青岛地域特色红十字理论研究，成功举办了首届“微尘与人道”公益组织发展论坛，推动了青岛红十字文化的传播。

2. 青岛红十字文化与公益事业研究中心

为了进一步推动红十字文化的传播，将红十字运动与学术研究结合起来，青岛市红十字会与中国海洋大学于 2012 年 4 月 26 日联合成立了“青岛红十字文化与公益事业研究中心”。该研究中心主要利用中国海洋大学的学术资源，开展以青岛红十字运动为重点的课题研究和学术交流，从历史与现实、理论与实践、基础与应用等方面开展学术探讨。① 研究中心成立后，邀请湖南师范大学周秋光教授和苏州大学池子华教授于 2012 年 4 月为中国海洋大学师生做了《中国慈善公益发展的历史审视与现实思考》、《中国红十字会的历史、现状及未来发展》两场学术报告。通过与国内红十字领域专家的交流，加强了红十字文化传播，推动了青岛红十字文化研究。

第四节　“感动青岛”

榜样是社会对个人或群体在某一方面特殊贡献的认同和赞许，榜样的树立可以为社会带来正能量，为社会建立向善的路标。青岛红十字会拥有几十万会员，他们为红十字会事业的发展和壮大作出贡献。青岛市自 2003 年以来，每年评选一次“感动青岛人物（群体）”，至 2014 年已有 17 个关心支持红十字人道事业并作出突出贡献的集体或个人获奖，另有 7 个集体或个人获入选奖。他们的事迹感动青岛，也被历史所铭记，成为传播红十字文化的践行者。

---

① 《海大与青岛市红十字会共建青岛红十字文化与公益事业研究中心》，中国海洋大学“观海听涛”，http://xinwen.ouc.edu.cn/Article/Class3/xwlb/2012/04/27/56671.htm。

表 9—1　青岛市红十字会系统荣获“感动青岛人物（群体）”一览表

年度	感动青岛人物（群体）
2003 年	公民无偿献血
2004 年	谢振华“微尘”
2005 年	万雪芳　金金龙
2006 年	周淑玉
2007 年	谭美青　于永广
2008 年	金成镇
2009 年	电影《寻找微尘》创作演出团队
2010 年	青岛红十字微尘基金爱心理事团
2011 年	青岛市红十字蓝天救援队
2012 年	李桂美　刘慧丽　孙东生 “熊猫血”应急献血志愿服务队
2014 年	青岛世界园艺博览会志愿者团队（包括红十字应急救护志愿服务队）

资料来源：青岛市红十字会提供。

下面，就近十年来的部分获奖人物（群体）事迹择要介绍如下：

1. 公民自愿无偿献血

1999 年 1 月，青岛市成立全国第一个“扶贫济困血库”。1999 年 12 月在北京召开的全国无偿献血表彰大会上，青岛市同时获得全国无偿献血 3 项大奖：全国无偿献血先进城市奖；67 名市民获全国无偿献血金杯奖，占全国获奖人数（611 人）的 11%；青岛日报社获全国无偿献血促进奖。2001 年全市首次取消献血计划，全部临床用血 100%来自市民自愿无偿献血。到 2003 年，全市共有近 50 万人次参加了无偿献血。荣获 2003 年度“感动青岛”奖。①

2. 谢振华

2004 年 2 月，谢振华成为青岛市首例非血缘造血干细胞捐献者，也是我

① 《“感动青岛”十件事评选排名投票产生》，新华网山东频道，2003 年 9 月 28 日，见 http://www.sd.xinhuanet.com/qdpd/2003-09/28/content_1000974.htm。

国护理界首位非血缘造血干细胞捐献者。她说，“我从来没有犹豫过，我觉得这是幸运的事，换成其他的青岛人，他们也会这么做的。”谢振华先后被授予“全国优秀共青团员”、“山东省红十字会博爱勋章”、“青岛市文明市民”、“青岛市优秀志愿者”等荣誉称号，并被聘为“捐献造血干细胞形象大使”。2004年荣获“感动青岛”奖。①

3. 金金龙

金金龙是韩国驻青岛总领事馆总领事夫人。她十分关心青岛的红十字事业，经常带头并组织驻青外国友人参与青岛市红十字会举办的公益活动。2005年12月4日，青岛市红十字会在青岛国际医疗门诊成立了红十字国际志愿者服务队，金金龙和其他20多位驻青韩国友人作为义工，每周轮流值班，看望就诊患者，并向就诊的驻青外国友人提供导医、翻译、陪护等义务服务。此后的每周五上午，她只要没有特殊事情，国际医疗门诊部就会闪现着她忙碌的身影：帮病人取药，接送行动不便的病人，与住院病人聊天，帮助缓解病人的精神压力。在她的带动下，驻青韩国友人、韩国企业纷纷慷慨解囊，先后救助青岛贫困心脏病患儿、自闭症患儿、失学儿童、白血病患者、白内障老人等。她参与创办“幸福爱心屋”，举办义卖活动，组织参加赴胶州、即墨开展义诊，救助困难群众。2005年，青岛市红十字会向金金龙女士颁发“青岛市红十字会博爱大使”聘书及“红十字勋章奖”，同年，她又荣获首届中华慈善奖，成为获此殊荣的唯一外国友人。2005年荣获“感动青岛”奖。②

4. 周淑玉

周淑玉18岁的女儿阳阳两岁时就患上了再生障碍性贫血，16年来一直靠输血维持生命。夫妻俩的月收入不过八百元，根本无力负担高额医疗费用和巨额用血指标，是社会各界和无数的好心人向这个陷入绝境的低保家庭伸出了援助之

① 《关于表彰谢振华同志的通报》，《青岛青年工作年鉴》2004年，第148—149页；《他们，曾经感动我们——2004—2012年“感动青岛”人物回访》，《青岛日报》2014年1月21日。

② 薄克国、孙华莹：《金金龙：爱的奉献无国界》，《大众日报》2006年10月19日。

手。为思报答，周淑玉加入了中华骨髓库，希望能用自己仅有的能力帮助和阳阳同样的患者。2006 年 10 月，她成功实施造血干细胞移植，救助了北京一名白血病患者，成为青岛市年龄最大的造血干细胞捐献者。2006 年荣获“感动青岛”奖。①

5. 于永广

2007 年 2 月，家住城阳街道后桃林社区的于永广老人被确诊为胰头癌晚期，身体每况愈下，马上就要离开人世。生命垂危之时，老人却向家人提出了与众不同、催人泪下的三个临终愿望：一是在他走后捐献遗体，以供医学研究；二是捐出一生积蓄的 3 万元帮助上不起学的穷苦孩子；三是交最后一次党费 2000 元，以求为社会建设添砖加瓦。2007 年荣获“感动青岛”奖。②

6. 金成镇

金成镇，韩国人，青岛市市立医院国际门诊外籍坐诊专家。年近八旬，本可在家中安度晚年，尽享天伦。可他仍站在救死扶伤的前沿，勤奋不辍。更难能可贵的是身处异国他乡，每月一次风雨无阻，到岛城周边农村，为村民们送医送药，被村民亲切地称为“韩国郎中”。贫困的孩子、孤寡的老人、重病的学生都是他帮助和接济的对象，他还经常独自捐款资助福利院的残疾儿童和贫困病人。金成镇在听说我国汶川大地震的第一时间，毫不犹豫地拿出一万元人民币捐给灾区。2008 年荣获“感动青岛”奖。③

7. 电影《寻找微尘》创作演出团队

“微尘”是青岛的一个爱心公益品牌，是青岛人民用爱心创造的奇迹，记录了青岛城市文明的历史进程。电影《寻找微尘》创作团队历经两年精心策划，对“微尘”真实感人的事迹进行了再创作，让“微尘”的爱心故事以影

---

① 林刚、王鑫：《女儿靠“爱心血”渡难关　母亲捐髓报恩》，《半岛都市报》2006 年 10 月 19 日。

② 《2007“感动青岛”候选人物名单 于永广》，《半岛都市报》2007 年 12 月 19 日。

③ 《表彰红十字中韩医疗团》，《青岛日报》2013 年 12 月 20 日。

像的方式得以记录和传扬。影片共起用了唐国强、倪萍、夏雨、黄晓明等 45 位青岛籍影视演员，而且所有演员都是不计报酬参演，使拍摄《寻找微尘》的过程，成为青岛籍演员诠释和宣传“微尘”精神的过程。《寻找微尘》先后在全国放映 750 场，观众达 15 万人次。先后入选国庆献礼重点影片、中国第十一届金鸡百花电影节重点影片、广州大学生电影节、埃及开罗国际电影节等。《寻找微尘》在社会各界引起巨大反响，好评如潮，观众认为影片让微尘精神成功再现，树立起青岛城市的精神坐标。2009 年荣获“感动青岛”奖。①

8. 青岛红十字微尘基金爱心理事团

2008 年，十余位岛城爱心企业家共同发起成立了青岛红十字微尘基金，经过两年的发展，微尘基金已经成为集募捐筹资、项目救助、组织建设、宣传推广等多功能于一身的公益计划。爱心理事团的理事们带头向微尘基金捐款捐物，大力感召自己的朋友、客户、合作伙伴等捐款捐物。每年举办微尘基金公益盛典，通过爱心拍卖筹集善款。持续开展面向市民的募捐义卖活动，2010 年组织街头义卖活动近 40 次。到 2010 年 11 月，微尘基金累计筹集善款近 1300 余万元。微尘基金自成立以来，不断救助患有先天性心脏病、白血病及再生障碍性贫血及其他意外伤害及重大疾病的儿童。了解到青岛有很多小学生因为家庭贫困舍不得配眼镜，爱心理事团发起了“微尘矫视——让孩子清楚看世界”的活动，为 12 区市 961 名中小学贫困家庭学生配备了价值 268 元的眼镜，2010 年微尘基金的各项救助活动使得 6000 多人受益。2010 年春，我国西南遭遇了大面积的严重干旱，爱心理事团快速组织志愿者前往抗旱一线，走访青岛市对口支援的贵州省安顺市、铜仁市及云南省曲靖市，为当地的旱区灾民送去了救灾物资，送去了青岛微尘的情谊，真正体现了“微尘有情，博爱无疆”的理念。2010 年荣获“感动青岛”奖。②

---

① 《全国放映 750 场“微尘”感动中国》，《青岛早报》2010 年 1 月 7 日。

② 《2010 年“感动青岛”十佳人物评选》，青岛新闻网，2011 年 1 月 11 日，见 http://vip.hiao.com/2010/12/gdqd/。

9. 青岛市红十字蓝天救援队

青岛市红十字蓝天救援队，现有正式队员55名，后备队员165名，是一支志愿者应急救援队伍。该队采取军事化管理模式，队员年轻有朝气，技能全面，集山地搜救、应急通信、医疗救治、城市救援、水下搜救、机动远程自然灾害救援等专业于一身，有着丰富的野外生存、救援经验。该队常年活跃在青岛山海救援一线，三十多次参加崂山遇险群众救援，自成立以来，成功救援遇险群众300余人。红十字蓝天救援队成员来自社会各行各业，有医生、工人、教授、个体户、农民、退伍军人、无线电爱好者、户外运动教练、游泳健将、心理专家、自由职业者等等，遍布在青岛市七区五市。他们是一批热心公益事业，弘扬人道主义，不计报酬，志愿服务的优秀志愿者。救援活动全部为志愿服务性质，不收取任何费用，救援过程中所产生的各种费用完全由志愿者个人承担，购置的训练、救援装备、设备也以个人自筹和队伍集资为主，充分体现了志愿服务精神。队内建立了一整套应急救援预案，每名队员至少掌握两到三种救援技能，创新了志愿者救援体系。玉树地震第三天，有四名队员克服困难，自驾车赶赴灾区，及时有效地科学施救，医治伤员，疏导灾民，分发物资，提供信息，为抗震救灾作出了贡献。在救援行动中，蓝天救援队的志愿者们牺牲休息时间，有的甚至放弃手中工作，自费参加救援行动，至于忍受饥饿、救援至凌晨、救援中刮擦碰伤等更是经常发生。但红十字蓝天救援队成员奉行的是舍得精神，即舍得时间、金钱、精力，换来救人奉献的快乐。12月24日，该救援队被评选为“青岛十大微尘公益之星团队”。2011年荣获“感动青岛”奖。①

10. 李桂美

李桂美，出生于1939年10月，16岁考入原青岛信谊会医院护理学校学习，之后留在医院做护士，1965年调入青岛市传染病医院继续从事护理工作，1993年被国际红十字会授予南丁格尔奖章，得到了3万元奖金，这对当初月工资只有100元的她来说，无疑是笔巨款。但她把钱捐给了市红十字会，青岛

① 《2011年“感动青岛”十佳人物》。

市红十字会出资 3 万元，设立了“李桂美突出奉献护士奖”，每年用来奖励为护理事业作出突出贡献的护士。1992 年从青岛市传染病医院护理岗位上退休。退休后，她始终放不下病人，总想着能做一些志愿服务工作，在与院领导请示后又回到了自己工作岗位上，一干就是 20 年。20 年来，她坚持每天像正式职工一样上下班，却不多拿一分钱工资，无怨无悔，执着奉献，把全部的爱倾注在病人身上，成为青岛市乃至全国最年长的在岗护士。55 年如一日，为病人做了这么多，李桂美最多的感受是：“看到那么多病人康复了，我无怨无悔。”2012 年荣获“感动青岛”奖。①

11. 刘慧丽

她是一名美丽的女孩，最大的理想是做一名记者。2012 年，她以全班第一名的优异成绩考入重庆师范大学。开学第二天，女孩因系统性红斑狼疮引发脑出血去世。她的父母在承受巨大悲痛的同时，决定尊重女儿生前遗愿，捐献遗体挽救他人生命，成为重庆市正式开展人体器官捐献以来的成人第一例。这位女孩是胶州市铺集镇谭家埠村的刘慧丽。

上高二时，刘慧丽就报名参加了学校“爱诺”基金的首批志愿者，经常利用休息时间参加义卖活动，为偏远乡镇儿童捐款。随着病情加重，捐献遗体成了她的心愿。她多次嘱咐父母，如果自己不幸去世，一定要把遗体捐给社会。刘慧丽去世后，她的肾脏、肝脏、眼角膜，已经用在了 7 位患者身上，带动了重庆 70 多人做出遗体捐献的决定。2012 年荣获“感动青岛”奖。②

12. 孙东生

2006 年 6 月，网名“故事”的孙东生经过申请及社区考核，正式成为青青岛社区市南论坛的一名版主。六年来，孙东生在网络上搭建爱心平台，通过发帖、召集志愿者等方式，汇聚社会爱心去救助需要救助的群体和个人。

六年里，孙东生耗费时间甚至金钱组织各种爱心行动，不拿一分钱报酬，

① 《2012 年他们感动你我 感动青岛十佳人物揭晓》，《齐鲁晚报》2013 年月 1 日。

② 《大爱感动渝城的岛城姑娘刘慧丽》，《青岛财经日报》2013 年 2 月 1 日。

甚至连真实的姓名都不被大多数人知道。孙东生说，自己坚持组织和参与网络爱心行动，除了内心朴素的社会互助意识外，还在于每一次的爱心行动他都能收获感动。2012 年被评为“微尘公益之星”。2012 年荣获“感动青岛”奖。[①]

以上这些人物和群体，他们以帮助别人、快乐自己的行为，感动青岛，他们营造了积极向善的社会氛围，传播了青岛市红十字会“人道、博爱、奉献”理念，推动了红十字精神走进千家万户。

① 《孙东生：网络凝聚爱的力量》，《青岛日报》2013 年 1 月 8 日。

第十章　国际救助与交流合作

在改革开放大潮中，青岛市红十字会秉承历史传统，勇于面向世界，在人道主义领域同国外及港澳台地区红十字会交流合作，成为促进城市间友好往来的大使，发挥了民间组织在公共外交方面的独特作用。

第一节　大爱无疆

在民国时期，青岛红十字会受到信息和资金及开放程度限制，参与国际救援和交流合作次数是极为有限的。自 20 世纪 80 年代重新复会以来，乘着中国开放的东风，青岛市红十字会积极参与国际救援，体现了大爱无疆的红十字会博爱精神。

一、援助非洲旱灾

1985 年，非洲 36 个国家遭受旱灾，1.5 亿人受到饥饿的严重威胁。为此，中国红十字会总会发出了“在全国城市中为非洲灾民开展社会捐助”的号召。青岛市红十字会积极响应号召，在岛城开展了一次大型募捐。当时青岛居民收入普遍很低，但对于非洲灾民捐赠热情丝毫不减，涓涓细流汇成大海，聚少成多，此次募捐共收到捐款87万多元，位列山东省第一，涌现了孙成仁、宫兆良两位捐款1000元的先进个人。① 青岛市太平路小学四年级少先队员倪燕将她积攒多年的压岁钱，零用钱20元全部捐献。② 募捐中，从干部到职工群众，从将军到士兵，从四五岁儿童到八十岁老人，各行各业的人们在车站、在街头，在每一个募捐箱前听到为非洲灾民捐款后，默默捐钱匆匆离去，但爱心却汇聚在一起，表达了岛城人民对非洲灾民高度的同情心和助人为乐精神（见图10—1）。

图10—1 1985年呼吁市民援助非洲灾区捐款

二、救助印度洋地震海啸

2004年12月26日，印度尼西亚苏门答腊岛附近海域发生9.1级强烈地震并引发海啸，波及印度尼西亚、泰国、缅甸、马来西亚、孟加拉国、印度、斯里兰卡、马尔代夫、索马里、塞舌尔、肯尼亚等东南亚、南亚和东非14个国家，造成了重大人员伤亡和财产损失。此次地震是1900年以来全球发生的第三次强烈地震，地震引发的海啸也是印度洋有史以来最为严重的一次。海啸灾难共造成约23万人死亡或失踪，170万人流离失所，经济损失近100亿美元。③

印度洋地震海啸发生后，青岛市红十字会迅速行动起来，紧急部署，快速行动，开展募捐。2004年12月30日，青岛市红十字会向十二区市红十字会紧急下发了《关于开展为印度洋地区地震及海啸灾民紧急募捐的紧急通知》，

---

① 青岛市史志办公室编：《青岛市志·社团志》，新华出版社1997年版，第331页。

② 山东省红十字会编著：《山东省红十字事业九十年》，山东友谊出版社2002年版，第103页。

③ 石中玉：《数字回顾印度洋海啸》，新华网，2014年12月26日，见http://news.xinhuanet.com/world/2014-12/26/c_127335855.htm。

公布募捐电话、捐款账号，取消元旦休假，募捐电话24小时畅通，接受社会各界的捐款。

募捐呼吁发出后，岛城立刻爱潮涌动。12月30日，青岛香格里拉大饭店总经理文志平代表饭店700余名员工将自发募集的51850元人民币交到市红十字会，这是青岛红十字会接受的第一笔救灾捐款。化名“微尘”的热心人继援助新疆大地震、抗“非典”之后再次以“微尘”名义，捐款50000元，经媒体报道后，在社会上引起强烈反响，成为此次募捐的一个亮点。82岁高龄的尹秋兰老人也委托自己的家属冒着风雪来到红十字会，为灾区捐款300元人民币；青岛市无偿献血者协会会员麻骏先生捐款200元；青岛远洋船员学院学生张猛从自己生活费里节省下的100元钱捐给灾区。12月31日上午，市红十字会又接到来自青岛夏泰房地产评估有限公司的1000元和一刘姓市民的300元共计1300元捐款。青岛市红十字会是全国最早开展募捐活动的市级红十字会，他们在12月30日就已将第一天的募捐款10.2万多元汇往中国红十字总会，是总会收到的地方红十字会第一笔捐款。①

2005年1月2日上午，当大家都在休元旦假期时，青岛市红十字会与各区红十字会统一行动，在台东三路步行街、崂山百货等繁华地段以及所辖社区，开展募捐活动。他们悬挂横幅，设立宣传展板，发放宣传单，呼吁市民伸出援助之手，奉献爱心。元旦假期后上班第一天，青岛市红十字会即接收了青岛市机关事务管理局干部职工捐款18.99万元，市外办公务员捐款2723元，市民族宗教事务局公务员捐款1610元，青岛市立医院医护人员捐款5.787万元，市地税稽查局捐款9750元，海尔集团捐款6万元。② 仅仅10天时间，青岛市红十字会就募捐188万余元。③

在此次赈灾募捐中，青岛市红十字会募集善款占山东省募捐总数的1/6，这是青岛红十字会开展国际援助募捐数额最多的一次。在2005年4月30日召开的山东省红十字会为印度洋海啸灾区献爱心募捐工作表彰大会上，青岛市红

① 以上资料见宋学春：《青岛市民踊跃向海啸灾区捐款》，2005年1月2日，人民网，见http://politics.people.com.cn/GB/14562/3093910.html。

② 《印度洋海啸灾区民间捐赠，市红十字会接受捐款逾七千万》，《青岛日报》2005年1月5日。

③ 《青岛市红十字会紧急为印度洋地区地震及海啸灾民募捐》，《山东红十字报》2005年1月10日。

十字会被授予“突出贡献单位”。①

另外，2011 年 3 月，日本大地震发生后，青岛市红十字会通过日本驻青岛总领事馆，向日本地震灾区人民表示慰问，并捐款人民币 60 万元支持日本抗震救灾。②

上述国际性捐赠活动，是青岛市红十字会发扬国际人道主义精神的体现，通过参与国际救灾，既传播了红十字七项原则，又彰显了青岛市红十字会的博爱精神。

第二节　中韩跨国救助

中韩两国是一衣带水的友好邻邦，由于地理、气候及人文环境因素，青岛不仅是韩国在中国居住人口最集中的城市，也是中韩之间交往最频繁的城市。红十字会是中韩之间交往的一根纽带，它跨越国界和种族，将人道、博爱的种子播撒在两国人民心间。

一、救助心脏病儿童

儿童是祖国的花朵和未来的希望，为挽救更多儿童的生命，也为让更多的先天性心脏病儿童拥有一个健康快乐的童年，2004 年 9 月，在青岛“韩国周”期间，青岛市红十字会与韩国驻青总领事馆、青岛市外办对外友好协会、韩国启明大学东山医院、中国经济新闻社(韩国）联合举办了“把爱播种在心里——中韩联合救治贫困心脏病儿童”活动，并共同举办第十届中韩爱心歌友会，为贫困心脏病儿童募捐。韩国启明大学东山医院的医学教授权太灿、李光淑专程

① 《省红十字会召开支援印度洋海啸灾区募捐活动表彰大会》，《山东红十字报》2005 年 5 月 10 日。

② 青岛市红十字会编：《微尘》，青岛出版社 2011 年版，第 18 页。

来到青岛义诊，通过青岛红十字会的推荐，8名特困的心脏病儿童来到教授面前，最终张啸和柳叶符合去韩国手术的条件。① 由此，救助心脏病儿童的活动拉开帷幕。

2005年1月3日，张啸、柳叶在中韩工作人员陪同下，飞抵韩国大邱市，入住启明大学东山医院，开始了"跨国手术"。1月5日和6日两天，经过韩国医生精心手术，两个孩子的心脏手术全部成功。②

青岛市红十字会及韩国各界友好人士，为挽救患儿生命，真诚付出。崔相朝先生等韩国朋友捐款4万元，③"中韩歌友会"以爱心为主题，呼吁社会各界筹集善款④。2005年4月，在韩国志愿者金金龙、吴淑子的积极协调下，韩国红十字志愿者在青岛自发建立了一家以社会公益事业为目的的义卖小屋——"幸福之家"。"幸福之家"整齐陈列着衣服、日用品、首饰、化妆品、简单家具等商品，店员都是志愿服务者，既有韩国驻青岛领事馆事领事夫人，也有跟随丈夫到青岛的韩籍家庭妇女，还有在青岛就读的韩籍大学生和中学生。"我们愿意抽时间做义工，帮助红十字会，帮助韩国人，帮助中国人"，已经成为国际红十字志愿者的共识。他们将"幸福之家"义卖所得的第一笔收入1万元捐给先天性心脏病儿童孙雪，帮助她完成了心脏病手术。⑤ 至2010年，"幸福之家"成立6年已筹集近50万元，用于青岛红十字中韩医疗团志愿者下乡义诊，累计为1.1万多名贫困地区农民进行义诊，免费发放药品价值近30万元。他们筹集的资金还救助了40余名贫困心脏病儿童、自闭症儿童、白内障老人、尿毒症患者和白血病患者。⑥

青岛市红十字会与韩国友人一起在红十字会旗帜下，打破民族界限，将爱

---

① 《青岛市红十字会2001—2006年工作情况汇报》，未刊稿。

② 《人间真情穿越国界》，《山东红十字报》2005年4月10日。

③ 《韩国籍红十字志愿者荣获"青岛市十大杰出志愿者"称号》，《山东红十字报》2006年4月10日。

④ 《青岛市红十字会成功举办第10届中韩(青岛) 歌友会》，《山东红十字报》2006年2月10日。

⑤ 《红十字志愿者的6个幸福瞬间》，《山东红十字报》2005年3月10日。

⑥ 《青岛红十字中韩医疗团"幸福之家"新址开业》，博爱青岛—青岛市红十字会网，2010年6月11日，见http://www.qdredcross.org.cn/News/NewsView.aspx?guid=70b9fb11-cef8-472f-acf4-f91b8541e95c&flag=国际交流

心紧紧相连，奏响了一曲国际人道主义赞歌。

二、中韩博爱医疗团

青岛红十字中韩博爱医疗团（以下简称“中韩医疗团”）是由青岛国际红十字志愿服务队演变而来。2004 年 11 月 5 日，青岛市立医院国际门诊成立了青岛市第一支主要由韩国人组成的国际红十字志愿者服务队，包括韩国驻青岛总领事馆前任总领事夫人金金龙在内的 20 名韩国友人加入红十字志愿者队伍（见图 10—2）。志愿者每周一到周五到国际门诊，为就诊的外国友人提供导诊、陪护、翻译、随访等志愿服务。他们建立的“幸福之家”，将义卖所得用于义诊。2007 年 11 月 24 日，青岛市红十字会与国际红十字志愿者服务队联合成立“中韩红十字博爱医疗服务团”，授旗仪式在市立医院东院区举行，

图 10—2　韩国领事夫人金金龙在参与志愿服务

韩国驻青岛总领事馆总领事金善兴出席仪式。① 中韩两国红十字志愿者共计 189 人，是医疗团的主体，中韩双方各出一人做团长，韩方团长为市立医疗集团国际门诊内科专家金成镇博士（见图 10—3），中方团长为市红十字会副会长苏海音。② 他们以“义工、义卖、义诊、义捐”为一体，成为传播红十字国际人道主义理念和志愿服务国际性的最好体现。

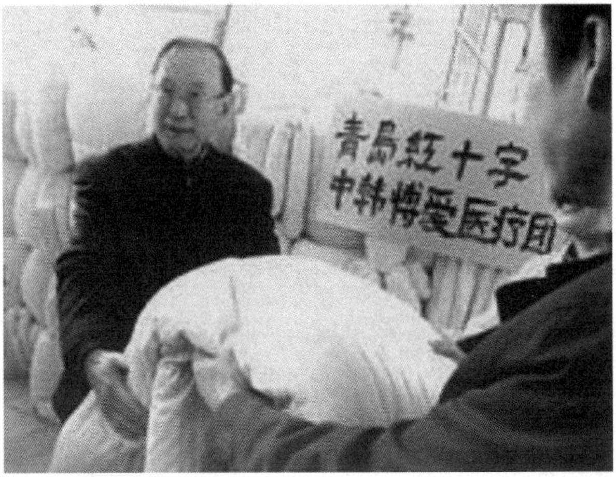

图 10—3　2003 年，中韩医疗团团长金成镇将 150 床棉被送到广昌路老年护理院

中韩医疗团成立当年，在胶州市举办了“传奥帆旗帜、扬志愿精神——中韩红十字志愿者关爱农民健康爱心公益活动”，启动了奥帆旗帜在驻青岛韩国人中传递，这是奥帆旗帜首次传递到在青岛的外国人手中。他们在 2007 年一年当中就在即墨、城阳、胶州、平度农村举办了 7 次义诊活动，为 2000 余名农民进行免费诊疗，免费发放了 7 万多元药品。③ 中韩医疗团除了在农村进行义诊外，还为困难户、五保户、残障儿童、孤寡老人及其他弱势群体提供免费的器械检查、医疗咨询和药品，同时，还做了大量的卫生教育普及工作。一位曾接受过医疗团义诊的老大娘深有感触地说：“国外专家来我们这里义诊了，没想到让外国大夫看了回病，”心中充满了无限自豪和感激。④ 中韩医疗团自成立后，足迹踏遍胶州、即墨、莱西、平度、城阳、崂山等青岛区市的农村地区，至 2013 年的 6 年时间里，累计义诊 75 次，接诊患者约 29200 人次，免费发放药品及物品价值 90 余万元。参加医疗团志愿服务者从开始的几人增加到

---

① 《青岛市红十字会 2007 年大事记》。

② 《微尘》创刊号，青岛出版社 2011 年版，第 69 页。

③ 青岛市红十字会编：《青岛市红十字会年报 2007》，第 13 页。

④ 《义诊传爱跨越国界》，《山东红十字报》2010 年 4 月。

近 300 人。① 尽管医疗团中韩双方负责人已经换了两任，但是他们这种博爱奉献精神一直在传递着。

如今，中韩医疗团成为青岛志愿服务事业和精神文明建设的亮丽名片，先后获得"青岛市十佳志愿者服务队"、"青岛市优秀志愿者服务队"等荣誉称号。2008 年，中韩医疗团团长金成镇博士荣获"感动青岛十佳人物"称号。2011 年，中韩医疗团获得韩国宁山财团颁发的韩国杰出外交家奖，以表彰医疗团为中韩两国关系发展所作出的杰出贡献。②2012 年，获得中国红十字会颁发的国际人道服务领域唯一"中国红十字志愿服务专业贡献奖"。

第三节　国际交流合作

青岛市红十字会自 20 世纪 80 年代复会以来，特别是进入新世纪以来，随着全球化速度加快，与美国、韩国、日本、英国、朝鲜、蒙古等国红十字会以及国际红十字会和我国的港澳台红十字会进行了经常性访问和交流，从过去的封闭办会走向开放办会，他们与国外红十字会一道，交流、合作、互通、共赢，共同推动国际人道主义精神传播。

一、预防艾滋病项目合作

艾滋病是全球死亡率最高的一种疾病，得病群体以中青年为主，不健康的性生活方式是传播艾滋病的主要途径，因此，在青少年中宣传普及预防艾滋病知识，对于认识艾滋病、减少艾滋病发病率是十分必要的。为此，国际红十字会自 2004 年开始，在山东省开展"预防艾滋病青年同伴教育项目"试点。

① 姜东:《2014 年度"感动青岛"十佳人物事迹今天公布》,《青岛晚报》2015 年 1 月 12 日。

② 蔡勤禹、王永君主编:《山东红十字会百年史》，中国海洋大学出版社 2012 年版，第 181—183 页。

2005年10月31日至11月4日，在国际红十字会和瑞典红十字会资助下，青岛市红十字会举办首期“预防艾滋病青年同伴教育项目主持人培训班”，来自中国海洋大学、青岛理工大学、青岛科技大学等6所驻青岛高校的20名大学生参加了培训。国际红十字会奥德瑞女士、瑞典红十字会西西里亚女士出席。本次培训的20名大学生用一个月的时间，分两个阶段进行培训。第一阶段为期5天，20名学员通过分享信息、观念以及行为技能，采用活泼多样的方式，掌握预防艾滋病的自我保护方法和抵御艾滋病侵袭的能力，并学会主持传播技巧。然后，学员在红十字会的资助下，举办至少10期与本次培训班类似的青年同伴教育活动，在青年同伴中传播预防艾滋病知识和行为技巧。第二阶段为期3天，反馈前期开展同伴教育的信息，讨论他们遇到的问题及解决方式，交流经验，进一步提高他们对艾滋病知识的掌握程度和主持传播技巧，培养他们预防艾滋病的社会责任感、使命感，成为宣传预防艾滋病的重要力量。①

通过与国际红十字会在具体项目上的合作，不仅拓展了青岛市红十字会的服务领域，也提升了青岛市红十字会在国际合作领域的影响力。

二、红十字青少年交流

红十字青少年是红十字重要会员，他们代表着希望和未来，对他们进行人道主义精神传播，使他们成为具有爱心的一代，对于红十字事业及社会发展是十分重要的。青岛市红十字会不仅注重发展青少年会员，还重视红十字青少年的国际交流。

1. 交流青少年工作

青岛市红十字会是国内较早开展国际交流的组织。1982年5月22日，加拿大纽芬兰城学校红十字青少年访问青岛，并赠送给青岛市红十字青少年“友谊纪念册”，贵州路小学与朝城路小学代表全市红十字青少年回赠“青岛市红

① 《预防艾滋病青年同伴教育主持人培训班在青岛举行》，《山东红十字报》2005年11月10日。

十字青少年纪念册”。1984 年，日本名古屋市小学青少年红十字会来青岛访问，与济宁路小学互赠纪念品，中日双方红十字青少年结下友谊纽带。[①]

进入 90 年代以后，随着改革开放的深入，青岛红十字青少年与国外交流进一步频繁。1994 年 10 月，日本红十字会代表团来青岛访问，代表团到嘉峪关小学参观了红十字青少年活动。1996 年 3 月，日本九州红十字急救技术交流团访问嘉峪关小学，嘉峪关小学红十字青少年向日本客人演示了初级急救技术，小学生认真准确的操作给客人留下了深刻印象。[②]2001 年 10 月，美国红十字会马霍宁市分会主席黄金颖来青岛市红十字会访问，美国客人专门考察了市红十字会青少年工作。2004 年，韩国大邱市红十字青少年代表团来青岛市访问，双方就红十字青少年工作进行了友好交流，韩国客人参观了青岛青少年工作开展情况。

交流促进友谊，通过接待来青岛访问的国外红十字青少年，中外互相交流了红十字青少年工作和经验，有助于推动青岛红十字青少年工作更好地开展。

2. 中韩红十字青少年国际交流营

青岛市红十字青少年在 2010 年首次跨国出访韩国，此后与韩国大邱市红十字会连续数年举办“中韩红十字青少年国际交流营”活动，深化了两国青少年间友谊。下面以 2012 年 8 月 13—17 日的青岛——大邱红十字会青少年国际交流营为例，来展示一下两国红十字青少年交流内容（见图 10—4）。本次交流活动在韩国大邱市举行，参加夏令营的有青岛市红十字青少年和大邱市红十字青少年共 30 人。中方交流营成员 8 月 13 日到达大邱后，晚上由大邱市红十字会安排就餐，了解韩国饮食文化。

在大邱市期间，红十字青少年营员们参观了大邱市民安全主题公园。该公园建造的原因是 2003 年地铁里发生的一场火灾，一名精神分裂者纵火导致 134 人死亡 200 多人受伤。为了吸取惨痛教训，增强公民安全防范意识，建造了这个安全主题公园。交流营队员到模拟地铁上，学习在地铁车门关闭情况下

① 青岛市史志办公室编:《青岛市志 · 社团志》，新华出版社 1997 年版，第 331 页。

② 《青岛市红十字会大事记》（未刊稿）。

图 10—4　2012 年，青岛——大邱红十字会青少年国际交流营在韩国大邱市举行

如何手动打开地铁车门，沿安全指示标识，在充满烟雾和停电的情况下快速安全地逃离火灾现场。接着他们学当“紧急救护员”，学习如何开展心肺复苏和咽喉异物排出演示；还参加了地震逃生演习，通过模拟训练装置系统来学习室内地震情况中的行动要领。在大邱市，营员们还参观新罗千年公园，在桐华寺学习韩国茶道。①

中韩两国红十字青少年交流使中国青少年初步了解了韩国应对突发事件的措施办法和急救知识，体验了韩国的风土人情，增进了中韩两国青少年友谊。

三、建立友好红十字会

青岛市红十字会在对外交流过程中，逐渐确立了与国外一些城市的红十字会建立长期稳定交流的模式，即建立友好红十字会，这是中外红十字会交流的

① 以上资料见姚文亭：《中韩红十字交流营闭营》，《青岛财经日报》2012 年 9 月 11 日，A14 版。

较高形式。

（一）与马霍宁市红十字会友好合作

青岛市红十字会与美国红十字会马霍宁分会已有十多年交流史。2001 年，美国红十字会马霍宁分会黄金颖主席访问青岛市红十字会，双方就红十字会的友好交往内容进行了广泛交流，并就建立友好红十字会关系签署了备忘录。后经过两年协商，2002 年 10 月 14 日双方签署了建立友好红十字会的合作协议，打开了两会合作交流的新局面。此后，每两年双方就进行一次访问，增进交流与合作。2003 年 11 月，青岛市红十字会与山东省红十字会组团赴马霍宁市进行了访问，双方在募捐救助、救护培训、红十字青少年等方面的合作进行了交流。2006 年，马霍宁市红十字会一行 8 人访问青岛，与青岛市红十字会在救护培训、紧急救援车辆建设等方面达成了合作意向。[①] 这是双方自建立友好红十字会以来进行的第三次互访。[②]2007 年 10 月 30 日至 11 月 6 日，青岛市红十字会访问马霍宁市红十字会，就水上救护培训、灾难紧急救援、奥运志愿服务及红十字青少年等方面进行交流。[③] 这种稳定的长期的交往方式是推进红十字国际交流的有效方式，也是推进中美民间外交的积极手段。

（二）与大邱市红十字会友好合作

青岛市与韩国大邱市是友好城市，青岛市红十字会在这样的友好环境下，与大邱市红十字会保持着经常交流，交流内容涉及急救、志愿者、红十字青少年等诸多领域。2003 年 12 月，青岛市红十字会与大邱市红十字会签署协议，正式缔结友好合作关系。此后，每年两市红十字会进行访问交流，围绕着双方关注的问题和红十字工作展开交流与合作，比如，2004 年大邱红十字青少年代表团访问青岛市红十字会，促进红十字青少年交流；2005 年两市红十字会共

---

① 青岛市史志办公室编:《青岛年鉴 2007》，青岛年鉴社 2007 年版，第 313 页。

② 以上内容引自《青岛市红十字会 2001—2006 年工作情况汇报》，未刊稿。

③ 青岛市红十字会编:《青岛市红十字会年报 2007》，第 13 页。

图 10—5　2013 年 11 月 18 日，青岛市副市长兼市红十字会会长会见韩国大邱红士字会会长南星姬，共庆两会结好 10 周年。

同举办水上救护培训演练和奥运志愿服务论坛；青岛市红十字会医院与大邱市红十字会医院签署友好合作协议。2006 年 6 月，两市红十字会续签友好协议、红十字青少年交流、两地红十字会血液中心交流、农村红十字工作、奥运志愿服务、水上救生培训等方面形成初步合作意向。这是双方自 2003 年建立友好合作关系以来进行的第四次互访。①2007 年 10 月，双方续签了新一轮合作协议，开拓了 Homestay 红十字青少年交流项目。②2011 年 10 月 22 日至 25 日，大邱市红十字会在会长南星姬带领下访问青岛，代表团到胶南市王台镇逄猛王村考察了正在村内义诊的青岛红十字中韩医疗团，观看了蓝天救援队救援演练活动。双方对两会之间的友好往来进行了回顾，就红十字募捐筹资、志愿服务、应急救援等工作进行了充分交流，还就如何进一步加强交流互访达成了共

① 以上内容引自《青岛市红十字会 2001—2006 年工作情况汇报》，未刊稿。

② 青岛市红十字会编：《青岛市红十字会年报 2007》，第 13 页。

识。[①]2013 年 12 月是两会友好合作十周年，双方举行了纪念会，进一步交流了在捐赠信息公开、志愿者管理、红十字青少年工作等方面的经验做法，深入探讨了两会在应急救援志愿者队伍建设、红十字青少年工作委员会之间合作项目，为双方未来交流合作达成了一致意见（见图 10—5）。[②]

青岛市红十字会通过与国外红十字会建立更加紧密的合作关系，双方互访交流，加深了友谊，增进了合作，开阔了视野，促进了双方红十字事业发展。

四、中非红十字会交流合作

中非人民在漫长的历史岁月中结下了深厚的友谊，为了进一步推进中非之间在人道主义领域合作，加大对非洲的人道主义援助，全面推进中非新型战略伙伴关系发展，不断谱写中非友好合作的新篇章，2012 年 5 月 8 日，由中国红十字会、商务部、江苏省人民政府共同举办的中非国家红十字会合作论坛暨中非国家红会能力建设研讨班在江苏太仓启动。全国人大常委会副委员长、中国红十字会会长华建敏，红十字国际委员会总干事伊夫·达科尔，以及来自红十字会国际委员会、红十字会与红新月会国际联合会和 20 多个国家和地区红十字会的代表，各省级红十字会、铁路系统红十字会和香港特别行政区红十字会的代表共 500 余人参加活动。[③] 青岛市红十字会作为特邀代表参加这次高规格国际论坛。

在这次会议上，青岛市红十字会不仅分享了国际组织间合作的有效成果，还与塞内加尔红十字会建立起合作关系。会议期间，青岛市红十字会常务副会长李然与中国红十字会总会秘书长王汝鹏会见了塞内加尔红十字会会长阿卜杜勒·迪亚洛和秘书长阿利乌·巴（见图 10—6）。王汝鹏秘书长表示："我很高兴地把中国红十字会青岛分会的领导人介绍你们认识，希望通过我们的牵线搭

① 《市领导臧爱民会见韩国客人》，2011 年 10 月 23 日，青岛网络电视台—新闻，见 http://news.qtv.com.cn/system/2011/10/23/010037749.shtml。

② 青岛市史志办公室编：《青岛年鉴 2014》，青岛年鉴社 2014 年印，第 354 页。

③ 《中非人道领域将建立常态化合作机制》，中国红十字会网，2012 年 5 月 15 日，见 http://www.redcrossol.com/html/2012-05/99709268.html。

图 10—6 在中非国家红十字会合作论坛期间，中国红十字会秘书长王汝鹏（左二）和青岛市红十字会常务副会长李然（右二）与塞内加尔红十字会会长阿卜杜勒·迪亚洛等合影

桥，使两国红十字会的地方分会之间能够建立起友好合作关系。我相信，青岛市红十字会将会积极参与中塞两国红会间的双边交流，并将尽其所能为中塞红十字会间的合作提供力所能及的帮助。”迪亚洛会长对中国红十字会此前提供的人道主义援助表示衷心感谢。他说，中国不仅给他们提供了物资、设备方面的支持，还帮助培训了塞内加尔红十字会的两名工作人员，这次又介绍青岛市红十字会与我们的地方分会建立友好合作关系，是对我们的很大帮助和支持，我们愿意与中国红十字会及其青岛分会加强沟通，期待在更多的领域开展合作与交流。①

为了落实中非红十字会之间达成的协议，2013 年 8 月，青岛市红十字会对塞内加尔和贝宁两国红十字会进行访问。与塞内加尔红十字会就双方正式建

---

① 《王汝鹏会见塞内加尔红会会长迪亚洛》，中国红十字会网站，2012 年 5 月 11 日，见 http://www.redcrossol.com/sys/html/lm_3/2012-05-11/110943.htm。

立起友好红十字会关系，在备灾救灾、应急救援、志愿服务和红十字青少年等方面合作交流，开展相互学习和借鉴。[①] 作为中国第一支走进非洲的地方红十字会，青岛市红十字会代表团此次访问增进了友谊，加深了了解，丰富和提升了中非合作的内容和意义，使得红十字会的民间外交重要渠道的职能和作用得到加强。同年 12 月，青岛市红十字会接待了来自非洲加纳、喀麦隆等 11 个国家红十字会和红新月会参加“发展中国家红十字会社区发展能力建设研修班”24 名学员。学员们在青岛实地考察了市南区珠海路澳门路社区红十字备灾仓库，详细了解仓库应急逃生设备和救援物资配备情况，观看了博爱驿站图片展示，听取了市南红十字天使救援自行车队的情况介绍。[②] 通过互访加深了中非红十字工作的交流合作。

通过中非国家红十字会合作论坛和中非红十字会之间互访，青岛市红十字会不仅在国际合作舞台上结交了新的朋友，还巩固了中非之间传统友谊，宣传展示了青岛红十字会，为今后双方在人道领域国际合作，推进红十字会民间外交发挥了更大作用。

五、文化交流

青岛市红十字会在国际交流中，不仅从事着人道主义救助方面的经验交流和实践活动，还将国际红十字文化引进来，在青岛进行传播。

2010 年 10 月是国际红十字会创始人亨利·杜南逝世 100 周年。为了纪念亨利·杜南，同年 11 月，青岛市红十字会邀请亨利·杜南的后裔亨利·杜南研究会副会长、杜南－莫瓦尼埃协会副会长贝尔纳· 杜南先生（Bernard Dunant）等一行四人到青岛市访问。他们在青岛期间，举办了 4 场讲座，向青岛市大中学生介绍了红十字诞生和国际红十字会活动(见图 10—7)。[③] 报告会上，

---

① 《市红十字会访问团赴塞内加尔、贝宁开展友好访问》，青岛市红十字会网站，2013 年 8 月 9 日， 见 http://www.qdredcross.org.cn/News/NewsView.aspx?guid=b81404d3-4bfe-413e-bda2-6b34511a9b3d&flag=% E5% 9B% BD% E9% 99% 85% E4% BA% A4% E6% B5% 81

② 青岛市史志办公室编:《青岛年鉴 2014》，青岛年鉴社 2014 年版，第 354 页。

③ 青岛市史志办公室编:《青岛年鉴 2013》，青岛年鉴社 2014 年版，第 363 页。

图 10—7　2010 年，贝尔纳·杜南（左二）等在青岛参加纪念亨利·杜南逝世 100 周年报告会

贝尔纳·杜南先生讲述了亨利·杜南辉煌而坎坷的一生，并展示了亨利·杜南的亲笔书稿等珍贵遗物。通过巡回演讲，让更多的人群尤其是青少年人群更深刻理解人道主义及对生命的尊重与关怀，认识了红十字会的历史和庄严使命，更真切地理解了杜南先生所倡行的人道救助事业神圣和光荣，激励公益事业工作者和广大民众弘扬人道精神，学习国外先进理念及做法，积极投身人道主义事业，促进青岛市公益事业的持续健康发展。在讲座间隙，两位作者还参观了青岛幸福之家融合教育中心、弘益齿科、红十字蓝天救援队等志愿者基地和组织，对青岛市红十字会开展的各类救助项目给予充分肯定。

为了将国际红十字运动创始人亨利·杜南和古斯塔夫·莫瓦尼埃的事迹让国人更多地了解，2011 年，青岛市红十字会与日内瓦人道研究中心合作，首次将罗歇·迪朗撰写的《红十字之父——亨利·杜南传》和弗朗索瓦·比尼翁的《红十字之魂——古斯塔夫·莫瓦尼埃传》翻译成中文。

青岛市红十字会还组织翻译出版《亨利·杜南》、《莫瓦尼埃》，使人们了解国际红十字运动的由来。两本传记的主人公一位是作为红十字会创始人亨利·杜南，另一位是首任主席古斯塔夫·莫瓦尼埃。这两位伟人的聚首，促成了红十字会和人道法，诠释了人性的真实和伟大，一份人生意义的启迪，一粒人道种子的萌芽，一份不懈力量的源泉。他们在告诉我们，无论死亡、洪水，已经发生的和即将到来的事情，都无法将我们和人类最伟大的爱隔开。正如红十字运动一旦诞生，便生生不息。

2014 年 12 月，青岛市红十字会又与红十字国际委员会东亚地区代表处合作，将弗朗索瓦·比尼翁所著《红十字国际委员会与保护战争受难者》首次引进国内翻译出版发行。该书从历史、司法、政治学等多学科的角度阐述了国际人道法和红十字国际委员会行动之间的逻辑关系，以历史学家的笔法再现了给国际人道法留下印记的冲突的演进过程，研讨了红十字国际委员会针对四大类受保护人群提供的服务以及采取的行动，厘清了红十字国际委员会根植于国际公法的权利和义务以及在面对各国时行使该权利义务的能力。

通过以上叙述可以看到，青岛市红十字会在多个领域进行国际交流与合作，既增进了双方了解，深化了友谊，又宣传了青岛红十字文化，传播了人道主义精神，推动了青岛红十字运动发展。

结　语

青岛红十字会从 1914 年诞生至今已经走过了整整一百年，青岛已发生了沧桑巨变，青岛红十字会见证了青岛发生的变化，为这座城市的发展作出了不可磨灭的贡献。

一、从青岛红十字会历史看其地位和作用

青岛正式开埠于 1898 年，此后一些中外团体在这个新兴城市陆续建立，青岛红十字会是青岛第一个由中外人士联合成立的组织，其成立之初就体现出红十字会的无国界的人道主义特点，也体现了青岛这一殖民地城市在近代的国际性和开放性特点，青岛红十字会成为展现青岛融合开放性的一个平台。

在青岛红十字会发展历史上，有许许多多的人为它的建立和发展作出贡献，他们有的是青岛商界名流，有的是热心中国文化的传教士，有的是岛城名医，有的是辛亥志士，有的是政治精英，他们出于对青岛红十字事业的热爱，带领着志同道合的热心人士与公益人士，为这座城市的社会发展和民生幸福，为弘扬“人道、博爱、奉献”的红十字文化，作出了重要贡献。

青岛红十字会成立于硝烟弥漫的战争时期，拯灾救难、救死扶伤是其天职。第一次世界大战时，唯一的远东战场青岛陷入日德争夺旋涡，为了救护伤

员和饱受战火蹂躏的百姓，青岛红十字会应运而生，尽管没有固定的场所和充分的救生器材，没有多少会员，但他们在红十字的旗帜下，中外人士并肩努力，给无辜市民提供避难场所，为受伤士兵提供医疗救助，使红十字的旗帜第一次在青岛飘扬，国际人道主义精神在青岛开始传播。此后，只要青岛及周边有战事发生，青岛红十字会的身影就会出现。特别是抗日战争期间，青岛红十字会受到严重冲击，人员离散，设备破坏，但是，他们组织的救护队仍在胶州与高密一带，风餐露宿，坚持 8 年，进行战地救护，为抗日战争最后胜利作出宝贵贡献。

近代青岛社会问题众多，贫穷和战争导致的街头流浪乞讨问题、难民问题等不少，这一切需要政府和社会下大力气应对，方能减缓社会动荡。青岛红十字会作为人道主义团体，救助困难群体是其人道主义服务的又一体现。每年夏天，他们会进行定时定点医疗巡逻，对于中暑患病者及时进行救助。会长宋雨亭更在每年的“端午”至“中秋”期间于青岛各主要路口、街亭等设立饮水供应点，以备行人和运输工人饮用。他们的行动使处于积贫积弱时代的人们感到一丝温暖，看到人道的阳光。

青岛红十字会不仅在青岛进行人道主义活动，外埠发生天灾人祸时，它也会伸出援手，给予救助。无论是山东境内的水旱灾害，还是外省的大灾大难，青岛红十字会或派出人员去参与救济，或在青岛街头募捐，筹集善款，施以救援。当国外发生重大灾难时，青岛红十字会也以国际人道主义精神，伸出援手。1923 年日本关东大地震发生后，青岛红十字会在岛城与众多慈善团体联合募捐救助日灾，谱写了一曲国际人道主义赞歌。20 世纪 50 年代抗美援朝期间，青岛红十字会组织医务人员，参加中国红十字国际医疗服务大队，奔赴前线，救助朝鲜受难人员和战场伤员，赢得朝鲜人民的崇高敬意，被称为是朝鲜人民的“高贵的生命之恩人”。

哪里有灾难，哪里就有青岛红十字会身影，青岛红十字会高扬人道主义旗帜，为成千上万需要救助的人提供帮助，为青岛社会的良性发展提供了有力支持。

二、从当代青岛发展看青岛红十字会地位和作用

青岛红十字事业已经融入青岛社会，青岛社会文明建设凝聚着青岛红十字会人的心血。在青岛建设小康社会中，青岛红十字会在加强和创新社会管理、保障和改善民生、参与基本公共服务建设中发挥了积极作用。

青岛红十字会作为人道主义团体，其服务领域已经从过去救死扶伤的人道救助发展到更广阔的领域，服务社会的功能日益增强。他们利用报纸、电视、出版、影视等各种媒体，采取多种多样形式宣传人道主义精神，使“人道、博爱、奉献”的红十字精神在青岛到处飘扬，关爱他人成为一种社会风尚，社会到处涌动着爱的浪潮。“微尘”在青岛的出现不是偶然的，她是红十字博爱、奉献精神长期孕育的结果，她是青岛红十字会播下的人道之花结出的果实，她感动了青岛，感动了中国，促进了青岛社会风气和人们精神气质的提高。青岛红十字会通过实际行动，传播红十字文化，繁荣了青岛的精神文化，传递了社会正能量，提高了市民道德素质，推动了青岛精神文明建设。

青岛红十字会围绕着青岛市经济社会发展，协助政府做好民生工作，实行人道主义救助，以改善最易受损害群体境况为宗旨，以惠及民生为重点，大力开展募捐救助工作，弥补了政府在公共服务方面的不足，发挥了人道领域政府助手的作用。

青岛红十字会发挥在医疗卫生领域的独特优势，常年义务地为青岛市许多单位、志愿者和广大群众普及卫生救护知识，培养训练红十字会救护员，使数十万人获得了基本的救护知识，从而提升了社会成员在事故灾害中自救、互救和现场急救能力，在建设宜居青岛过程中，为人们生命健康起到保驾护航作用。

青岛红十字会通过探索服务社会的内容和方式，更好地发挥公益组织服务民生的目标。他们广泛宣传、动员、组织公民义务献血，普及献血知识，使青岛市成为全国无偿献血先进城市，结束了城市血源不足历史。他们开展造血干细胞捐献、遗体和人体器官捐献活动，使病患者生命得以延续或生命质量得以

提升。他们将青少年作为红十字会发展的基础，吸收青少年会员，建立红十字学校，开展红十字青少年工作，从小就在孩子们心中培养起人道主义精神。

青岛红十字会在促进民间友谊，开展民间外交方面发挥了独特作用。他们与多个国家的红十字会建立经常性的交往，与国际红十字会保持往来，从而促进了国际交往与友谊。

青岛红十字会百年走来，遵循国际红十字运动七项基本原则，依照中国参加的日内瓦公约及其附加议定书，在开展人道救助、反映民生诉求、化解社会矛盾等方面发挥独特作用，为青岛经济社会发展作出了重要贡献，成为青岛社会建设的一支不可或缺的力量。未来青岛红十字会一定会秉承历史，谱写更加辉煌的篇章，为青岛市社会发展作出更大贡献。

附录一　青岛市红十字会历任名誉会长、会长、副会长

任职时间	名誉会长	会长	副会长
1914		卫礼贤	
1922		张清江	
1923		左雨农	
1928	蓝田	李涵清	姚中拔
1932	沈鸿烈	宋雨亭	姚中拔
1933	沈鸿烈	程伯良	姚中拔
1935	沈鸿烈	宋雨亭	姚中拔
1939		李涵清	
1945	李先良	宋雨亭	赵士英、姜黎川
1949		曾让之	
1951		程伯良	
1952		陈志藻	章拯民
1960年代初		周力士	
1980		韩洪勋	李景斋、孙思哲、殷树萍、丁石岩、初守琨、王念斌、吕兴东
1985		施稼声	刘伯云、高瑞玺、殷树萍、孙思哲、刁春堂、殷树明、郑世侗、高衍裔、程光恒
1991	韩洪勋、施稼声	程友新	
1995	韩洪勋、施稼声	周迪颐	刘志远、孙志周、臧爱民、邢厚仁、李殿芳、李刚、于福令、张瑞臣、王守境、王维田、曲伦斌、周洪德
2004	夏耕	臧爱民	刘丽萍、田云南、丁钢

续 表

任职时间	名誉会长	会长	副会长
2008	夏耕	王修林	李然、丁钢、苏海音
2012		栾新	李然、丁钢、苏海音
2014		栾新	李然、丁钢、刘子升

附录二　大事记（2006—2014）

2006 年

1 月 18 日，国际红十字志愿者金金龙、无偿献血状元万雪芳荣获 2005 年度“感动青岛”十佳人物称号，其中金金龙女士成为获奖者中唯一的外籍人士。

1 月 19 日，山东省红十字会六届五次理事会在济南召开。会议总结了 2005 年工作，研究部署了 2006 年工作。青岛市红十字会进行题为《精心打造微尘爱心品牌推动红十字工作实现新跨越》的经验介绍。

1 月 19 日，青岛市红字会六届三次理事会召开。会议总结了 2005 年工作，部署了 2006 年工作任务，表彰了 2005 年度公益事业捐赠者、2005 年度优秀红十字志愿者服务基地、红十字志愿服务项目和星级红十字志愿者以及 2004—2005 年度青岛市红十字工作先进集体、先进个人，调整增选部分理事。市政府副秘书长白光昭主持会议，副市长、市红十字会会长臧爱民出席会议并讲话。

1 月，无偿献血者戴黎、万雪芳，造血干细胞捐献者鄢丽、徐洪春、郭庆广、任鹏获得青岛市 2005 年度文明市民荣誉称号。王恺、郑强、鄢丽、徐洪春、郭庆广、任鹏等六位捐赠者被山东省红十字会授予荣誉会员称号。

1 月，“微尘”荣获山东省 2005 十大新闻人物称号。

2 月 13 日，启动健康博爱送万家工程，由青岛市红十字会资助，市红十字医院、红十字团体会员单位实施医疗服务，各区市红十字会提供需要救助的患者名单。市红十字会从微尘救助金中出资 10 万元，用于市中心医院免费为特困人群查体项目，继续启用瑞康造血干细胞专项基金开展造血干细胞移植救助项目；出资20万元分别用于市人民医院、胶州中心医院实施“红十字光明行动”贫困白内障患者救助项目；出资10万元用于市海慈医疗集团实施对股骨头坏死全髋置换手术救助项目；在市妇女儿童医疗保健中心继续实施中韩联合救助贫困心脏病儿童项目。

3月3日，在全市志愿者工作会议上，红十字志愿者崔相朝（韩籍）获青岛市杰出志愿者称号，青岛国际红十字志愿者服务队获青岛市十佳志愿者服务队称号，王恺等3名红十字志愿者获青岛市优秀志愿者称号，青岛理工大学大学生红十字志愿服务团、青岛国际红十字志愿者服务队分别获得青岛市优秀志愿者服务队称号。

3月5日，中国志愿者日，市红十字会举行“博爱”杯红十字新闻奖颁奖仪式，25名新闻记者分别获得特别奖和优秀奖证书。新闻志愿者队在仪式上宣布成立。青岛电视台、青岛电台、青岛日报、青岛早报、青岛晚报、财经日报、青岛有线新闻网，以及半岛都市报、齐鲁晚报的20多名记者成为红十字新闻志愿者。

3月9日，中国红十字会总会来青调研即墨市红十字会在“新农合”制度建设中的作用。

3月9日，下发《关于做好遗体（器官）捐献工作的通知》，把遗体捐献登记工作下放至区市红十字会，方便了市民登记。

3月13日至3月16日，市红十字会党组书记、常务副会长刘丽萍带队赴广东省进行红十字会地方立法调研。

3月4日至19日，在台东步行街、李村广场、四方利群广场等商业繁华区和人流密集区开展捐献遗体（角膜）宣传暨万人签名活动。

3月30日，市红十字会组织召开全市红十字会信息宣传工作培训会。市红十字会机关工作人员，区市红十字会分管领导和信息宣传工作负责同志参加会议。

3月30日，山东省第十二例、青岛市第十例造血干细胞捐献者王甜甜成功实施捐献。

4月3日，市红十字会出资10万元用于市海慈医疗集团实施对股骨头坏死全髋置换术救助项目。

4 月 14 日，“模拟家庭”大学生红十字志愿服务项目被市文明办评为“青岛市 2005 年度精神文明建设好事”之一。

4 月 14 日，无偿献血者协会理事会召开。会上讨论通过协会 2006 年度工作规划。

4 月 18 日，中央政治局常委李长春在《人民日报》头版批示：微尘是我们社会的正气之歌。

4 月 22 日至 23 日，红十字国际联合会代表杨和唐娜等一行四人来青岛市考察了青岛理工大学和青岛科技大学的青年同伴教育活动开展情况，对青岛市的工作给予了充分肯定。

4 月 24 日，中央电视台新闻联播播放微尘事迹。

4 月 24 日，联合市卫生局为资助新农合开展募捐，募集善款 20 万元，全部用于资助农民新农合救助工作。

4 月 25 日，首场微尘先进事迹报告会在市级机关会议中心举行，市委副书记王文华在讲话中要求全市各级各部门各单位要把开展向微尘学习的宣传教育活动作为深化文明城市创建工作的一项重要内容抓紧抓好。

4 月 28 日，市十三届人民代表大会常务委员会授予金金龙女士“青岛市荣誉市民”称号。

5 月 5 日，人民日报海外版头版讲述《微尘感人故事》。

5 月 6 日，中央电视台经济半小时讲述微尘。

5 月 9 日，红十字新华锦博爱义卖店成立。

5 月 10 日，由中国民生银行青岛分行、青岛市红十字会、青岛市卫生局、青岛市市立医院联合资助 10 万元启动关注民生——健康博爱送万家肾移植救助项目。

5 月 11 日，全市创建社区红十字服务示范区（市）工作先进单位表彰暨现场观摩会举行。省红十字会党组书记、常务副会长张心宝及市民政局、市卫生局、市文明办有关领导出席仪式。

5 月 10 日至 12 日，省红十字会常务副会长张心宝一行 4 人前来调研青岛市社区红十字服务工作。

5 月 15 日，联合市教育局在全市教育系统开展救助特困学生募捐活动。募集善款 12 余万元，全部用于特困生的救助。

5 月 18 日，中国红十字会会长彭珮云，山东省副省长、红十字会会长王军民亲笔致信高度评价微尘精神。

5 月 18 日，市政府首届慈善大会召开，市红十字会初级救护志愿者服务队、国际红十字志愿者服务队和红十字志愿者谭美青分别获得志愿服务类的“青岛慈善奖”。

5 月 18 日，青岛酒店管理学院成立红十字志愿者服务基地，动员红十字志愿者开展募捐救助和捐献造血干细胞活动，拉开了全市教育系统资助贫困生募捐和骨髓库紧急扩容工作的序幕。

4 月 25 日至 5 月 25 日，开展以“争做微尘、奉献爱心”、“关爱农民、关爱健康”、“红十字在行动”为主题的“微尘博爱月”活动，掀起了红十字事业宣传高潮。

5 月，微尘先进事迹报告会在全市巡回演讲 25 场，在社会上引起强烈反响。

5 月 30 日至 6 月 9 日，市红十字会党组书记、常务副会长刘丽萍带队访问台湾红十字组织。双方就水上安全、备灾救灾、红十字志愿服务、救护培训等方面进行交流，达成初步合作意向。

6 月 1 日，组织康复的贫困心脏病儿童召开运动会、见面会。

6 月 10 日，无偿献血进校园活动在青岛滨海学院启动。

6 月 11 日，无偿献血者协会 400 余名会员举行以“我健康、我献血、我快乐”为主题的无偿献血者海滨健步行活动，庆祝无偿献血者日。

6 月 15 日，全省红十字青少年工作会议上，市红十字会作了题为《统筹规划，形成合力，推动学校红十字工作全面协调发展》的典型发言，青岛市贵州路小学作了题为《爱，让我们在一起》的学生预防艾滋病课件表演。

5 月 10 日至 6 月 23 日，全市 4019 人捐献造血干细胞血样，完成中华骨髓库紧急扩容采样任务。

6 月 19 日至 23 日，市红十字会副会长丁钢带队访问韩国红十字会总会及韩国大邱广域市红十字会。两地红十字会在续签友好协议、红十字青少年交流、两地红十字会血液中心交流、农村红十字工作、奥运志愿服务、水上救生培训等方面形成了初步合作意向。这是双方自2003年建立友好合作关系以来进行的第四次互访。

6月28日，我国第一个水上救护培训基地在太平角一路亮亮游泳俱乐部成立，我国第一支奥帆赛水上救护志愿者队同时组建成立。副市长、市红十字会会长臧爱民出席成立仪式。

8月1日，市长、市红十字会名誉会长夏耕为韩国驻青岛总领事馆总领事夫人、市红十字会“博爱大使”、国际红十字志愿者金金龙颁发“青岛市荣誉市民”证书。

8月2日至6日，无偿献血者协会中的自行车爱好者自发组成了无偿献血者骑行宣传队，深入部分区市进行无偿献血知识的宣传。

8月22日，省红十字会副会长王志民来青岛调研微尘品牌发展情况。

8月22日，第十六届青岛国际啤酒节“爱与分享——人道、博爱、奉献”红十字会专场晚会举行。

8月22日至25日，组织开展第八届大学生红十字会夏令营，全市16所学校的37名师生参加。

8月17日至31日，2006青岛国际帆船赛期间，市红十字会与卫生局合作，共同招募了262名应急志愿者在全市131个站点为游客、市民、外宾提供初级救护志愿服务。招募、筛选12名水上救生志愿者为运动员提供水上救生志愿服务，成为我国第一支参加国际帆船赛事水上救护服务的红十字志愿者队伍。

8月28日，《文明中国》在青岛进行“微尘”访谈。

8月28日至31日，东亚地区红十字会领导人会议在青岛市召开，中国红十字会党组书记、常务副会长江亦曼，日本红十字会会长近卫忠辉，朝鲜红十字会常务副会长白永浩以及蒙古、韩国红十字会领导人参加会议，红十字与红新月联合会、红十字国际委员会分别派员参加。会议期间各国红十字会领导人全面调研市南区社区红十字服务和奥帆赛红十字志愿服务等工作情况。副省长王军民、市长夏耕和副市长臧爱民分别会见了各国红十字会领导。

8月31日，微尘先进事迹报告会在济南南郊宾馆举行。省委常委、宣传部长王敏到会听取了报告，并代表省委、省政府做了重要讲话。副省长、省红十字会会长王军民主持报告会。

8月25日至9月1日，全市红十字系统开展“社区减灾平安行活动周”活动，发挥红十字会在社区减灾中的作用，提高居民自救互救能力，促进平安青岛建设。

9月9日，18名青岛理工大学志愿者与6名老人举行“模拟家庭”协议签字仪式，又组建6个“模拟家庭”。

9月8日至10日，青岛市红十字会救护培训工作经验在全国救护培训工作大会进行交流。市红十字会被评为全国红十字卫生救护工作先进单位。

9月14日，新华社动态清样讲述“微尘—— 一座城市的爱心故事”。

9月15日，市红十字会获得“中国网通2006青岛国际帆船赛突出贡献奖”。

9月18日，驻青岛韩国友人李锡哲、杨蓉儿进行志愿捐献遗体登记，开创了岛城外籍人士捐献遗体的先河。

9月5日至20日，微尘先进事迹报告会在威海、淄博、泰安、日照等市巡回5场。

9月25日，中国红十字基金会接收喜来健公司捐款20万元在莱西孙受镇建立博爱卫生院。

9月26日，台湾血液基金会人员考察青岛市无偿献血工作情况。省红十字会副会长王志民陪同考察。

9月27日，中国红十字会总会报刊宣传工作会议在北京召开。青岛市、即墨市、崂山区红十字会获得报刊工作先进单位称号。

9月27日，在中国红十字会总会报刊社“政府、媒体、企业与发展公益事业论坛”上，市红十字会副会长丁钢作题为《联手媒体 真情互动 精心打造微尘爱心公益品牌》的讲话。

10月13日至17日，市人大常委会教科文卫工作室、市红十字会、市政府法制法办有关人员赴甘肃省调研《甘肃省实施〈中华人民共和国红十字会法〉办法》的制定与实施情况。

10月18日，莱西市红十字会“健康博爱送万家——关爱库区妇女健康”启动仪式举行。共募集16万救助金，用于53名特困家庭白内障患者及库区移民村40名患子宫肌瘤的贫困妇女进行手术治疗。

10月21日，RH（—）献血者联谊会召开。

10月21日至22日，全国社区红十字服务示范区市创建评审组来青岛市检查考核青岛市和市南区、市北区、四方区、李沧区创建全国社区红十字服务示范市、示范区工作。副市长、红十字会会长臧爱民会见了评审组一行。

10月24日至27日，美国马霍宁市红十字会代表团一行8人访问了市红十字会。双方在救护培训、紧急救援、车辆建设以及回访时间等方面达成初步合作意向。这是双方自建立友好红十字会关系以来，双方进行的第三次互访。

10月25日，山东省第17例、青岛市第11例造血干细胞捐献者周淑玉实施捐献。市长、市红十字会名誉会长夏耕到医院看望慰问。

10月27日，市红十字会、市人大教科文卫委员会、市政协社会法制委员会、市司法局、市政府法制办公室联合组织参加中国红十字会“五五”普法动员电视电话会议。副市长、市红十字会会长臧爱民部署全市红十字会法普及宣传和组织实施工作。

10月28日，全市机采成分献血者联谊会在疾控中心召开。

10月29日，中央电视台《文明中国》讲述微尘故事。

11月1日，市红十字会被评为省级档案管理二级单位。

11月12日，青岛大学医学院举行青岛大学红十字志愿者协会成立仪式，并启动了青岛奥帆赛初级救护志愿者培训启动仪式，着手筹备2007奥帆测试赛、2008年奥帆赛的初级救护志愿者的培训工作。

11月16日，省红十字会第七次会员代表大会在济南召开。市红十字会党组书记、常务副会长刘丽萍等7名代表参加。市南区、即墨市红十字会被评为全省红十字系统先进集体，丁钢、岳立成、于青被评为全省红十字系统先进个人。

11月21日，市红十字会、教育局、卫生局、团市委、文明办、关工委共同召开了全市学校红十字工作暨争创全省红十字模范校动员会。市南区学校红十字工作委员会以及中国石油大学（华东）、即墨28中、贵州路小学做了大会典型发言；下发了评选全市红十字学校、争创全省红十字模范校的通知；对全市235名家庭贫困、品学兼优的中、小学生发放了红十字奖学金，金额总计65100元。

11月25日至26日，市委宣传部、文明办、市红十字会、市民政局、市卫生局、市教育局与青岛美食主义俱乐部联合举办“微尘传真情 博爱遍岛城”关注少儿白血病患者大型义演义卖活动。

11月26日，市红十字会与教育局联合组织第七届青岛高校大学生红十字演讲比赛。

11月28日，开展红十字博爱送万家活动，发放价值73万元物资。

12月4日，市红十字会被评为全市党政人才信息库建设先进单位。

12月5日，市红十字会资助即墨市红十字会启动“爱润肺腑——即墨市结核病医疗救助行动”。

12月12日至13日，全省红十字宣传工作会议在潍坊召开。市南区红十字会做典型发言。青岛市、市南区、崂山区红十字会被评为宣传工作先进单位。

11月15日至12月15日，青岛科技大学开展“红丝带温情月”主题活动，结合“人道、博爱、奉献”的红十字精神对高校大学生进行卫生防病、初级救护、预防艾滋病知识等宣传、培训。2006年各高校共组织10期“艾滋病同伴教育培训班”，200余名大学生直接受益。

12月25日，青岛市获得中国红十字总会与民政部联合授予的全国社区红十字服务示范市称号，市南区、市北区、四方区、李沧区红十字会获得全国社区红十字服务示范区称号。

12月，在青岛华山国际高尔夫俱乐部举办名宅、名车、名流慈善夜宴活动。

年内，组织20余名韩国友人红十字志愿者和市立医院国际门诊的外籍医生深入农村开展义诊活动，全年先后到平度、胶州、即墨、莱西、崂山进行义诊6次。

年内，成立微尘救助金，启动微尘救助项目，市红十字会救助先心病儿童20名，白内障患者20名，白血病患者9位，其他患者13位，合计62名大病患者。

年内，“微尘”被评为青岛市创建文明城市三个亮点之一。

2007 年

1 月 2 日，打工青年杨占奇的家人捐出其眼角膜并成功移植于眼疾患者，杨占奇成为青岛市实施眼角膜捐献第一人。

1 月 8 日，“青岛造血干细胞捐献群体”荣获“中华慈善事业突出贡献奖”。

1 月 10 日，中央电视台东方时空栏目播出 2006 年度感动中国候选人物展播微尘专题片。

1 月 11 日，小杨帆捐献的眼角膜成功移植于眼疾患者，小杨帆成为青岛市年龄最小的眼角膜捐献者。

1 月 11 日，嫣然天使基金青岛启动仪式暨“博爱病房”授牌仪式在青岛伊美尔国宾整形外科医院举行。

1 月 8 日至 11 日，联合市教育局开展红十字学校评选验收工作，40 所学校被评为“青岛市红十字学校”。

1 月 26 日至 2 月 4 日，联合《青岛早报》免费刊登募捐公益广告实施“红十字博爱送万家”活动，共募捐 4 万余元，走访困难家庭 200 户。

2 月 18 日至 2 月 24 日，联合青岛海底世界进行“海底情深‘微尘’心，新年‘猪’福送给您”大型公益活动，共募捐 16 万元。

2 月 1 日至 3 月 10 日，开展“微尘传真情 热血迎新春”无偿献血活动，1063 名市民献血 296270 毫升。

2 月 26 日，中央电视台 2006 年感动中国十大人物颁奖晚会播出，“微尘”爱心群体当选。

3 月 1 日，市人大常委会副主任孔心田到市红十字会进行立法工作专题调研指导。

3 月 12 日，市红十字会六届五次常务理事会召开，副市长、市红十字会会长臧爱民等 22 名常务理事出席会议，审议市红十字会 2006 年工作报告及 2007 年工作要点、2006 年接受捐赠款物使用情况报告以及修订的《青岛市红十字会募捐资金（物）管理办法》等内容。

3 月 15 日，中共山东省委宣传部、山东省红十字会下发《关于学习宣传“微尘”精神的通知》。

3 月 22 日，市红十字会六届四次理事会召开，副市长、市红十字会会长臧爱民出席会议并讲话。会议总结2006年全市红十字会工作，部署2007年工作任务，表彰先进集体和个人并审议更换增补理事。

3月27日，联合市委宣传部、市文明办举行“奉献爱心，创造感动，构建和谐”大型直播节目，祝贺“微尘”当选“感动中国”2006年度人物。

3月28日，举办“传奥帆旗帜、扬志愿精神——中韩红十字志愿者关爱农民健康爱心公益活动”，将奥帆旗帜首次传递到驻青外国人手中。

4月2日，联合市公安局、市交通委下发《关于在公安民警、机动车驾驶人、客运乘务人员中广泛开展救护培训工作的意见》，成立由市政府副秘书长白光昭为组长的救护培训协调领导小组。

4月21日，2007年全国登山健身大会期间，42名红十字初级救护志愿者服务30人次，完成了初级救护志愿服务任务。

4月25日，青岛市出租汽车协会成立了全市首个出租汽车扶贫济困血库，共捐血1万毫升，“迎奥运‘的哥’无偿献血紧急用血志愿队”成立，15人加入志愿者队伍。

4月26日，莱西市日庄镇瓦庄村村民赵玉凤成功实施造血干细胞捐献，成为全市第13例捐献者。

5月12日，“热血真情迎奥运”无偿献血公益活动暨“2008奥帆赛急救用血志愿服务队”成立仪式在当代广场举行，当天100余人加入服务队。

5月16日，开展红十字助医心电诊断设备有偿扶贫活动，接受中国红十字基金会价值75万元心电诊断设备。

5月27日，山东科技大学黄岛校区学生张波成功实施造血干细胞捐献，成为全市第14例捐献者。

5月，开展以“服务奥运、共建和谐”为主题“红十字博爱月”活动。

5月，招募奥运救护培训师资志愿者56人。

5月，向崂山区、即墨市的贫困农民发放价值10万元的银诺克药品。

6月2日至4日，中国红十字会总会副会长苏菊香调研青岛市红十字志愿服务工作。

6月6日，山东省首个红十字眼库在青岛成立，同时举行“当你离开时请将光明留下”集体签名活动。

6 月 7 日，青岛市“2008 奥帆赛紧急用血大学生志愿服务队”在山东外贸职业技术学院组建成立，208 名志愿者加入队伍。

6 月 14 日，青岛市连续第五次荣获“全国无偿献血先进城市奖”，9 名造血干细胞捐献者荣获“无偿捐献造血干细胞奉献奖”。

6 月 21 日，市第十三届人大常委会第三十七次会议审议通过《青岛市实施〈中华人民共和国红十字会法〉办法》。

7 月 24 日至 27 日，市红十字会、市教育局联合北京市红十字会、北京市教育局共同举办了“北京——青岛奥运红十字大学生志愿者交流营”活动。

7 月 31 日，联合市卫生局、奥帆委组织进行奥帆医疗急救保障演练，红十字水上救生志愿者全部参加。

8 月 9 日，中国红十字会总会事业发展部部长王世涛、省红十字会常务副会长张心宝调研市红十字志愿者参与国际帆船赛志愿服务工作情况。

8 月 9 日至 24 日，2007 青岛国际帆船赛期间，77 名红十字志愿者提供志愿服务 368 人次。市红十字会被市委市政府评为“2007 青岛国际帆船赛筹办工作突出贡献单位”。

9 月 20 日，“微尘”获得“山东省助人为乐道德模范”称号。

9 月 22 日，联合市民政局、市地震局举办意外和突发事件现场急救演练。

9 月 30 日，“奥运进校园，爱心在传承—— 2008 奥帆赛紧急用血大学生志愿者宣传招募活动”由青岛理工大学红十字志愿服务团承办举行，182 人献血 54820 毫升，招募 103 名志愿者。

10 月 11 日至 15 日，韩国大邱市红十字会会长朴相运带队来访，双方续签了新一轮合作协议。

10 月 15 日，苏海音任市红十字会副会长、会党组成员。

10 月 24 日，组织“共享生命感动、同迎奥帆旗帜——青岛华山高尔夫无偿献血活动”，143 人献血 36830 毫升。

10 月 23 日至 25 日，省红十字会秘书长玄兴华带队进行省级红十字模范校评选验收工作。青岛贵州路小学、青岛实验小学、青岛育才中学、青岛长沙路小学、青岛合江路小学、青岛即墨二十八中等 6 所学校被评为“全省红十字模范校”。

10月25日，召开“红十字公益项目推介会”，面向社会推出八大类三十四项公益项目，现场接收捐献款物300多万元。市人大常委会副主任孙加顺、市政协副主席韩建华等领导出席会议，省红十字会秘书长玄兴华为“微尘车友会”会标揭牌。

10月27日，“微尘车友会”举行成立仪式，9家车行成为微尘车友会理事单位。

10月31日，配合市人大常委会法制工作室召开《青岛市实施〈中华人民共和国红十字会法〉办法》新闻发布会。

11月1日，《青岛市实施〈中华人民共和国红十字会法〉办法》正式施行。

10月30日至11月6日，市红十字会副会长丁钢带队一行8人访问美国马霍宁市红十字会，就水上救护培训、灾难紧急救援、奥运志愿服务及红十字青少年等方面进行交流。

11月6日，中国红十字会志愿服务工作暨经验交流会在珠海召开，青岛国际红十字志愿服务队进行经验交流。

11月21日，全省红十字会系统信息宣传工作会在淄博召开，市南区红十字会做大会典型发言。

11月24日，与驻青韩国红十字志愿者联合成立“中韩红十字博爱医疗服务团”，授旗仪式在市立医院东院区举行，韩国驻青总领事馆总领事金善兴出席仪式。

11月28日，全国第一部宣传眼角膜捐献的公益影片《母亲的眼睛》在青岛开机，中国红十字会总会副会长苏菊香出席开机仪式。

11月27日至12月1日，全国卫生救护工作研讨会和全国卫生救护工作指导委员会在青岛召开，市红十字会进行工作经验交流。中国红十字会总会副会长苏菊香、山东省红十字会常务副会长张心宝出席会议。

8月和11月，承办总会两期奥运志愿者救护师资培训班，培训师资56人。

9月至11月，“红十字在校园”为主题的“第八届青岛高校大学生演讲比赛”举行，驻青19所高校参加。

12月14日，“盛文集团·红十字救助金”捐赠仪式暨2008博爱公益活动启动仪式举行。市委常委、副市长、红十字会会长臧爱民，市人大常委会副主任孔心田，市政协副主席刘光享，韩国驻青副总领事刘义相出席捐赠仪式。盛文集团向青岛市红十字会捐赠400万元，成立“盛文集团·红十字救助金”，启动2008博爱公益活动。

12月19日，全省县级红十字会理顺体制座谈会在滨州举行，市红十字会和崂山区红十字会做会议典型发言。

12月24日，与海军洪泽湖舰签署军民共建协议，市文明办副主任王书勤出席签约仪式。

12月28日，青岛静康医院、胶南市人民医院到北京人民大会堂参加中国红十字基金会温暖中国定点医院授牌仪式。

年内，市红十字会获得中国红十字会总会宣传组织工作先进奖、全省红十字会系统年度信息宣传工作三等奖。

年内，协助驻青韩国红十字志愿者在即墨、城阳、胶州、平度农村举办7次爱心义诊活动，为2000余名贫困农民进行免费诊疗，免费发放7万多元药品。

年内，青岛科技大学、青岛理工大学、中国海洋大学、青岛农业大学、青岛广播电视大学等5所高校举办15期预防艾滋病青年同伴教育培训班。

2008年

1月18日至3月3日，联合无偿献血者协会发出倡议，开展“迎新春 迎奥运”无偿献血活动。2035名市民献血611040毫升。

1月22日，全市第15例造血干细胞捐献者李启广实施捐献。

1月30日，微尘捐款10万元支援南方雪灾地区，市红十字会共募集抗击冰雪灾害捐款58.51万元。

1月31日，市无偿献血者协会理事会第一次会议召开。

2月1日，遗体捐献志愿者于永广、红十字会志愿者谭美青获得“2007感动青岛十佳人物”称号。

2月4日，青岛山海家居用品有限公司捐款10万元支援南方雪灾地区。

2月14日，市红十字会收到青岛黄海制药公司捐赠给雪灾地区的200.96万元的药品和职工捐款4.17万元，并于当日发往湖北受灾地。

2月27日，市红十字会向江西上饶地区紧急运送一批救灾物资，价值共计约30万元。

2月，平度市人民医院被确定为中国红十字基金会温暖中国行动项目定点医院。

3月4日，举行全市红十字志愿服务工作会议暨“红十字与奥运同行”启动仪式，成立青岛红十字志愿服务工作委员会。

3月18日至28日，联合青岛银联与青岛银行、农业银行、工商银行，面向社会公开征集“微尘卡”卡面设计创意。共收到全国各地的设计作品五百多份，经筛选并在青岛新闻网进行网上投票评选，最终确定获奖作品。

3月28日，“联通感恩·关注白血病”大型公益晚会在青岛日报社阳光大厅举行，青岛联通现场捐款10万元，对患白血病的儿童小淳琳进行救助。市红十字会微尘博爱大使、著名影星宋佳参加活动并与小淳琳网络对话。

3月30日，由微尘车友会组织的“微尘车友爱心行，清明祭扫奉献林”活动在福宁园举行。

4月10日，市红十字会团体会员单位座谈会召开。

4月12日，联合市卫生局、市无偿献血者协会、市中心血站举办主题为“血脉因缘相同，奥运因爱相容”的第七届RH（—）献血者联谊会暨无偿献血奥运志愿林建林植树活动，近200名RH（—）献血者参加。

4月16日，在湛山社区启动“红十字与奥运同行”救护培训进社区活动，全年开展100场社区培训，受益群众7000余人。

4月21日至5月21日，全市大中小学校开展红十字博爱（宣传）活动。

4月23日，中国红十字基金会“天使阳光”基金定点医院在青岛阜外心血管医院正式挂牌，同时启动救助先天性心脏患儿“天使阳光活动”。中国红十字会基金秘书长王汝鹏出席挂牌仪式。

4月25日至27日，英国红十字会代表团来访，考察市红十字会服务奥帆赛工作情况。

5月5日，市委提名副市长王修林兼任市红十字会会长，李然担任市红十字会常务副会长，提议刘丽萍不再担任市红十字会常务副会长。

5月8日，举行全市第一届模拟突发意外群体事件群众自救互救技能比赛，全市 13 个代表队，近 200 名群众参加。

5 月 8 日，联合市教育局在贵州路小学召开全市“红十字青少年与奥运同行”活动暨红十字模范校现场观摩会。在青岛农业大学和中国海洋大学青岛学院开展无偿献血及奥帆旗帜传递活动，并招募紧急用血志愿者大学生 800 多名。

5 月 9 日，全市第 16 例非血缘关系造血干细胞捐献者赵永昌实施捐献。

5 月 12 日，启动支援四川地震灾区紧急募捐预案，以各种方式向社会发出募捐呼吁，引导全市支援抗震救灾工作迅速爆发。

5 月 13 日，中国红十字会总会常务副会长江亦曼出席海信集团、青啤集团支援四川地震灾区捐款仪式。全市 33800 名机关干部为四川抗灾救灾工作捐款。截至当日下午5时捐款339万元。市领导阎启俊、夏耕、张若飞、孙德汉、王文华带头参加捐款活动。

5 月 13 日，全国红十字与奥运同行救护演练在青岛银海游艇俱乐部举行。青岛城市运行红十字志愿者队参赛并获得二等奖，红十字水上救生志愿者队和贵州路小学分别进行了水上救生表演和三角巾包扎表演获得特别贡献奖。

5 月 13 日，青岛骨伤医院红十字应急救援队成立，中国红十字会总会常务副会长江亦曼为救援队授旗。

5 月 13 日，统一战线各界人士积极响应，踊跃捐款捐物，支援抗震救灾。其中市佛教协会会长、湛山寺方丈明哲亲自将“浴佛节”当日收入 10 万元捐赠给红十字会。截至 5 月 14 日下午 2 时，全市统一战线机关和各界人士捐款 267.41 万元，捐物折合人民币 166 万元。

5 月 16 日，市红十字会第一批抗震物资空运灾区。

5 月 17 日，市红十字会第二批抗震救灾物资通过铁路运往四川灾区。

5 月 17 日，副会长丁钢赴四川省救灾前线，他是由中国红十字总会在全国各红十字会中，首批紧急抽调的 5 位工作人员之一。

5 月 19 日，红十字会捐款大厅里现场 200 余名捐款群众自发向四川地震遇难同胞默哀。

5 月 20 日，抗震救灾专题网站开通，及时发布救灾进展情况，并设地震科普专栏等，普及自救互救知识。

5 月 21 日，市委副书记、市长夏耕主持召开专题会议，听取市民政局、市红十字会关于青岛市募捐救助工作开展情况的汇报，原则通过《青岛市支援四川地震灾区抗震救灾工作协调领导小组办公室工作方案》，市红十字会列入捐赠工作组成员。

5 月 23 日，市长、市红十字会名誉会长夏耕视察市红十字会，看望工作人员和志愿者并亲笔题词：携手同心，抗震救灾。

5 月 24 日，市委副书记、市长夏耕，副市长、市红十字会会长王修林等看望抗震救灾红十字会志愿者。

5 月 28 日，驻青外国人到市红十字会捐款支援地震灾区。

5 月 30 日，市红十字会六届五次理事会在八大关宾馆召开，会议选举副市长王修林为会长，李然为常务副会长，苏海音为副会长，聘请市委常委、原市红十字会会长臧爱民，市人大常委会副主任马泽，市政协副主席郄晋生为市红十字会名誉副会长。

5 月 30 日，“山海相连　童心同行”青岛市“六一”儿童节特别晚会在市人民会堂举行。市委副书记王文华，市委常委、宣传部长王伟，市委常委、副市长张惠，市人大常委会副主任马泽，副市长王修林，市政协副主席郄晋生观看了节目。特别晚会由市委宣传部、山东电视台、市广电局、市文化局、市教育局、团市委、市妇联、市红十字会、市关工委联合主办。晚会上众多企业举牌捐款，支援四川灾区。晚会筹备期间，市委副书记、市长夏耕亲自主持召开会议，听取筹备情况汇报并提出要求。

6 月 1 日，青岛市红十字会与青岛新闻网正式签署协议，设立青岛新闻网爱心基金。

6 月 5 日，韩国釜山银行捐款 40 万元。市委副书记、市长、市红十字会名誉会长夏耕代表市红十字会接受捐款。

6 月 6 日，在青朝鲜族同胞通过市红十字会捐款支援抗震救灾工作。

6 月 6 日，市红十字会常务副会长李然一行赴四川省考察地震灾情，协商再后重建项目。

6 月 13 日，上海通用五菱汽车有限公司捐赠 10 辆“五菱荣光”面包车用于红十字奥运服务，副市长、市红十字会会长王修林出席捐赠仪式。

6 月 14 日，开展“生命奖章”颁发活动，市红十字会常务副会长李然向青岛市第一枚“生命奖章”获得者颁奖，当天 12 个区市 9 个采血点共发放“生命奖章”607 枚。

6 月 16 日，联合市卫生局、市中心血站、市无偿献血者协会在青岛卫生学校成立了全市第一个无偿献血宣传教育基地。

6 月 18 日，市精神卫生中心的心理专家和红十字志愿者为德阳来青夏令营的 62 名中小学生开设心理辅导课。

6 月 19 日，“大爱壮歌”青岛市抗震救灾先进事迹报告会在市级机关会议中心举行首场报告会。市红十字会以《微尘友情，再铸人间大爱》为题作报告，市委副书记、市长夏耕接见报告团成员。

6 月 23 日，《放歌奥运心手相大型迎奥赈灾晚会》在青岛天泰体育场举行，二十多位来自两岸三地的知名艺人为地震灾区共筹集到 2150 万元的善款，通过市红十字会捐赠给北川人民，用于灾后重建。

7 月 25 日，上汽通用五菱汽车股份有限公司向市红十字会捐赠的 10 辆五菱荣光微型面包启用。

7 月 26 日至 28 日，对青岛奥运村洲际酒店全体员工进行预防艾滋病知识培训。

截至 28 日，金王集团、中能集团等私营个体协会会员捐款，捐物超过 1100 余万元。

7 月 30 日，青岛市道德模范巡讲首场报告会举行，山东省道德模范“微尘”事迹在全市巡讲 10 场。

7 月 27 日至 9 月 15 日，110 名红十字应急志愿者和 22 名红十字水上救生志愿者服务奥帆赛，残奥赛场。应急志愿者累计服务 23295 小时，水上救生红十字会志愿者累计服务 5760 小时。

7 月 29 日，中国红十字会抗震救灾先进集体（个人）表彰大会在全国政协礼堂举行。市红十字会荣获抗震救灾先进集体称号，副会长丁钢获抗震救灾先进个人荣誉称号。

8 月 6 日，联合微尘车友会、刘艺车队、红飘带车队、徐雪林车队启动文明行车迎奥运活动。

8月8日，日本鸣门市向红十字会捐款42万日元。

8月16日，与青岛籍影星宋佳长版的SJ感恩世界俱乐部，联合举办“爱与分享”大型爱心会。市红十字会聘请青岛籍影星宋佳为“微尘博爱大使”。

8月21日，中国红十字会总会常务副会长江亦曼一行到青岛，视察青岛市红十字会参与服务奥帆赛工作情况。省红十字会常务副会长张心宝陪同视察，副市长、市红十字会会长王修林会见了江亦曼一行。

8月8日至9月15日，开展“无偿献血迎奥运”活动，奥帆赛和残奥帆期间共有13个单位778人献血224660毫升。

9月11日，在全市62所红十字会学校举行救护培训光盘发放仪式。

9月13日，市红十字会公益课堂在中国红十字会青岛骨伤医院启动。

9月18日，在市政府会议中心为市机关干部讲授应急救援专业知识。

9月13日至19日，在全市的大中小学校开展初级救护知识普及和自救互救应急演练。

9月22日，市红十字会志愿者参加“激情点燃不老人生之火—九九重阳节电视晚会”节目录制，并表演相声《寻找微尘》。

9月27日，预防艾滋病青年同伴教育培训班开班仪式在青岛大学医学院举行。

9月29日，省委省政府召开北京奥运会、残奥会表彰大会。市红十字会副会长丁钢获得省委省政府表彰并荣立一等功。

10月1日，联合市卫生局、市中心血站、市无偿献血协会开展了《中华人民共和国献血法》实施10周年系列纪念宣传活动。

10月13日，组建应急救援红十字志愿者队伍，参加市政府机关办公大楼地震应急疏散演练。

10月20日，由市红十字会编写的反映青岛各界在四川汶川大地震后迅速行动、积极参与抗震救灾斗争的纪念画册《感动——抗震救灾，青岛在行动》正式出版，并在青岛各大书店义卖。

11月17日，开展“人道的力量——红十字志愿者在行动”红十字志愿服务月活动。

11月19日，青岛市红十字公益项目推介暨表彰大会召开。省委常委、市委书记阎启俊、市委副书记、市长夏耕向大会发来贺信。市领导臧爱民、马泽、郄晋生以及来自国内外的企业代表、爱心人士共300余人参加会议。现场12个爱心企业和个人捐款捐物1060万元。推介会上正式启用微尘注册商标，“微尘”正式被公家商标局注册为公益商标，成为岛城第一个经国家注册的公益商标。

11月20日，2008薄酒来之夜爱心拍卖活动在拉图拉甘国际大酒店举行，市红十字会党组书记、常务副会长李然及微尘博爱大使宋佳出席活动，现场共13件拍品进行拍卖。

11月21日，我市第17例造血干细胞捐献者胡存福实施捐献。

11月24日至28日，中国红十字会基层组织建设工作会议暨十佳百优千星表彰会在郑州召开。市南区红十字会被中国红十字总会授予“全国十佳县级红十字会”荣誉称号。市南区湛山街道办事处红十字会荣获全国“优秀乡镇（街道）红十字会”荣誉称号，中国红十字会青岛医院（青岛骨伤医院）被评为全国“优秀冠名红十字医疗机构”。王丽君、谭美青、万雪芳被聘为全国“红十字会员之星”，滕剑晖、尹恩妊（韩国）、孙帅奇、江明被评为全国“红十字志愿之星”。

11月底，联合市教育局评选青岛福林小学等35所学校为新增的市级红十字学校，全市红十字学校达到将近百所。

12月1日，开展以“履行承诺，控制蔓延”为主体的大型宣传活动，2000多人参加，发放宣传材料8000份。

12月5日，第九届大学生红十字演讲比赛在青岛滨海学院举行，11所大学的18名选手决出一等奖2名，二等奖3名，三等奖6名，优等奖7名，优秀组织奖4名。

12月10日，“2006—2007年度全国无偿献血表彰大会”在北京召开，青岛市连续第六次荣获“全国无偿献血先进城市奖”，1739名无偿献血者获得表彰。

12月15日至19日，市红十字会访韩代表团一行6人访问了韩国红十字总会及韩国大邱市红十字会。

12月24日，宋佳感恩世界俱乐部圣诞之夜在拉图拉甘大酒店举行，每张晚会门票款有 135 元捐给红十字微尘救助金。市红十字会常务副会长李然，青岛籍著名影星、微尘博爱大使宋佳和 150 位社会爱心人士出席晚会。

12 月 26 日，苏宁电器成立十八周年庆典“苏宁阳光 情暖中国”爱心行动举行，四方区红十字会与青岛苏宁电器在海云庵广场为全区近百户困难群众发放了彩电、洗衣机、花生油、棉被等价值约 16 万元的物品。

12 月，在全市红十字会学校开展 2008 年度校园公益之星和 2008 年优秀红十字教师、红十字好少年的评选表彰活动，共评出周蕾等 106 名红十字工作先进个人、王静姝等 142 人红十字好少年和卞文莉等 17 名校园公益之星。

年内，市红十字会获得中国红十字总会颁发的“红十字参与奥运特别奉献奖”“红十字参与奥运组织工作奖”，青岛市奥帆赛水上救生红十字志愿者队获得“中国红十字总会红十字参与奥运特别贡献奖”。市红十字获得市委、市政府奥帆赛、残奥帆赛组织工作突出贡献单位，市红十字志愿者团体被市政府评为服务奥运会、残奥会突出贡献奖。红十字志愿服务团获市委、市政府表彰的“奥帆赛、残奥帆赛突出贡献单位”。

年内，组织驻青韩国友人志愿者开展“关爱农民健康”爱心义诊活动 7 次，为 2000 余名贫困农民免费进行义诊，免费发放药品 7 万余元。

2009 年

1 月 8 日，“王者汇聚”慈善晚宴在香格里拉大饭店盛世堂举行。现场拍卖所得 9.6 万元全部捐赠给青岛市红十字微尘基金，用于四川地震灾区的重建工作。

1 月 10 日，《天下无双》“博爱在齐鲁，走进胶州”公益群星演唱会在胶州市人民会堂举行。演出现场，津南晨丰银诺克药业有限公司向胶州市红十字会捐赠了加之 10 万元的药品救助贫困患病农民。

1 月，市红十字会联合中远威药业开展“迎新春 温暖送千家”红十字关爱骨关节患者健康活动，免费发放价值 5 万元药品，救助 250 人。

1 月，苏宁电器捐赠价值 3 万元爱心年货、电器等，帮助 150 户贫困居民过新年。

1 月至 5 月，微尘车友会发起“一支铅笔——为贫困地区学校募集铅笔活动”，共募集铅笔五万余支，分批送给贫困地区学生。

2月，市红十字会联合青岛新闻网青青岛社区青岛论坛、市南论坛等板块联合发起“网暖楚楚”大型募捐活动，共为患尿毒症的网友楚楚募捐医疗费10.9万元。

2月18日，市红十字会联合青岛青之羽传媒有限公司在佳世客商场进行多媒体募捐箱首批投放，陆续向公共场所进行投放，接受企业免费认领。

2月26日，市红十字会《开展抗震救灾和恢复重建，做好救灾捐赠工作，全力再造新北川》被市委、市政府评为优秀工作成果一等奖。

2月26日，由齐鲁电视台，山东省红十字会主办，青岛市红十字会承办的“天下无双——走进青岛 明星红十字志愿者在行动”大型公益群星演唱会在青岛铁路文化宫举行。现场受到企业捐款共计150万元，市委副书记王文华、市红十字会常务副会长李然向爱心捐款企业颁发奖牌。演出嘉宾林志颖现场加入红十字微尘车友会。

3月1日，市红十字会联合青岛开泰耳鼻喉头颈外科医院启动“百善健康教育与普查——天使回声行动”为100名贫困家庭的失聪儿童免费手术。

3月13日，市红十字会在青岛国际新闻中心启动国内首个关爱乳腺癌患者的“粉红丝带基金”。

3月16日，“重塑激情 成就梦想”四川地震灾区心理援助计划启动。青啤公司出资150多万元成立了专项心理援助基金，对青岛对口支援城市北川的学生、教师等进行长期心理援助。

3月23日，《寻找微尘》电影拍摄新闻发布会召开，该片于4月8日在青岛开机，4月27日杀青，6月16日在北京首映，6月19日在青岛首映，9月21日获全国第十一届精神文明建设“五个一工程”电影奖。

4月2日，青岛奉献林被授予“青岛市红十字会博爱教育基地”，市红十字会李然常务副会长亲自为基地揭牌。

4月4日，青岛市遗体捐献首倡者沈福彭、束星北制作的“奉献的约定”铜像在福宁园落成，青岛市副市长王修林为铜像揭幕。

4月17日，联合中国红十字青岛医院、青岛市骨伤科医院开展“真情骨医 爱助坦途”项目，为全市低收入因病需实施人工关节置换的手术人群进行救助治疗。

4 月 21 日上午，“关注儿童健康 拒绝小伤口感染”山东首发启动仪式暨新闻发布会在阳光大厅举办。

4 月 24 日，红十字会联合青岛市邮政局举行“微尘邮资明信片”限量发行 1 万张义卖活动首发仪式。

4 月 27 日，葡立杯——“爱在行走”首次红十字会员登山活动在浮山举行。

4 月，市委宣传部、市文明办、市红十字会、青岛日报报业集团、青岛广播电视局、青岛银行联合发起了青岛银行金桥微尘卡“爱在青岛”大型公益活动，评选并表彰十大市民“微尘公益之星”和 43 个企业“微尘公益之星”。

5 月 6 日，红十字国际委员会纪念红十字运动 150 周年《从索尔费利诺到关塔那摩》世界巡回图片展在青岛市图书馆举办。

5 月 7 日，市红十字会举办“微尘邮票”限量发行 3500 套义卖活动暨首发仪式。所得义卖收入全部用于公益事业。

5 月 8 日，市红十字会与青岛电视台联合制作的《人道的力量》2009 世界红十字会日特别节目播出，红十字国际委员会东亚代表处、中国红十字基金会、青岛市红十字会、中国海洋大学、青岛市心理咨询协会等单位领导和专家，就红十字的历史、发展途径、组织原则、价值意义以及个人价值与道德理念等方面进行了探讨。

5 月 8 日，市红十字应急救援志愿者队伍在石老人观光园召开成立大会并进行应急救援综合演练。队伍集搜救、通信、医疗、心理援助于一身，在全国红十字系统中是第一支也是目前唯一一支全方位的救援志愿者队伍。

5 月，红十字 175 应急救援队成立。

5 月 9 日，市区四区红十字会和团体会员单位、志愿者基地、志愿者服务队等 31 个团体在五四广场举办了“我们的世界，大家的行动”集中宣传活动。上千名市民现场捐赠爱心款 3 万余元。

5 月 11 日，联合青岛财经日报社发起“为北川受灾孩子捐建爱心图书室活动”，首间“爱心图书室”在陈家坝小学板房学校正式挂牌启用。

5 月 12 日，“青岛市第三届李桂美突出奉献护士奖”评选，7 名优秀护士受到表彰。

5 月 12 日，“李桂美医德教育基地”在青岛市第六人民医院成立。

5 月 23 日，由青岛市红十字会、青岛市市中心血站和青岛市无偿献血者协会联合举办的第六届“感恩血小板采集者”活动在即墨鹤山隆重举行，共有 200 名献血者参加。

5 月 25 日，青岛档案馆将记录微尘捐赠的会计凭证列为青岛市珍贵档案，并提前接收进馆，保存于市档案馆特藏室，永久保存。

5 月 31 日，联合中国光大银行青岛分行邀请红十字会已救助治愈的贫困先心病儿童及待救助的失聪儿童和他们的家长，与江西路幼儿园小朋友一起举行“迎六一阳光亲子运动会”，中国光大银行青岛分行现场捐款 3 万元，资助 1 名耳疾患儿。

6 月 7 日，青岛湛山寺联合青岛红十字会在湛山寺般若堂举办造血干细胞志愿者招募活动，当天共有 20 多名僧人参加血样采集。

6 月 12 日晚，青岛市在市人民会堂举办无偿献血表彰会，市委副书记、市长夏耕发来贺信，对全市无偿献血者致以节日的祝贺，1000 多名表彰者观看文艺演出。

6 月 11 日，在青岛市市直机关会议中心，山东省委常委、青岛市委书记阎启俊，市委副书记王文华，市委常委、宣传部长王伟，副市长、市红十字会会长王修林等市领导观看了电影《寻找微尘》，并给予高度评价，市红十字会党组书记、常务副会长李然陪同观看。

6 月 19 日，作为最早发现并报道微尘的媒体，《青岛早报》推出了“一份报，一分钱，一份情”大型公益活动。从 6 月 20 日到 11 月 18 日，市民每购一份《青岛早报》，就向“青岛早报，微尘爱心基金”捐赠 1 分钱。

6 月 19 日，青岛市红十字粉红丝带基金启动健康大篷车农村乳腺疾病普查活动，共为 3676 人免费提供检查。

6 月 26 日，市红十字会与完美青岛分公司在市中心站举行“完美百城千店万人献血活动”，共有 200 多名完美职工参与献血活动。

7 月 23 日，与爱同行——微尘基金 / 海信广场携手 32 位羽毛球世界冠军慈善义拍活动新闻发布会在海信广场三层会所举行，国家羽毛球队总教练李永波，世界羽毛球冠军林丹、张宁、鲍春来、蔡赟、于洋，红十字微尘基金代表于海波等人出席了发布会。

7月26日，“与爱同行”慈善义拍活动在海信广场举行，此次活动共拍得79.1154万元的善款，全部善款都将捐给“微尘”基金。

7月30日至8月3日，市红十字会和韩国大邱市红十字会举办“2009中韩红十字青少年国际交流营”活动，30余名中韩青少年参加交流。

8月3日，市委副书记、市长、红十字会名誉会长夏耕，为国家羽毛球队总教练李永波颁发“微尘博爱大使”聘书。

8月12日至18日，北川师生夏令营在青岛举办，此次活动是青岛啤酒股份有限公司、青岛红十字会、青岛大学共同承办的北川心理救助项目的一部分。来自青岛市对口支援的汶川地震灾区北川县的30多名中小学师生，参加了本次夏令营。

8月14日，市台办、市台商协会组织62名台商为台湾“莫拉克”台风受灾地区捐款50万元。

8月，青岛国际啤酒节期间，青岛市红十字会和崂山区红十字会组织20余名红十字志愿者在啤酒城内四个志愿服务站点进行宣传义卖、会场导向、医疗服务等志愿服务活动，这已经是红十字会连续三年在啤酒节期间开展宣传义卖、志愿服务等活动。

8月12日，青岛市红十字会向烟台等省内暴雨受灾地区发送价值34万元的救灾物资。

8月13日，青岛啤酒有限公司总裁孙明波代表青啤公司通过青岛市红十字会向台湾灾区捐赠100万元。

8月14日至15日，“中国爱心城市发现之旅”的14家媒体来到青岛，对青岛市红十字会精心打造的“微尘”品牌和红十字中韩博爱医疗团进行了全面了解，并实地参观了粉红丝带基金、天使阳光、爱助坦途等多个已启动的微尘救助项目合作单位以及四方区红十字老年护理院、遗体捐献者奉献林。

8月26日，青岛市红十字会、海尔纽约人寿保险有限公司青岛分公司共同举办的“用知识保护生命——海尔纽约人寿杯”青岛爱心宝贝大赛颁奖晚会在青岛电视台举行。

8月28日，青岛源泰置业有限公司携手青岛红十字会微尘基金出资成立

“青岛红十字微尘山水基金”，旨在帮助青岛市困难群体共享社会温暖，推动红十字会公益事业的发展。

9月1日，为青岛市第二中学首次作为军训内容为近千名新生进行了初级救护知识培训。

9月16日，市红十字会、市援川办、青岛早报联合发起“微尘爱心月饼情系北川”活动，募集2500盒微尘爱心月饼送往北川。

9月17日，中国造血干细胞资料管理中心洪俊玲主任在济南为全国首例宗教界人士寂通法师捐献干细胞颁发奖章。

9月17日，青岛市红十字第一海水浴场水上救援队伍在青岛第一海水浴场召开成立仪式并进行水上救援综合演练。红十字应急救援队队员80余人参加了成立仪式。

9月22日，微尘基金对胶州先天性心脏病和白血病患儿的集体救助仪式在阜外医院举行。

9月23日，全省造血干细胞捐献者联谊会在济南举行，青岛市20名捐献者参加会议。

9月26日，1919创意园开园仪式现场举办慈善拍卖会，29幅艺术家们捐献的作品共拍得善款56.6万元。拍卖所得注入“微尘·1919基金”，用于资助文化艺术界的寒门学子。

9月29日，市南区红十字献血驿站正式投入使用，成为全市第一个以红十字会命名的固定献血点。

9月，重阳节前夕，“青岛市遗体捐献者告别室”建成使用，为青岛市遗体捐献者提供了亲人最后告别的场所。

6月至9月，对1200余名服务第十一届全国运动会的志愿者进行了6期初级救护培训，红十字志愿者在赛场服务万余小时。

10月17日，原国家体育总局副局长李富荣、中国乒羽中心主任刘凤岩、前奥运体操冠军李宁在青岛红十字“微尘博爱大使”、中国羽毛球队总教练李永波的邀请下到青岛儿童福利院看望孤残儿童，并给他们带去了礼物。李宁公司山东分公司携手红十字微尘基金为儿童福利院援建2所电教室，并为上学的孩子们常年资助李宁牌运动装。

10月18日，“国际乳癌防治宣传日”2009国际乳癌防治运动的地标建筑亮灯仪式在青岛市奥帆中心奥林匹克火炬台举行，青岛市倡导全社会关注女性健康由此迈入了国际化的行列。

10月23日，市红十字“微尘 · 1919基金”携手海信光学眼镜中心启动“微尘矫视——让孩子清楚看世界”公益活动，对961名家庭经济困难的近视未成年人免费验光并配送眼镜。

10月，青岛市遗体（角膜）捐献工作在上海“全国推动器官捐献工作会议”上做经验介绍。

11月6日，由青岛日报报业集团与青岛市广播电视局共同举办的“辉煌60年 · 城市经典”颁奖典礼在海情大酒店举行。微尘品牌获得“推动青岛发展特别贡献奖”。

11月3日至7日，韩国大邱红十字会来青岛市红十字会友好交流。

11月18日，全省造血干细胞捐献工作经验交流会知识培训班在青岛召开，来自全省17地市及部分行业红十字会50多人参加，丁钢副会长作经验交流。

11月25日，青岛市红十字粉红丝带志愿服务队揭牌仪式举行，市红十字会副会长苏海音看望慰问防艾志愿者。

11月29日，世界艾滋病日健步活动在市南区举行，全市红十字系统及志愿者100多人参加防治艾滋病知识培训班。

12月2日，“读早报晚报做微尘市民”50万斤爱心大白菜捐赠活动启动仪式在宁夏路街道办事处办公大院举行。

12月3日至4日，举办全市中小学校初级卫生救护与传染病防控培训班，为全市100多名中小学校的卫生教师培训甲流的防控知识、艾滋病防控知识、意外伤害处置、胸外心肺按压复苏等初级救护知识和技能。

12月22日，青岛市红十字会与微尘基金在书城五楼举行了“微尘 · 山水爱心图书室”的启动仪式，为岛城的每一所贫困学校筹建一个“微尘图书室”，启动仪式上，首批25所学校领到了微尘 · 山水捐赠的图书。

12月25日，青岛市无偿献血者协会第三届会员代表大会召开，市红十字会党组书记、常务副会长李然当选协会会长。

12月，“青岛市遗体捐献志愿者之友”群体因奉献事迹感人，获“2009年度感动青岛”入选奖。

2010 年

1 月 9 日，举办红十字微尘基金年度答谢会，中国羽毛球队主教练李永波出席活动。

2 月，《微尘精神在延续——青岛籍百名影人“电影爱青岛”贺新春》大型公益晚会节目，在春节期间的中央电视台六套电影频道和青岛电视台播出。100 位青岛籍演艺明星将齐聚晚会，以零片酬参演模式的实际行动，延续源于家乡、无私奉献的微尘精神，表达对青岛、对电影的热爱。

2 月，青岛市红十字会“博爱人间”被青岛市委、市政府评为“机关名牌”。

4 月 16 日，青岛市红十字携手青岛市教育局、青岛市关工委、青岛市妇联、青岛信德眼镜召开青岛红十字阳光爱眼救助项目启动仪式，青岛信德捐款 20 万元为青岛市 1000 名家庭困难的未成年人配备眼镜。

5 月，青岛红十字生命奉献展厅揭幕。市捐献遗体志愿者之友办公室也落户于此。每周二、周五，红十字生命奉献展厅定期向市民开放，并对外办理遗体（角膜）捐献登记手续，接受社会各界人士的参观。

5 月 8 日，青岛市红十字青少年举行募捐纪念世界红十字日。

5 月 10 日，青岛红十字应急救援志愿者队伍救援电话 96599 正式开通。为方便群众寻求救援，市红十字会挑选了 8 支专业红十字应急救援志愿者队，与市公安局 110 指挥中心进行救援联动，每支救援队的特点和救援联系方式都已输入全市 110 信息网，市民在遇到如登山迷路、游泳溺水、重大通信受阻、重大交通事故等紧急状况，都可拨打 96599 求救，青岛红十字应急救援志愿者队伍会在第一时间实施救援。

5 月 24 日，中国红十字会总会党组书记、常务副会长王伟视察青岛市红十字会生命奉献展厅。

5 月 25 日，青岛市红十字会举办“微尘与人道”公益组织发展论坛。中国红十字会常务副会长王伟，山东省红十字会副会长王志民，青岛市副市长、市红十字会会长王修林等出席论坛。论坛由中国红十字会总会报刊社、青岛市委宣传部、青岛市红十字会主办，中国红十字基金会、南都公益基金会、《环球慈善》杂志社、北京大学非营利组织法研究中心、NPI 公益组织发展中心、青岛日报报业集团等单位以及新华社青岛支社、公益时报、凤凰网公益频道、大众网、青岛电视台等媒体给予了大力支持。中国红十字会总会报刊社社长吴苾雯主持了本次论坛。这次国内公益界专家云集的盛会带来的全新理念和宽阔视野将为红十字会等公益组织的发展注入动力和活力，为推动红十字公益事业的进一步发展奠定理论基础。

6 月 6 日，青岛红十字微尘基金公益盛典在青岛海尔洲际酒店举行，现场爱心拍卖善款全部注入微尘基金，持续关注儿童“生命、健康、教育”项目。现场通过阳光少年认捐、现场乐捐、29 件拍品爱心拍卖等筹款共计 363.53 万元。自 2009 年 6 月 6 日微尘基金公益盛典正式启动了关注儿童“生命、健康、教育”项目，在社会各界的爱心支持与积极参与下，截止到 2010 年 4 月底，青岛红十字微尘基金共募集善款 607 万元。

7 月 13 日，青岛市人大常委会教科文卫工作室视察无偿献血工作。

8 月 27 日，举行青岛红十字文化研究会第一次全体会议，编制出台青岛红十字文化发展规划，发挥文化研究会服务平台功能，开展青岛地域特色红十字理论研究。

8 月 30 日，青岛市启动“血液三级预警”，青岛市红十字会第一时间启动青岛市“无偿献血推动月”活动，在短短 10 天内，彻底缓解了用血紧张状态，其中半数以上红十字会献血量超过 10 万毫升。

9 月，改版红十字会网站，搭建红十字文化传播平台，页面点击量突破 26 万人次。

9 月，青岛市红十字会争取到 100 多平方米的场地，募集了 10 万元的定向资金，成立了青岛市红十字生命奉献展厅。

9 月 28 日，青岛市政府办公厅下发《青岛市应急救护培训工作方案》，青岛市红十字会应急救援纳入全市应急体系建设。要求市红十字会负责应急救护普及培训的组织实施及救护员考核、发证工作；各区市应急办、红十字会参照成立本区市应急救护培训协调办公室，制定工作方案，配合有关部门在本辖区内开展相关工作。

11 月 2—6 日，青岛市红十字会常务副会长李然率团对韩国大邱红十字会进行友好访问。

11 月 28 日，国际红十字会创始人亨利·杜南先生后裔、亨利·杜南研究会副会长贝尔纳·杜南先生及夫人莫尼克·杜南、杜南·莫瓦尼埃协会委员会委员奥利维埃·杜南先生、国际红十字委员会顾问曹嵩生做客青岛科技大学求思得论坛名家论坛。围绕“一个设想的由来——纪念亨利·杜南逝世 100 周年”的主题，各位嘉宾在崂山校区第三报告厅为岛城 400 余名观众进行了主题演讲。

11 月 30 日，山东省红十字会常务副会长曹怀杰视察青岛市红十字会工作。

12 月 1 日，开展“世界艾滋病日”主题宣传活动，制作防治艾滋病公益宣传片，联系电视台广告部，在 12 月 1 日前后青岛电视台循环播出；制作了 32 种 6 万份宣传防治艾滋病的书签，在全市大学生中发放；首次引进了道德经的知识传播，在大学生中推动“遏制艾滋、履行承诺”。

年内，成功实施造血干细胞捐献 10 例，年捐献数量省内第一。

年内，成立遗体捐献者之友办公室，接受市民遗体捐献登记申请，协助办理遗体接受手续，为捐献志愿者提供沟通交流平台，为志愿者提供力所能及的服务，接受各界人士参观奉献展厅。

年内，市红十字会“博爱人间”品牌被评为青岛市机关名牌。

本年，全市接收捐款 6798.08 万元，支出 4046.35 万元。其中市红十字会本级募集捐款 4190.78 万元，是去年的 4.1 倍。全市资助人数 42961 人次，本级资助 5042 人。大病医疗救助 1727 人，为 7000 人次进行乳腺健康讲座和普查。捐建 2 个图书室、2 所电脑教室。

2011 年

1 月 9 日晚，由中共青岛市委宣传部、市文明办、市红十字会、红十字微尘基金共同主办的“微尘，爱的交响”微尘感动中国 5 周年暨 2010 年度感恩答谢音乐会，在市人民会堂隆重举行。市委常委、宣传部长王伟，副市长、红十字会会长王修林，市红十字会党组书记、常务副会长李然及其他市领导应邀出席。

1 月 19 日，四方区教工第一幼儿园 39 岁的女教师袁卫青与在北京治疗的一名白血病患者配型成功，去济南捐献造血干细胞，这是青岛市第34例造血干细胞捐献者。

1月23日，2010年度“感动青岛”十佳人物和“感动青岛”群体揭晓，青岛红十字微尘基金爱心理事团荣获群体奖。

3月10日，云南省德宏州盈江县发生5.8级地震。市红十字会密切关注灾情和救援进展，立即启动救灾应急预案。3月11日下午将首笔救灾款20万元紧急汇往云南省红十字会，支持救灾；同时向社会公布捐款捐物方式，接受各界捐赠。

3月11日，日本本州岛东北部宫城县以东海域发生里氏9.0级地震，并引发海啸，造成重大人员伤亡。市红十字会收到首笔捐款10000元用于日本灾区，并接受社会捐赠。

3月，青岛市红十字会在贵州召开的全国造血干细胞工作会上作经验交流。

3月31日，由青岛红十字会和青岛大学医学院主办的毛善励遗体捐献暨遗体告别仪式在青岛市红十字生命奉献展厅举行。毛善励是青岛市第217例实现遗体捐献的志愿者。

4月14日，“青岛啤酒关爱基金”协议签署仪式在市红十字会举行。青岛啤酒股份有限公司出资100万元，联合青岛市红十字会成立“青岛啤酒关爱基金”。

4月29日，“青岛微尘 万里相传”——青啤地产纪念中国共产党成立90周年2011红色记忆之旅正式启动，此活动由市委宣传部、青岛日报报业集团、青啤地产共同主办，青岛红十字微尘基金、青岛摄影家协会、山东嘉华国旅青岛分社、青岛同步广告传播有限公司协办。

4—10月，第二届“爱生命、讲奉献、做文明市民”演讲比赛举办。

5月4日，市红十字会和青岛早报、市妇联、淘宝网联合发起了寻找“魔豆妈妈”爱心工程，共有符合条件的78名“魔豆妈妈”在青岛广播电视大学进行了4天的创业技能培训，最终有31名妈妈得到近50万元的救助。

5月8日，青岛市红十字会首本杂志《微尘》出版，副市长、市红十字会会长王修林为《微尘》杂志题写了卷首语。杂志突出“专业性、思想性、服务性”，重视受众感受，将公益性和可读性紧密联系起来，架起红十字会与社会各界沟通联系的平台。

5 月 8 日，“创建文明城市 红十字在行动”暨五八红十字博爱周活动开始，28 个单位和志愿者队伍冒雨在五四广场开展咨询、宣传、义诊等服务活动；联合市群众艺术馆举办了广场大型文艺演出。开展宣传海报四进活动，发放红十字海报 1000 余张。

5 月 8 日，《青岛早报》推出红十字会专版，深入介绍了市红十字应急救援、遗体捐献、无偿献血、捐献造血干细胞、中韩医疗团等志愿者队伍，宣传他们的感人事迹。

5 月 17 日，山东慈善奖颁奖大会召开，青岛红十字微尘基金获“山东慈善奖最具影响力慈善项目”奖。

5 月，组团赴天津、北京学习考察，在发展红十字文化、完善备灾信息网络、资金发展、创意成果评比等方面取得了交流成果，有利于不断推动青岛市红十字事业提升。

5 月，青岛天使紧急救援中心成立，是山东省首家关注未成年人和社区公共安全教育的非营利性公益机构。天使紧急救援中心以开展群众性安全教育、倡导安全生活、建立具有中国特色安全社区、提高中国社会整体安全水平为宗旨，致力于向民众进行安全救护培训、普及安全知识、推广公益理念。

6 月 14 日，是第八个世界无偿献血者日。全市参与无偿献血的市民已超过 120 万人次，年献血量近 35 吨。岛城的献血率是 1.12%，也就是说一百个人中就有一个人献过血。省委常委、市委书记李群，市委副书记、市长夏耕发来贺信，向全市无偿献血者致以崇高的敬意和节日的问候，向关心支持无偿献血事业的社会各界和无偿献血工作者表示衷心的感谢。

6 月 16 日，全市红十字系统筹资工作暨救助项目交流会召开。市红十字会党组书记、常务副会长李然，12 区市红十字会常务副会长、秘书长，各基金及项目办负责人共 40 多人参加会议。

6 月 29 日晚，青岛红十字微尘基金在香格里拉大饭店举行“爱·无疆——2011 红十字微尘基金公益盛典”活动。国家体育总局乒羽中心副主任、国家羽毛球队总教练、微尘博爱大使李永波，市委常委、统战部长、市红十字会名誉副会长臧爱民，市人大常委会副主任、市红十字会名誉副会长马泽，市老领导刘光享以及400余名爱心企业家出席盛典。经统计，此次公益盛典共筹得善款280.34万元。

7月9日至15日，王莉莉在北京为韩国患者捐献造血干细胞，是我市第一例为外国患者捐献，也是我市第38例非血缘关系造血干细胞捐献者，王莉莉被评为2011年感动青岛人物候选人。

7月20日，喻杨的遗体被送往烟台市殡仪馆。22岁的喻杨是一名河南女孩，跟着打工的父母来到了青岛即墨定居。7月15日，喻杨的父母做出了捐献女儿器官的决定，并于当天在山东省红十字会的见证下，签订了自愿捐献器官协议书。喻杨是本年山东省第六个人体器官捐献者。

7月16日，青岛理工大学红十字志愿服务团"让健康飞"项目在学校举行启动，该项目是参加"中国红十字会大学生暑期社会实践项目"成功获得立项并得到山东省红十字会的资金支持。大学生主要利用暑期实践对山东农村环境状况调查与疾病防御等知识的宣传工作。

7月21日，青岛啤酒股份有限公司、青岛市红十字会、青岛大学、青大附中以及来自社会各界的领导、职工代表和志愿者们齐聚青岛啤酒厂，热情欢迎来自汶川灾区北川羌族自治县青岛啤酒曲山镇小学、陈家坝小学、陈家坝中学的42名师生来青岛参加"北川师生心理夏令营"活动。

7月24日，来自北川的22名孩子分别被青岛的爱心市民带回家，共同生活两天一夜，享受家的温暖。本次夏令营活动是"重塑激情、成就梦想"红十字心理援助项目的重要组成部分，旨在抓住震后3到5年心理干预的关键时期，对灾区的学校师生进行"心灵家园"重建。

8月1日，中国红十字总会捐赠信息发布平台上线运行，并首先发布了青海玉树地震捐赠收支和资助使用的有关情况，青岛市红十字会共为青岛玉树地震捐款2130余万元。

8月30日，2011年红十字微尘爱心月饼行动启动，2000盒月饼伴北川孩子和本市困难家庭过中秋佳节，这是我市连续3年开展此活动，累计捐赠爱心月饼6000盒。

8—10月，组织机关干部集体学习中国红十字会会长华建敏在九届二次理事会上的讲话和省会七届四次理事会精神，参观全国检察机关惩治和预防渎职侵权犯罪展览，组织机关全体工作人员收看胡锦涛总书记七一讲话。前三季度先后组织机关党员干部培训16次。

9月8日，每年9月第二个周六为“世界急救日”，市红十字会联合市政府应急办、91206部队等部门参与了中国红十字总会、世界急救日红十字应急救护“两岸万人同做CPR，创造吉尼斯世界纪录活动”，该活动以北京为主会场，在上海、香港、澳门、台湾、青岛等10个分会场同时举行。青岛分会场共有1000名官兵参加了演练，现场进行了心肺复苏和创伤包扎实操演练。

9月10日，“红十字心桥基金”第三次启动对贫困服刑犯人救助，102名服刑犯人及其家人共获得了近3万元救助。

9月24日，由市红十字会、市妇联、市残联和青岛红十字粉红丝带基金共同主办的青岛淘宝创业就业公益培训班在青岛广播电视大学举行第一期开班仪式，本期培训班共有80名学员参与。

9月26日，青岛市推进商标战略实施大会在市级机关会议中心举行。“微尘”作为全市首个也是唯一一个公益类商标荣获了青岛市著名商标。

10月6日，由市体育局和市红十字会主办的“新地心广场杯”微尘公益足球义赛于天泰体育场打响，对阵双方是由毕福剑、刘建宏领衔的央视主持人队和以青岛老海牛队主力阵容为班底的青岛明星队。两支队伍随后参加了“微尘·和你在一起”新地心公益足球之夜的晚宴，将当日所募得的善款全部捐献给微尘基金。

10月11日，因不到两岁的女儿刘敏欣在青岛意外身亡，深圳刘龙生及妻子张琴一家人以人间大爱的情怀将肇事方20万元的赔偿金捐献给青岛市红十字会，并成立“小妹基金”，用于救助社会弱势群体。刘龙生获“感动青岛”十佳道德模范提名奖。

11月6日，“读早报晚报做微尘”——爱心白菜进社区公益活动正式启动，“早报晚报微尘基金”拨善款采购的50万斤大白菜将陆续送至市内四区44个街道，然后再由志愿者分发给低保户。

11月，青医附院、市立医院、401医院成为省卫生厅指定的心脏死亡非亲属捐献肝脏、肾脏移植试点单位，可以在红十字会的介入下进行捐献志愿者捐献器官的移植手术。

12 月 8 日晚，“红十字在行动”报告会在京举行，青岛红十字微尘基金作为全国唯一的草根公益组织获邀出席，并接受了中共中央政治局委员、国务院副总理回良玉，全国人大常委会副委员长、中国红十字会会长华建敏等党和国家领导人的亲切接见。

12 月 15 日，李鸿波领取了 2008—2009 年度全国无偿献血奖金奖。李鸿波连续 18 年无偿献血 74 次，包括献全血 19 次，献机采血小板 56 次，累计献血量达 94560 毫升。在他的带动下，妻子王玲玲也加入到无偿献血队伍中，几年来献血三万多毫升，两次荣获全国无偿献血奖金奖。

12 月 22 日，青岛市政府办公厅下发《关于进一步加强红十字会工作的意见》，要求财政、外办、机关事务局、规划局、编办等部门在我会资金、对外交流出访、车辆购置、建设配套用房、机构内部设置等方面给予支持，解决制约青岛红十字会发展的管理体制、运行机制的难点问题。

12 月 25 日，青岛银行微尘卡 · 2011 微尘公益之星颁奖晚会昨隆重举行，十大人物、企业和团体受表彰，31 个“微尘公益之星”人物、企业、团体进行了颁奖。青岛红十字蓝天救援队、青岛微行动、微尘之光公益团、即墨曙光公益志愿者团队、浮山“环保哥”王德洋获得表彰。

12 月 27 日，莱西市民王焕涛捐献造血干细胞救人被评为 2011 年“感动青岛”人物候选人。

该年，青岛市器官捐献实现零的突破；青岛市红十字会基层组织 53 个，红十字会会员 2819 人，新增团体会员单位 6 个，收缴会费 55721 元，登记红十字志愿者 6266 人，骨干志愿者 416 人；建立红十字组织学校 989 所，建会率达到 68.92%，市级以上红十字学校 136 所；大中小学红十字青少年会员占在校人数的 16.17% ；青岛市连续第七次被国家评为“全国无偿献血先进城市”称号；捐献工作分别被省红十字会评为“无偿献血先进集体”、“造血干细胞先进集体”、“遗体器官捐献先进集体”。

2012 年

1 月 14 日，红十字微尘基金的常务理事们将价值 10 余万元的花生油、面粉、大米、酱货以及儿童玩具等年货送到社会福利院和儿童福利院，让孩子、老人还有看护他们的护工和志愿者都过上红红火火的快乐年。

1 月 17 日晚，2011 年度“感动青岛”十佳人物评选活动颁奖典礼在青岛电视台 800 平方米演播大厅举行。市领导王伟、吴淑玲、郄晋生，驻青部队首长夏克伟出席颁奖仪式并为获奖者颁奖。青岛市红十字蓝天志愿救援队荣获 2011 年度“感动青岛”群体奖。

2 月 10 日，市委书记李群在市第十一次党代会报告中指出：弘扬“微尘”、“红飘带”精神，在全社会形成知荣辱、树正气、讲奉献、促和谐的良好风尚。

2 月 20 日，中国红十字会秘书长王汝鹏在青岛市红十字会常务副会长李然、副会长丁钢陪同下到城阳区红十字会进行调研，听取了区红十字会常务副会长潘孟昭作的 2011 年工作报告及 2012 年工作打算，并现场走访调研了蓝天救援队和齿科医疗义诊团志愿服务团队工作情况。

2 月 29 日上午，青岛红十字粉红丝带基金爱心救助暨妇女乳腺癌防治科普专家巡讲团启动仪式在机关会议中心举行。启动仪式上，青岛乳腺病医院向市红十字会捐款 20 万元用于乳腺病患者救助，55 名患者每人获得了 4000 元的现金及医疗援助，50 名金牌爱心大姐获得了价值 420 元的乳腺健康爱心体检卡。

2 月，山东省人力资源和社会保障厅、山东省红十字会联合发文，对在促进全省红十字事业发展、构建和谐社会中作出积极贡献的先进集体和先进个人进行表彰。市红十字会及崂山区红十字会获得先进集体称号，“三捐献办”负责人张少芹同志被记二等功，市南区红十字会秘书长张秀丽同志和即墨市红十字会专职副会长王士云同志被记三等功。

3 月 3 日上午，1000 多名青岛网友聚集在市政府一号楼前大院，一起开启“青岛网友学雷锋活动月”的大幕。启动仪式上，青岛新闻网“网事如歌”2011 感动青岛十大网络事件评选结果揭晓。

4 月 2 日上午，300 多名市民及医学院学生赶到位于福宁园的红十字生命奉献林悼念青岛市遗体捐献者，近百名捐献者入住奉献林，其中包括青岛市第三例捐献者、著名的书法家、篆刻家苏白。

4 月 12 日，中国红十字基金会项目部副部长周魁庆一行 2 人，在省红十字会赈济救助办负责人马俊娥的陪同下来青岛市红十字会就白血病、先心病儿童救助项目进行调研回访并看望部分患者。李然常务副会长全程陪同。

4 月 17 日，为期 4 天的 2012 国际极限帆船系列赛青岛站比赛在青岛奥林匹克帆船中心举行。市红十字会及市南区、市北区、四方区、李沧区、崂山区红十字会积极组织 300 余名红十字志愿者及 200 余名社区居民、大学生等参观比赛。红十字志愿者现场主动为观众提供引导、急救等服务。

4 月 26 日，青岛市红十字会联合市委宣传部、市文明办、中国海洋大学共同主办的“博爱与城市精神”论坛举行。湖南师范大学教授周秋光、北京社科院于燕燕研究员、苏州大学池子华教授、青岛市红十字会常务副会长李然分别作主题发言。论坛上同时举行了《亨利・杜南传》和《古斯塔夫・莫瓦尼埃传》中文版首发式，并向市图书馆赠书。青岛红十字文化与公益事业研究中心同时揭牌。

5 月 5 日，由青岛市红十字会、青岛市群众艺术馆联合主办的纪念世界红十字日大型宣传活动暨志愿队伍成立仪式在五四广场举行，拉开了红十字博爱周序幕。全市红十字志愿者累计达 34874 名，其中骨干红十字志愿者 719 名，62 支红十字志愿队分布在医疗、心理援助、无偿献血、应急救护、募捐救助、遗体捐献等领域。

5 月 8 日上午，由中国红十字会、商务部、江苏省人民政府共同举办的中非国家红十字会合作论坛暨中非国家红十字会能力建设研讨班在江苏太仓启动。由青岛市红十字会与日内瓦人道研究中心合作翻译出版的国际红十字运动创始人传记《红十字之父——亨利・杜南传》和《红十字之魂——古斯塔夫・莫瓦尼埃传》中文版正式发行。

5 月 9—12 日，青岛市红十字会邀请《亨利・杜南传》和《古斯塔夫・莫瓦尼埃传》的原作者罗歇・迪朗和弗朗索瓦・比尼翁先生到青岛举办了四场国际红十字运动起源专题讲座。

5 月 9 日，青岛红十字微尘基金在崂山区南北岭社区和上葛场社区设立了 2 个博爱新村，为每个社区捐款 15 万元，用于改善社区居民生活环境，对社区中无力支付养老保险、因大病致贫和家庭无劳动力无收入的 60 余名困难家庭居民发放人道救助金共 9 万元。

5 月 11 日，25 岁的中国海洋大学毕业生罗锴在北京的医院完成了 210 毫升造血干细胞的采集，成为青岛市第一位两次捐献造血干细胞的志愿者。

5 月 11 日，全市首个以羽毛球运动为校园文化特色的“红十字微尘基金博爱校园”在城阳源头小学成立。国家羽毛球队总教练、微尘博爱大使李永波来到城阳源头小学，教孩子们如何打球。

5 月 11 日上午，青岛市红十字会联合青岛市应急办、地震局、消防局等单位，在中国人寿青岛分公司联合举行了地震应急疏散演练。下午，市红十字会又联合青岛市应急办、地震局、消防局、120 指挥中心、青岛市人大、青岛市政协等单位，在人大政协办公楼举行了大型地震应急疏散演练。

5 月 15 日，青岛市区两级红十字会在洛阳路第一小学举行了“红十字微尘基金博爱校园”项目暨“阳光爱眼”活动仪式。活动现场为 50 户困难家庭学生发放了 50 份“爱心餐补”和 73 副“爱心眼镜”。

5 月 19 日上午，“葡立杯”爱在行走—红十字微尘基金会员登山活动在市社会福利院广场启动。

5 月 26 日，青岛红十字粉红丝带基金联合中国春天百货（青岛区）成功举行了 2012“粉红丝带”全民健步走大型公益活动，数千爱心人士身着粉红服饰，向着健康、美丽出发，以实际行动传递爱心，传递健康、积极、自信的生活理念。

5 月 29 日，青岛市红十字会携手交运集团共同启动“‘红飘带’·‘微尘’一元爱心滴水情行动”。市红十字会党组书记、常务副会长李然，交运集团总经理刘永康及市国资委、市文明办、市运管局等领导和出租车驾驶员、市民代表近 200 人参加。

6 月 6 日，在胶州市中云小学举行了“红十字微尘基金博爱校园”授牌仪式，市红十字会副会长丁钢、微尘基金常务理事团、项目捐资企业代表以及 2 所受助学校的师生代表参加了此次活动。微尘・易佳基金捐赠爱心善款 10 万元，资助胶州市中云小学和少海小学设立“微尘基金博爱校园”，现场为 60 名困难家庭学生发放了“爱心餐补”。 此外还设立了“微尘爱心图书室”，为中云小学、少海小学、昌新小学提供总价值 1.5 万元的图书。

6 月 10 日，由中国红十字总会主办的 2012 中国青岛世界无偿献血者日纪念宣传活动在五四广场举行。省委常委、市委书记李群和献血志愿者一起踊跃献血。中国红十字总会副会长王海京出席活动。市委常委、秘书长王鲁明等踊跃参加无偿献血。副市长栾新、市政协副主席杨宏钧、市老领导周迪颐等出席纪念宣传活动。

6月10—13日，青岛市红十字会举办了科学发展暨干部能力培训班。中国红十字会副会长王海京，山东省红十字会常务副会长曹怀杰，市红十字会常务副会长李然，副会长丁钢、苏海音出席培训班，市红十字会全体机关干部，各区市红十字会常务副会长、副会长、秘书长和机关工作人员以及青岛市部分红十字志愿者领袖和骨干参加了培训。

6月14日，青岛市红十字会召开了全市红十字会上半年工作会议。市红十字会常务副会长李然，副会长丁钢、苏海音出席，市红十字会机关各部门负责人，各区市红十字会常务副会长、副会长、秘书长参加会议。

6月21日晚，“爱·无疆”——2012红十字微尘基金公益盛典在香格里拉大饭店举行。当晚，共筹款325.687万元。这些款项除了用于“生命、健康、教育”项目外，微尘基金还正式启动了“微尘阳光少年”项目，该项目以青岛、贵州、安徽、四川、云南等地贫困家庭的小学生为救助对象，一名学生一年可定向获得500元的助学金，2012年将有1000名贫困学生受益。

7月5日下午，中国人寿青岛分公司向市红十字应急救援志愿者队捐献1508万元保险，保期一年，70多名应急救援志愿者受益。市红十字会常务副会长李然，中国人寿青岛分公司党委书记、总经理侯清英出席捐赠仪式。

7月10日，解学山和张杰造血干细胞正式捐献仪式在胶南市卫生局会议室举行，两人在捐献书上庄重地签下了自己的名字。当天上午，解学山就踏上了去济南的列车，在那里，他将捐造血干细胞救助苏州的一名白血病少年，他也由此成为全国第一例残疾人造血干细胞捐献者。

7月22日凌晨1点，青岛红十字蓝天救援队队长李延照带领6名队员连夜赶往北京参与水灾救援。救援期间，青岛红十字蓝天救援队探摸车辆53辆，探摸水域近60000平方米，协助救援被水淹没车辆25辆，协助40多名被洪水围困的群众撤离，走访乡镇干部8人，村庄群众28人，得到信息数十条，为政府的灾后支援和重建提供翔实数据。

7 月 26 日，中国红十字会副会长郭长江来青岛调研红十字青少年与志愿服务工作。

7 月 27 日，2012 年红十字青少年关爱留守儿童系列活动启动仪式暨全国红十字青少年夏令营开营式在青岛举行。本次夏令营由中国红十字会总会、红十字会与红新月会国际联合会和香港红十字会共同主办，山东省红十字会和青岛市红十字会承办。来自全国各省（自治区、直辖市）和新疆生产建设兵团及香港、澳门的红十字青少年骨干和红十字会负责青少年工作的专职干部约 150 人参加此次夏令营。

7 月 25—26 日，中国红十字会党组副书记、副会长郭长江，山东省红十字会党组书记、常务副会长曹怀杰等领导到青岛市调研视察，并听取了市红十字会的工作汇报，参加了红十字蓝天救援队揭牌仪式，考察了城阳区红十字博爱学校。省委常委、市委书记李群表示要重视和支持红十字会工作。市委常委、副市长王广正，副市长栾新分别会见并参加会谈。

7 月 31 日，青岛市黄岛区新市民刘希玉因意外摔伤抢救无效去世，按照他的家属意愿，捐献的器官可挽救 5 名患者。这是青岛市开展人体器官捐献试点工作以来完成的第二例人体器官捐献。

8 月 13—17 日，2012 青岛——大邱红十字青少年国际交流营在韩国大邱举行。参加夏令营的不仅有青岛的红十字青少年代表，还有来自韩国大邱的红十字青少年代表，此次交流营成了中韩 30 名青少年团结与友谊的盛会。

8 月 14 日，由青岛电视台《开心 100 万》新栏目与青岛红十字会微尘基金合作成立的“微尘 · 开心基金”正式启动。

8 月 22 日，山东省副省长、省红十字会会长王随莲在青岛调研青岛市红十字会工作开展情况。王随莲考察了青岛幸福之家融和教育中心，详细了解自闭症及发育障碍儿童的学习和生活、培训教师和志愿者服务以及市红十字会和社会各界对教育中心的爱心捐助等工作，并为孩子们带去了由青岛喜恩喜国际贸易有限公司捐赠的奶粉。

8 月 22 日，青岛红十字微尘基金联合青岛早报举办圆梦行动见面会，热心市民和贫困考生结成对子，微尘基金给予每名学生 4000 元助学款，帮助 50 名贫困大学生圆了他们的大学梦。

8 月 23 日，中国红十字会总会副会长郝林娜到青岛市红十字会听取工作汇报。中国红十字会总会赈济救护部部长王平、副部长李立东，中国人体器官捐献管理中心副主任刘维新，天津市红十字会常务副会长郑新建出席汇报会。郝林娜对青岛市红十字工作给予充分肯定并向与会者简要介绍了全国遗体（器官）捐献工作有关情况。

8 月 23 日下午，青岛市遗体（器官）捐献者奉献林二期工程奠基仪式在福宁园举行，中国红十字会总会副会长郝林娜出席奠基仪式，并向遗体(器官)捐献者敬献鲜花。

8 月 28—29 日，香港红十字会副秘书长苏婉娴一行 3 人在总会筹资处处长陈啓洪的陪同下来青岛市红十字会调研筹资合作项目试点工作。市红十字会常务副会长李然，副会长丁钢、苏海音陪同调研。

8 月 31 日晚，由海上嘉年华（青岛）置业有限公司主办、青岛报业传媒集团协办的“海上嘉年华蝶变·梦幻之夜”慈善晚宴在香格里拉大饭店举行，海上嘉年华（青岛）置业有限公司当晚共向红十字微尘基金捐出 20 万元善款，这些善款将全部用于关注儿童的“生命、健康、教育”项目。

9 月 1 日，由市红十字会、市体育局、市政协社会和法制委员会、市政协委员活动工作室联合主办的“情满微尘 星耀岛城 2012 爱在青岛”明星公益晚宴在万达艾美酒店举行，副市长栾新出席晚宴。香港明星足球队和央视主持人足球队成员参加晚宴。晚宴上举行的拍卖活动共募集善款 80 万元，微尘基金将其用于帮助岛城困难群体。

9 月 7 日，市文明办、市直机关工委、市人力资源和社会保障局、市卫生局、市团委、市红十字会六部门联合发文，倡议在全市各级公务员队伍中组织无偿献血活动。青岛市已将每年 1、2、7、8 月的第一周的周二作为青岛市市级机关公务员无偿献血日。

9 月 7 日，青岛啤酒四川灾区红十字心理援助项目经费使用报告会在青岛大学举行。心理援助项目工作站站长陶明达教授介绍了项目三年以来实施情况；夏锡梅副教授汇报了青岛啤酒红十字地震灾区心理援助项目经费使用情况。

9 月 8 日晚，“博爱中国红十字齐鲁行”大型公益巡演——由空政文工团创作的大型中国音乐剧《咏蝶》在青岛大剧院上演。

9 月 10 日，8 名红十字蓝天救援队队员带 2 辆救援车和自身给养、救援用药品、器材出发，前往云南彝良地震灾区，救援队将在中国红十字会总会的指挥下，参与救灾物资发放、协助开展伤员救助等工作；青岛市红十字会紧急调拨家庭包 500 个，分别通过云南省红十字会、贵州省红十字会援助地震灾区受灾群众。另援助贵州省地震受灾地区被子 410 床。

9 月 17 日，青岛红十字微尘基金工作人员和岛城爱心人士到位于云南迪庆州德钦县拖顶乡巴龙村的迪喜慈善学校，给那里的 77 个孩子每人送去 500 元助学金，这些孩子成为微尘基金“阳光少年”计划的首批救助对象。

9 月 20 日，青岛市红十字蓝天救援队的 5 名队员从云南彝良地震灾区安全抵达位于城阳的队部。在灾区的 7 个日夜里，蓝天救援队成员救助了数百名灾民，救援物资全部亲手送到灾民手中。

9 月 20 日，市红十字会召开贯彻全国红十字报刊宣传工作会精神座谈会，传达全国红十字报刊宣传工作会精神，部署下一步宣传工作。

9 月 28 日，市红十字会和市司法局第五次启动“红十字 · 心桥基金”救助，北墅监狱内服刑的 9 名特困犯人的家人分别获得 1000 元救助，100 名长期无人探视并且账户上没钱的犯人每人获得 200 元的救助金。

10 月 10 日，由青岛市红十字会、市妇联主办，青岛红十字粉红丝带基金、青岛乳腺病医院协办的青岛红十字粉红丝带乳腺癌防治运动亮灯仪式在青岛海滨地标——栈桥举行。

10 月 11 日上午，由青岛市红十字会、青岛市妇联、青岛红十字粉红丝带基金、青岛乳腺病医院联合举办的 2012 · 国际乳癌防治月系列活动——叶丹阳走进青岛乳癌患者交流会拉开序幕。

10 月 14 日至 20 日，市红十字会在山东省水上救护培训基地举办学校红十字健康安全辅导员培训班，来自全市各高校、技校、中小学的校医、卫生老师共 40 余人参加了为期 6 天的安全辅导员培训。

10 月 27 日，复旦大学青岛校友无偿献血流动血库和中南地产无偿献血流动血库在中南世纪城成立。北大青岛校友会、复旦青岛校友会等倡议建立青岛市大学生无偿献血流动血库。

11月2日，全市加快红十字事业发展专题会召开，研究进一步贯彻国务院《关于促进红十字事业发展的意见》，副市长栾新出席会议并讲话，对加快红十字事业发展提出要求。市红十字会常务副会长李然、各区市政府分管红十字工作领导分别作工作汇报。

11月4—6日，“2012年红十字会筹资工作培训坊”在青岛市召开，来自全国10个省、市红十字会的40名筹资工作人员进行为期3天的筹资培训。中国红十字会秘书长王汝鹏、香港红十字会副秘书长苏婉娴、郑仲恒及青岛市红十字会常务副会长李然出席开班仪式。

11月11日、12日，市红十字会微尘基金分别在平度市战家疃小学和莱西市孙寿镇中心小学启动了“博爱小学”项目。至此，微尘基金已在全市创建了十所“博爱小学”，为那些贫困家庭的学生提供助学金、午餐补贴，并为他们开办图书馆，资助孩子们免费学习各种特色兴趣班。

11月16日，“同写一个爱·2012年度微尘公益之星”评选表彰活动正式启动。此次活动将评选出2012年度微尘十大微尘公益之星（人物）、十大微尘公益之星（企业）以及微尘公益之星（团体）。

11月23日，青岛曲艺社微尘公益曲艺专场暨著名作家刘杰新书公益签售会在微尘基金活动定点单位闽清阁茶楼举行，微尘基金理事及会员60余人参加了活动。现场，著名作家刘杰捐出100本新书《中年危机》，并在现场进行公益签售。

11月26日，青岛红十字小草基金（简称“小草基金”）在青岛市红十字会正式成立，小草基金是在市红十字会架构下设立的一项公益基金和计划。市红十字会常务副会长李然、副会长丁钢及5位基金发起人出席签字仪式。“小草基金”救助范围是重点关爱非政府救助范围内的失依青少年群体，重点在生活、教育、心理等方面帮扶救助。

12月4日至6日，全国红十字志愿服务暨宣传工作会议在北京召开。青岛红十字中韩医疗团韩方团长李永南获得国际人道服务领域唯一“中国红十字志愿服务专业贡献奖”，青岛啤酒四川地震灾区红十字心理援助服务队获得“优秀红十字志愿服务队”称号。青岛红十字微尘基金爱心理事团在会上围绕募捐救助志愿服务进行了经验交流。

12 月 20 日，第四届“同写一个爱”微尘公益之星颁奖晚会在青岛电视台演播大厅举行，现场对本年度“微尘公益之星”征选活动评选出的 30 个“微尘公益之星”人物、企业、团体进行了颁奖。

2013 年

3 月 5 日，来自青岛市城阳区流亭街道李家女姑社区 80 后小伙李佳正躺在病床上为一名上海白血病患者捐献造血干细胞，这是青岛市 47 例、城阳区第 6 例造血干细胞捐献者。

3 月 7 日，青岛红十字蓝天救援队参加城阳区街道组织的扑灭山火动员会，按照部署，编入后桃林社区灭火小分队，协同政府完成三标山山火扑救。此次过火面积约 600 亩。

3 月 17 日，青岛市城阳区红十字齿科义诊团一行 32 人赶赴上马街道北岭社区为当地贫困老人免费诊疗牙齿。这是齿科义诊团开展的第 35 次义诊，今年齿科义诊团计划为贫困老百姓和社区贫困儿童免费义诊 300 人以上。

3 月 17 日下午，青岛红十字小草基金在沙子口北山举行关爱小草，共植小草仁爱林活动。红十字小草基金爱心理事向 5 名“失依儿童”发放了 3 月份的 100 元救助金和书包、学习用具；青岛俐昊实业发展有限公司还向 5 名救助对象发送价值达 1000 多元的饼干。

3 月 27 日上午，青岛市红十字会常务副会长李然及青岛红十字微尘基金常务理事团接见了国际特奥会官员顾抒航一行，顾女士对微尘基金会在全国公益事业中取得的成就表示感动，双方就下一步共同进行公益活动进行了专项讨论。

4 月 2 日，世界自闭症关爱日，由青岛市红十字微尘基金和齐鲁电视台主办的“星星的孩子 我们共同来爱”公益活动在李沧伟东乐客城广场举行。现场 7 个贫困自闭症家庭获得捐助。

4 月 3 日，青岛市北区红十字会开展“情暖老年人朋友，春风新市北”活动，向老年护理员、残疾人托养中心捐赠爱心物资 3500 元。

4 月 20 日，四川雅安发生 7.0 级地震，青岛市红十字会同日启动一级应急响应，从备灾金中向雅安红十字会紧急拨付 10 万元，同时调拨价值 24.5 万元650个救灾包发往灾区。向社会公布募捐账号，展开募捐，截至4月28日，共接收各界捐赠款物2216.65万元，其中捐款2062.14万元（市红十字会接收捐款1561.38万元，区市红十字会500.76万元），接收捐赠物资价值154.51万元。

4月20日，青岛市红十字蓝天救援队17名队员赶往雅安地震灾区救灾。4月28日返回青岛。在雅安地震灾区，为芦山县和宝兴县18个村寨8000多人补给了30余吨物资，成功救治了200余名伤员。

4月21日，山海情红十字救援队7名队员赶往雅安地震灾区，4月28日返回青岛。

4月23日，在青岛市红十字会和菏泽市红十字会的共同支持下，由青岛阜外心血管病医院、菏泽市曹县卫生局和曹县红十字会联合主办的“阜外心连心‘微尘’齐鲁行——走进菏泽曹县”大型儿童先天性心脏病义诊筛选活动，在曹县人民医院新院区隆重举行，共为32名先天性心脏患儿做了免费检查。

4月26日，2014青岛世园会执委会、青岛市红十字会联合启动“微尘与世园会同行”活动。双方代表签署“微尘与世园会同行”合作备忘录，揭幕“微尘与世园会同行”组合标志，设立启动微尘世园基金。

4月26日至5月26日，青岛市红十字会开展“微尘与世园会同行”红十字博爱月活动。活动围绕着“微尘与世园会同行”、“弘扬微尘精神，支援雅安救灾”两大主题，开展应急志愿者协会成立、小草基金义卖、星星之爱、微尘·真知基金启动、微尘爱心贵州行、中韩医疗团平度义诊等16项活动。

4月28日，青岛大剧院海信交响乐团与日籍指挥增田宏昭合作，举行“雅安加油光 & 朋友们为灾区祈福”义演音乐会，慰问红十字志愿者和捐赠人。青啤、青港、青钢、北海分局等近400人出席。

5月2日，青岛公安边防支队“青年文明号”与青岛大学青年志愿者举行“迎五四青年节为雅安地震灾区孩子加油”活动，写下心语，共同祝福灾害儿童，鼓励他们走出阴霾，开启新的生活。

7月23日下午，“博爱家园——红十字应急救护志愿服务进社区”活动在八大关街道太平角社区举行，向社区居民传授自救互救知识。

7月25日，胶州市红十字会联合城管执法大队开展无偿献血活动，城管执法大队 30 余名机关工作人员参与无偿献血。

7 月 27 日，胶州市红十字会举办“为了生命的希望——志愿捐献造血干细胞采集登记”活动，常务副会长王超率先垂范成为捐献志愿者。

7 月 31 日，“微尘·即墨卓峰基金”发放 2013 年奖金、助学金 36.8 万元。该基金已累计发放奖学、助学、助困金 185 万元。

7 月 29 日下午，青岛红十字蓝天救援队一行 7 人驾驶救援车辆急赴甘肃天水灾区救援。

8 月 1 日，青岛向甘肃定西地震灾区捐助的 480 万元捐款被送到了定西市岷县地震灾区。这也是甘肃岷县、漳县 6.6 级地震发生以来，定西市接收到的捐赠到岷县数额最大的一笔捐款。这批分别由青岛各区市捐款 270 万元、青岛啤酒股份有限公司捐款 100 万元、青岛港务有限公司捐款 50 万元、青岛市红十字会捐款50万元、青岛甘肃同乡会捐款10万元的救灾资金将作为专项资金，主要用于地震灾区受损教育设施的重建和修复工程，使灾区的教育基础设施得到良好的恢复和发展。

8 月 6 日，青岛第 4 个公务员献血日，47 个市直机关和市南区直机关 329 名机关干部参加献血，献血量达 9.967 万毫升，有效缓解了血液紧张局面，30 名机关干部捐献血样成为造血干细胞捐献志愿者。

8 月 12 日，城阳区第 7 例造血干细胞志愿者江志朋在济南捐献，是城阳区机关干部中首位造血干细胞捐献者。

8 月 14 日上午，青岛红十字无偿献血志愿服务大队志愿者马显涛又一次献出 2 个治疗量血小板。至此，他已经献全血 15 次共计 5600 毫升，单采血小板 65 次共计 105 个治疗量，共折合全血 8.96 万毫升。曾 3 次荣获全国无偿献血奉献奖金奖，1 次特别促进奖。他参加志愿服务时间累计达 2400 多小时，荣获全国无偿献血五星级志愿者荣誉称号。

8 月中旬，张雨晴受聘为崂山区红十字应急救护志愿者形象大使。张雨晴是中韩街道康城社区居民，青岛大学音乐学院 2012 级学生，因使用心肺复苏术救活路边休克女青年，被媒体评为青岛“最美琵琶手”。

8 月 16 日，崂山区红十字会在石老人海水浴场举办应急救护技能演练暨善谈公益课堂培训活动，这是该区连续 4 年在海水浴场举行救护救援演练活动。

8月，崂山区红十字会在2个“微尘”博爱新村成立红十字博爱服务站，配备应急救护箱、急救包等物品，志愿者定期为村民提供咨询、培训等服务，市红十字工作扎根基层。

8月23日，城阳区机关事业单位中的400余名机关干部踊跃献血8万余毫升，12名机关干部参加造血干细胞采样，有效缓解了青岛市临床用血紧张。

8月27日，市南区红十字会已为10个街道65个社区发放《应急救护手册》书籍10000本、《应急救护培训指南》宣传折页30000份，“人人学急救、急救为人人”宣传海报500张，惠及万户家庭。

8月27日，“胶州湾医院·红十字博爱基金暨扶贫救治捐资助学启动仪式”在胶州湾医院举行，胶州湾医院捐款10万元，用于扶贫、助学、助医。

9月10日至11日，青岛市应急志愿者协会举办全市应急志愿者骨干培训班。从全市近3000名应急志愿者中遴选出的50多名应急志愿者骨干参加了培训。

9月13日，城阳区中韩友好红十字救助会向区属棉花小学等12所学校的50名贫困学生发放助学金、学习用品和月饼等礼物，总价值3.5万余元。这是城阳区中韩友好红十字会自成立以来第12次发放助学金。

9月14日，青岛红十字中韩医疗团医护人员、志愿者50多人乘坐公交集团爱心大巴，来到平度市大泽山镇北随村开展爱心义诊活动，为北随村和上甲村等3个周边村320名群众进行了免费诊疗，为23名老人提供免费理发业务，送出价值近2万元的药品和小礼物。

9月17日，中秋节前夕，青岛市红十字会常务副会长李然带领机关处级以上干部来到胶州市赵家庄村，看望慰问困难村民，市红十字会机关干部捐款4800元，为16名困难户送去月饼、面粉、食用油、牛奶等慰问品。

9月，中秋节期间，青岛鲜品屋实业有限公司、青岛皇家食品有限公司、万达艾美酒店通过青岛市红十字会向部分养老院、博爱小学、无偿献血志愿者和街道社区困难家庭捐赠价值共34.1万元的月饼3000盒，向他们送去节日的慰问。

9月22日，城阳区红十字齿科义诊团到棘洪滩街道韩北幼儿园，为患有锯齿等牙科疾病的35名小朋友进行免费义诊，减免费用3万余元。

9月22日，即墨市红十字会开始对机关事业单位150名工作人员分期进行应急救护知识培训。

10月5日，韩国向青岛红十字中韩医疗团发总统表彰状，以表彰其通过在外同胞权益伸展活动为国家社会发展作出的积极贡献。

10月9日，市南区红十字会资助的12辆崭新自行车、12套紧急救援装备配备天使救援自行车队。该队伍自2011年以来，常年活动在青岛沿海一线，从事规劝游人注意海边风浪、为受伤游客进行简单处理、道路咨询等志愿服务，已经开展活动近400次，志愿服务时间累计20000多小时。

10月11日，中国红十字总会隆重举行了中国红十字救援队授旗仪式。中国红十字总会组织应急救援相关领域的专家对搜救、赈灾、医疗、供水、大众卫生、心理、水上及通信等八种类型中国红十字救援队进行了评审认证，确定了21支中国红十字救援队。青岛市红十字会水上救援队入选为3支中国红十字会水上救援队之一。

10月12日，由西安交大和胶州市红十字会共同设立的“思源基金”启动，并为守助的14名学生代表发放第一期助学金。

10月18日，胶州市开展“胶州公交无偿献血志愿者与雷锋同行”无偿献血活动。60余名公交公司员工进行无偿献血，献血量达24400毫升。

10月19日，青岛红十字中韩医疗团一行40多人，到莱西市沽河街道张格庄村开展义诊活动。当天，医疗团共为400多名农民提供诊疗和咨询服务，根据诊断情况，向就诊农民免费发放了总价值2万多元的药品。

10月24日至28日，由中国红十字会总会训练中心承办的“发展中国家红十字会社区发展能力建设研修班”学员到青岛参观考察红十字工作。来自利比亚、苏丹、加纳、南非、津巴布韦等11个非洲国家的24名学员参加活动。访问期间，学员们与青岛市红十字会工作人员、会员、志愿者深入互动交流，并参观了市南区珠海路澳门路社区红十字备灾仓库，与青岛红十字蓝天救援队就有关救援技术进行了探讨和交流。

10月24日，市南区红十字会联合市中心血站在海大校园内举行无偿献血和捐献造血干细胞活动。现场发放宣传资料400余份，76名志愿者献血25000

毫升，22 人捐献造血干细胞样本。

10 月 31 日，由微尘润达信基金资助的平度市三所博爱小学正式启动，每所学校资助 5 万元，用于爱心餐补、奖学金、爱心图书室、微尘特长班等项目。微尘基金已在全市范围内设立了 16 所博爱小学，此项目也在今年被评为“青岛市优秀志愿服务项目”。

11 月 1 日，青岛市红十字会召开筹资培训工作坊。此次工作培训坊是借鉴香港红十字会筹资工作理念，从内容、形式、方法等方面进行的探索和尝试，是青岛红十字会筹资工作借鉴先进理念、推进创新、密切联系群众的新举措。

11 月 7 日，崂山区红十字会爱慈心红十字心理援助志愿者队伍成立。该队伍将在学校、社区、企业等开展心理援助的培训、辅导、咨询等活动，为更多需要心理援助的群体进行志愿服务。

11 月 22 日，微尘车友会的车友带着爱心市民捐赠的书籍、文具和体育用品等前往淄博举行爱心助学活动，为 282 名学生送去爱心文具。这是微尘车友会爱心助学山东行的第一站，之后还将到更多地方开展资助活动。

11 月 30 日，“关爱明天，呵护小草”青岛红十字小草基金一周年公益晚会在香格里拉大酒店举行，晚会上共募善款 17 万元。该基金成立一年来，救助 8 名失依儿童。

12 月 1 日，由青岛红十字会、青岛青同社区主办，青医附院性健康中心、青岛双蝶集团协办的艾滋病日公益宣传活动在台东步行街举行。活动发放防艾手册 6000 余套、安全套 5000 余只，为 200 余人次解答健康问题，约 500 名市民参与了防艾知识的有奖问答，5000 余名市民参与“遏制艾滋 履行承诺”签名活动。

2014 年

1 月 1 日，青岛一家公司将 6 万元善款捐到微尘基金，用于帮助孩子。这家公司在 2013 年的第一天也捐出了 6 万元用于微尘基金的“阳光少年”项目。新年首日，微尘基金收到来自爱心企业和市民的 8 万余元捐款。

1 月 8 日，腊八节，青岛市红十字会处以上干部冒着冬日严寒，再次来到胶州市胶西镇赵家庄村，看望与自己结对子的村民，为他们送去米、面、油等生活物资，并为村民陆瑞林一家送去大病救助款5000元。

1月14—15日，青岛即墨市红十字会、市老年体协联合对辖区内老年体协的辅导员开展红十字应急救护知识培训课，27名辅导员通过了实操考试和理论考试，成为红十字应急救护员。

1月15日，青岛红十字微尘基金与市团委希望工程办公室、市青少年发展基金会等部门联合发起的“爱心文具”行动，为1000名贫困家庭的孩子送去新春礼物。

1月21日，中国红十字会淘宝公益基金工作年会在青岛市召开。会议对2013年魔豆爱心工程进行总结。

1月22日，青岛城阳区红十字会召开2013年总结表彰会。各参会单位互相交流了各自在组织建设、应急救援、人道募助、应急救助、三捐献等方面的工作开展情况。会议对青岛市公安局城阳分局等34个先进单位、蓝立宁等17名优秀红十字工作者进行表彰。

1月17日，在由青岛日报社、青岛市老龄委联合主办的“2013爱心陪伴空巢老人公益颁奖典礼”上，胶州市红十字志愿服务大队获得“爱心陪伴公益之星”十佳团体荣誉称号，志愿服务队队员李清华和卢桂华获得“爱心陪伴之星”十佳个人荣誉称号。

截至1月24日，青岛市“博爱送万家”——暖冬行动得到广大爱心企业和市民的积极响应和捐赠支持，共发放大米、面粉、花生油、棉被、棉衣、保暖内衣等救助物资价值200余万元，救助贫困家庭5000余户。

1月29日，青岛市副市长、市红十字会会长栾新在市红十字会常务副会长李然的陪同下走访了青岛港集团、青岛啤酒股份有限公司，对企业多年来给予人道事业的支持和帮助表示感谢，并向大家致以新春的问候和祝福。

2月17日，青岛市红十字会和青岛大学附属医院签署协议，成立青岛大学附属医院红十字角膜库，联合开展无偿捐献角膜工作。这是青岛市成立的第二家红十字眼库。2007年第一家红十字眼库成立，6年来已接收角膜捐献近百例，上百名眼病患者因此重建光明。

2月20日，青岛市市南区红十字会六届十次理事会召开。会议选举区政府副区长管寿果同志为区红十字会第六届理事会会长；区红十字会常务副会长李毓君同志代表第六届常务理事会作了工作报告。

2月24日，青岛市城阳区副区长、区红十字会会长焉峰看望慰问红十字会全体人员、蓝天救援队队长李延照，捐献造血干细胞志愿者孙友强、李佳、江志朋等优秀志愿者代表以及爱心企业代表，并与大家亲切座谈。

3月2日，青岛即墨市红十字无偿献血志愿大队“学雷锋，促公益，无偿献血做英雄”的大型无偿献血宣传活动拉开序幕。当天68人参与献血活动，献血量达24500毫升。

3月5日，第43个“学雷锋日”，也是第12个“中国青年志愿者服务日”，青岛市北区红十字会于3月份组织志愿者在献血屋开展“发扬雷锋精神、传递热血真情”活动，志愿者们为市民测量血压和测定血型，提供献血服务。

3月5日，青岛市黄岛区红十字会携手山海情志愿者服务队和无偿献血志愿者服务队在黄岛区华联商城开展了丰富多彩的志愿服务活动。当天共有60人加入应急志愿者队伍，40多人献血近万毫升，新增造血干细胞捐献志愿者4名。

3月6日，青岛基隆路小学开展了以“立责于心 守护生命”为主题的应急救护技能练兵课堂活动，青岛市市南区红十字会救护培训老师为学校全体教师作《如何做好现场急救》的精彩讲解。

3月10日，青岛胶州收费站联合胶州市红十字会及胶州献血服务部在驻地开展了“无偿献血——爱的延续”活动。本次活动共有25人参加无偿献血，累计献血量达到9700毫升。

3月11日，“2013胶州市道德模范”九旬老教师贺培初在家人的陪伴下，将自己获得的1万元“道德模范奖金”捐出，用于救助该市贫困学生。

4月17日，中国红十字总会、红十字国际委员会和青岛市红十字会联合举办了《探索人道法》项目师资培训班。标志着《探索人道法》项目正式落户青岛。青岛也成为继上海、北京、天津、郑州、江苏之后，全国第七个、全省唯一一个项目试点城市。

5月8日至13日，青岛市红十字会联合档案馆、图书馆在青岛市图书馆西区展厅共同举办了以“博爱，让世界更幸福”为主题的青岛红十字会建会

100 周年历史图片展，近千名市民、学生现场参观。

5 月 26 日，微尘 · 市南政协基金“关注儿童成长”书画义拍拉开帷幕。56 位岛城书画家为义拍活动捐出画作，23 名市南区政协委员和社会爱心人士慷慨解囊、奉献爱心，筹得善款 30 余万元。这些基金全部捐入青岛红十字微尘 · 市南政协基金账户，用于资助、帮助困难家庭儿童。

5 月 31 日，由青岛红十字会小草基金与青岛市女书画家协会共同举办的“关爱明天，呵护小草”书画作品慈善义拍活动举行，本次拍卖所有作品来自青岛市女书画家协会会员，当天募集善款 30 万元。

6 月 14 日，由青岛市文明办、青岛市卫计委、青岛市红十字会举办的庆祝第 11 个青岛 · 2014 · 世界献血者日“安全血液挽救母亲生命—每一位无偿献血者都是英雄”大型主题纪念宣传活动在五四广场举行。会上，为捐献造血干细胞前 50 名志愿者颁发了“英雄”纪念章；为青岛市造血干细胞捐献志愿者队和青岛无偿献血同心骑行志愿者队授旗；对青岛市“百优无偿献血先进单位、百佳无偿献血先进个人”进行表彰。

7 月 1 日，青岛市第三个“公务员献血日”。当天上午市中心血站将采血车开进市政府机关，公务员纷纷走上献血车，以献血的形式庆祝党的 93 岁生日。不到一天的时间，现场共有 107 名公务员献血 3.37 万毫升。

7 月 11 日，微尘基金举行六周年公益盛典，爱心企业捐出 200 万元。

7 月 13 日，青岛市 2014 年救护培训师资会暨半年总结会召开。上半年，全市红十字会共培训救护员 5107 名，普及培训 117233 名，取得良好的社会反响。

7 月 24 日，台风“麦德姆”登陆岛城，青岛市红十字会各应急救援队伍立即进入应急状态。蓝天救援队、山海情救援队两支队伍共出动 60 多人，分区巡逻，奋战一线。水上救援队携带救援设施，在沿海劝阻游客上千名。

7 月 25 日，海逸天成携手微尘基金共同发起的关注自闭儿童暨蓝色梦想记事本发布启幕。微尘基金爱心大使黄晓明呼吁更多人关注自闭症儿童。“蓝色梦想笔记本”认捐所得爱心捐款将全部捐献给自闭症儿童机构。

8 月 3 日 16 时 30 分许，云南省昭通市鲁甸县境内发生 6.5 级地震。晚 8 时，中国红十字总会部署青岛、四川两地组成中国红十字救援队参与现场救援，青岛市红十字会立即成立了以副会长丁钢为队长、20名救援队员组成的中国红十字会青岛救援队赶赴灾区。这是青岛红十字救援队第一次列编中国红十字会救援队参与灾害救援。

9月12日，由青岛市政府应急办、青岛东唐影视联合打造，中国首部应急题材25集电视轻喜剧《青年旅社》在青岛开机。该剧是一部“政府主导、企业运作、百姓受益”的应急题材电视连续剧。

9月13日，第15个世界应急日。由市红十字会、市应急办主办，市北区红十字会承办的“青岛市红十字社区应急救护技能大赛”在市北区万达广场举行，参赛选手全部来自社区居民，他们利用闲暇时间学习了初级救护知识，掌握了一定的救护技能。

9月29日，在市南区红十字会“博爱送万家——温馨在市南”主题活动的感召下，正值国庆到来之际，八大峡街道民政科积极组织开展“迎国庆送温暖 情暖八大峡”人道救助活动，为辖区13名常年支持公益事业而自身遇到困难的爱心人士、志愿者和困难居民每人每户送去1000元到3000元的人道救助金，共计20000元。

10月14日，青岛市红十字会生命安全体验（市北）基地成立。基地位于市北区大沙路2号，规划面积1000平方米，是青岛市首家规模化、专业化、特色化的防灾应急避险安全知识互动式综合体验场所。中心旨在普及应急安全常识和推广应急自救基本技能，提高人们的安全意识和自救互救能力，共分为消防应急、地震应急、学校应急、交通应急、生产安全、人民防空、医疗应急、3D影院八大主题体验区。

11月19日，青岛市214应急志愿者专题培训班在青岛市民兵预备役训练中心举行结业仪式。青岛市政府应急办主任张建刚、青岛市红十字会常务副会长李然出席结业仪式并讲话，《中国应急管理》编辑部主任姜传胜出席结业仪式。

12月6日，青岛市团体献血单位研讨会召开，青岛市机关工委、卫生局、红十字会、青大附属医院、青岛恒星科技学院、青岛市海尔集团、青岛中能集团，区市相关单位等86个单位170余人参加了会议。这次研讨会，主要是建立交流平台，研讨无偿献血工作方法，推广介绍无偿献血先进经验，宣传、推进全市无偿献血事业向更深层次发展。

12月11日，由中国红十字会报刊社、红十字国际委员会东亚地区代表处、青岛市红十字会联合主办的纪念青岛红十字会建会百年暨《红十字国际委员会与保护战争受难者》中文版（第一卷）首发系列活动在青岛黄海饭店举行。

至2014年11月，青岛市红十字会微尘公益品牌享誉全国，微尘基金累计筹集款物3700余万元，在全国16个省区先后实施20余个救助项目，惠及贫困5万余人；青岛红十字中韩博爱医疗团10年68次深入青岛周边农村，为26000名农民患者送去诊疗服务，免费发放价值达70万元的药品和物资，为65名贫困先天性心脏病患儿资助手术费用；青岛红十字蓝天救援队常年开展山中、水下救援工作，已经解救和帮助469人脱离险境；红十字应急救护知识普及80万人；全市148万人次无偿献血，献血量达456吨；3万余人加入造血干细胞捐献志愿者，51人实现捐献；近3000人登记遗体和器官捐献，417人捐献遗体，12人捐献器官，125人捐献眼角膜；全市注册红十字志愿者9428人，会员近16万人。

（青岛市红十字会提供）

参考文献

一、青岛市档案馆藏档案

1. 关于中国红十字会在青岛成立分会的训令，1923 年。
2. 红十字会请赈日本震灾，1923 年。
3. 关于各界热心善士将捐助日本地震之捐额汇交总会的公函，1923 年。
4. 中国红十字会青岛分会三周年厉行救护赈济考绩表，1929 年。
5. 青岛市社会局调查公益慈善团体概况表，1929 年。
6. 青岛红十字会夏令防疫办法，1929 年。
7. 青岛红十字会夏令鼠疫防治办法，1929 年。
8. 青岛红十字会掩埋队工作报告表，1930 年。
9. 中国红十字会青岛分会赈济事务的公函、电报、通告，1930 年。
10. 有关中国红十字会青岛分会备案行文问题、职员联系工作、辞职问题和外地。
11. 红十字会改选问题的往来文件，1930 年。
12. 中国红十字会青岛分会二周年厉行救护赈济考绩表，1930 年。
13. 青岛百吟秋溪初稿，1932 年。
14. 中国红十字会青岛分会赈济事务的通告，1931 年。
15. 中国红十字会青岛分会公函第四五号，1932 年。
16. 中国红十字会青岛分会三周年厉行赈济考绩表，1931 年。
17. 中国红十字会青岛分会驻即墨办事处账目清册、公函、职员表，1932 年。
18. 青岛红十字会参与战地救护工作凭照，1932 年。
19. 关于为东北及豫鄂皖难民募捐在第四公园举行游艺会事宜的函，1932 年。
20. 青岛救济东北及豫鄂皖难民急赈会游艺会宣言，1932 年。
21. 青岛救济东北及豫鄂皖难民急赈会收支清册，1932 年。

22. 青岛红十字会参与战地救护工作凭照，1933 年。

23. 青岛红十字会参与战争救护工作凭照，1933 年。

24. 关于免票装运面粉五百包赈济掖县灾民的公函、代电，1933 年。

25. 中国红十字会青岛分会关于战地服务及募捐事项与有关单位往来联系的文件，1933 年。

26. 中国红十字会青岛分会关于筹演义务京剧集资补助经费与有关单位往来联系的文件，1933 年。

27. 中华民国红十字会青岛分会调查表，1933 年。

28. 中国红十字会青岛分会关于组织救护队赴外地救护军民、筹募捐款要求各单位支持援助事项和有关救济事项，1933 年。

29. 青岛市社会局调查公益慈善团体概况表，1934 年。

30. 中华民国红十字会青岛分会夏令防疫办法，1934 年。

31. 关于遵章成立征求会员会造送委员队长姓名册的函，1934 年。

32. 关于青岛红十字会请求补助经费的呈文，1934 年。

33. 中华民国红十字会管理条例施行细则，1934 年。

34. 中国红十字青岛分会征求青年会员名册，1935 年。

35. 中国红十字会青岛分会会议记录，1935 年。

36. 中华民国红十字会青岛分会救护赈济考绩表，1935 年。

37. 中国红十字会青岛分会经费支出一览表，1935 年。

38. 关于青岛红十字会请求补助经费的呈文，1935 年。

39. 中国红十字会青岛分会药品、账务账册，1935 年。

40. 中国红十字会青岛分会关于组织非常区域救护委员会呈报市政机关及总会备案和联系警察局派警员护车的文件，1935 年。

41. 青岛红十字分会非常区域救护呈，1935 年。

42. 青岛市人力车夫救济会代表呈青岛社会局，1935 年。

43. 关于设立中国红十字会青岛分会西镇办事处的呈文，1935 年。

44. 中国红十字会青岛分会刊登纪念册的往来文电抄稿和程伯良的跋，1936 年。

45. 中国红十字会青岛分会有关总会征求会员、青岛红会改选、报总会会员名册以及预决算事项的来往文件，1937 年。

46. 青岛红十字分会致高密、沙河救护队的训令，1937 年。

47. 中华民国红十字会青岛分会救护委员会分设掖县、沙河镇非常区域救护委员分会组织概况，1937 年。

48. 中国红十字会青岛分会关于缴纳会费、请领会员证、聘请分队长和有关团体邀请参加的往来文件，1937 年。

49. 中国红十字会青岛分会征求会员、委员、委员名册，1937 年。

50. 中国红十字会青岛分会会议记录，1937 年。

51. 关于中华民国红十字会青岛分会附设慈济医院救护车请领牌照一案的代电，1937 年。

52. 中华民国红十字会青岛分会报告事项，1937 年。

53. 中国红十字会青岛分会有关社会局传达法令、公安局查办署名募捐事项和外地红十字会改选以及一般事务联系的往来文件，1937 年。

54. 中国红十字会青岛分会有关整顿即墨办事处聘请名誉会长的文件和其他有关会务问题与总会办事处往来联系的文件，1937 年。

55. 平度红十字分会致青岛红十字会的函，1938 年。

56. 财政部、胶海关监督关于济南红十字会等购运经粮仪器等物品免税放行的令、公函，1938 年。

57. 中华民国红十字会青岛分会社会服务工作纲要，1938 年。

58. 关于感谢青岛各界踊跃捐款的电文，1939 年。

59. 关于天津水灾状况及救济工作情形的函，1939 年。

60. 关于在胶县设立办事处的函稿，1939 年。

61. 中国红十字会青岛分会筹备医院的呈，1942 年。

62. 中华民国红十字会青岛分会一九四二年三月启用新钤记，1942 年。

63. 关于设立中国红十字会青岛分会西镇办事处的呈文，1943 年。

64. 中华民国红十字会青岛分会状况调查表，1945 年。

65. 中国红十字会青岛市分会第一次常务理事会议报告事项，1946 年。

66. 青岛红十字会夏季救治报告，1946 年。

67. 中国红十字会青岛分会前方救护队消耗药品材料及诊疗人数报告表，1946 年。

68. 中国红十字会青岛市分会第一次常务理事会报告事项，1946 年。

69. 中国红十字会光复区分会战时工作情形调查表，1946 年。

70. 中华民国红十字会青岛分会救护队临时工作情形报告，1948 年。

71. 前方救护队致青岛红十字会的呈，1948 年。

72. 中华民国红十字会青岛分会救护队临时工作情形报告，1948 年。

73. 中华民国红十字会青岛分会救护赈济考绩表，1949 年。

74. 为转知上级核定红十字会一九五三年之编制表，1953 年。

75. 关于红十字事业单位移交卫生行政部门领导的联合通知，1957 年。

76. 关于青岛市红十字会换届候选人预备人选的批复，1995 年。

77. 青岛市档案馆编：《帝国主义与胶海关》，档案出版社 1986 年。

78. 青岛市档案馆编：《胶澳开埠十七年——〈胶澳发展备忘录〉全译》，档案出版社 2007 年版。

79. 青岛市档案馆编：《胶澳商埠档案史料选编（一）》，青岛出版社 2013 年版。

80. 青岛市档案馆编：《青岛回归话沧桑》，青岛出版社 2012 年版。

81. 青岛市档案馆编:《青岛历史上的今天》，青岛出版社 1999 年版。

二、报刊、方志、年鉴、资料汇编、报告等

报纸:

1.《青岛民报》
2.《青岛新民报》
3.《青岛时报》
4.《平民报》
5.《公言报》
6.《军民日报》
7.《大民报》
8.《民言报》
9.《大光日报》
10.《青岛晚报》
11.《青联报》
12.《青岛日报》
13.《山东卫生报》
14.《山东红十字报》
15.《中国红十字报》
16.《青岛早报》
17.《半岛都市报》
18.《城市信报》
19.《大众日报》
20.《齐鲁晚报》

刊物:

1.《中国红十字会二十周年纪念册》，1924 年。
2.《红十字月刊》 第 14 期，1947 年 2 月。
3.《新中国红十字》 1951、1952、1953、1954 年。
4.《中国红十字》 1958、1988、1990 年。
5.《青岛市红十字会年报 2006》。
6.《青岛市红十字会年报 2007》。
7.《青岛市红十字会年报 2008》。
8.《青岛市红十字会年报 2009》。

9.《青岛市红十字会年报 2010》。

10.《青岛市红十字会年报 2013》。

11.《山东红十字会年报 2004》。

12.《山东红十字会年报 2007》。

13.《微尘基金 5 周年》。

方志:

1. 袁荣叟纂:《胶澳志》,胶澳商埠局 1928 年版。

2. 青岛市史志办公室编:《青岛市志 · 卫生志》,新华出版社 1994 年版。

3. 青岛市史志办公室编:《青岛市志 · 社团志》,新华出版社 1997 年版。

4. 山东省卫生史志编纂委员会编:《山东省卫生志》,山东人民出版社 1991 年版。

5. 山东省卫生史志编纂委员会编:《山东省卫生志(1986—2005)》,山东人民出版社 2010 年版。

6.《青岛市红十字会志》,未刊稿。

年鉴:

1.《青岛年鉴 1988》,青岛出版社 1988 年版。

2.《青岛年鉴 1989》,中国友谊出版社 1989 年版。

3.《青岛年鉴 1990》,中国友谊出版社 1990 年版。

4.《青岛年鉴 1991》,中国友谊出版社 1991 年版。

5.《青岛年鉴 1992》,中国友谊出版社 1992 年版。

6.《青岛年鉴 1993》,中国友谊出版社 1993 年版。

7.《青岛年鉴 1994》,广东人民出版社 1994 年版。

8.《青岛年鉴 1995》,山东友谊出版社 1995 年版。

9.《青岛年鉴 1996》,齐鲁书社 1996 年版。

10.《青岛年鉴 1997》,齐鲁书社 1997 年版。

11.《青岛年鉴 1998》,中华书局 1998 年版。

12.《青岛年鉴 1999》,五洲传播出版社 1999 年版。

13.《青岛年鉴 2000》,五洲传播出版社 2000 年版。

14.《青岛年鉴 2001》,五洲传播出版社 2001 年版。

15.《青岛年鉴 2002》,五洲传播出版社 2002 年版。

16.《青岛年鉴 2003》,青岛市史志办公室 2003 年版。

17.《青岛年鉴 2004》,青岛市史志办公室 2004 年版。

18.《青岛年鉴 2005》,青岛市史志办公室 2005 年版。

19.《青岛年鉴 2006》,青岛市史志办公室 2006 年版。

20.《青岛年鉴 2007》，青岛年鉴社 2007 年版。
21.《青岛年鉴 2008》，青岛年鉴社 2008 年版。
22.《青岛年鉴 2009》，青岛年鉴社 2009 年版。
23.《青岛年鉴 2010》，青岛年鉴社 2010 年版。
24.《青岛年鉴 2011》，青岛年鉴社 2011 年版。
25.《青岛年鉴 2012》，青岛年鉴社 2012 年版。
26.《青岛年鉴 2013》，青岛年鉴社 2013 年版。
27.《青岛年鉴 2014》，青岛年鉴社 2014 年版。

资料汇编：

1. 中国红十字会总会编：《中国红十字会历史资料选编（1904—1949）》，南京大学出版社 1993 年版。
2. 中国红十字会总会编：《中国红十字会历史资料选编（1950—2004）》，民族出版社 2005 年版。
3. 池子华等主编：《〈申报〉上的红十字》，安徽人民出版社 2011 年版。
4. 池子华等主编：《〈大公报〉上的红十字》，合肥工业大学出版社 2012 年版。
5. 池子华等主编：《〈新闻报〉上的红十字》，合肥工业大学出版社 2014 年版。
6. 池子华、丁泽丽主编：《中国红十字运动史料选编》（第二辑），合肥工业大学出版社 2015 年版。

报告：

1.《青岛市政府公报》1946 年第 1 期。
2.《青岛市红十字会 2001—2006 年工作情况汇报》，未刊稿。
3.《青岛市红十字会 2010 年工作总结》，未刊稿。
4.《青岛市红十字会 2013 年工作情况汇报》，未刊稿。
5.《青岛市红十字会 2014 年工作情况报告》，未刊稿。

三、著作、论文、电子文献

著作：

1. [日] 川俣馨一：《日本赤十字社发达史》，日本高岭堂印刷社 1916 年版。
2. [德] 卫礼贤：《青岛的故人们》，国际文化出版公司 2005 年版。
3. 中国红十字会总会编：《中国红十字会的九十年》，中国友谊出版公司 1994 年版。
4. 陆安：《青岛近现代史》，青岛出版社 2001 年版。
5. 山东省红十字会编著：《山东红十字事业九十年》，山东友谊出版社 2002 年版。

6. 池子华、杨国堂:《百年红十字》，安徽人民出版社 2003 年版。

7. 池子华:《红十字与近代中国》，安徽人民出版社 2004 年版。

8. 池子华、郝如一主编:《中国红十字历史编年（1904—2004)》，安徽人民出版社 2005 年版。

9. 池子华:《中国红十字运动史散论》，安徽人民出版社 2009 年版。

10. 池子华、郝如一主编:《中国红十字会百年往事》，合肥工业大学出版社 2011 年版。

11. 张建俅:《中国红十字会初期发展之研究》，中华书局 2007 年版。

12. 周秋光:《红十字会在中国（1904—1927)》，人民出版社 2008 年版。

13. 周秋光:《近代中国慈善论稿》，人民出版社 2013 年版。

14. 蔡勤禹:《国家、社会与弱势群体——民国时期的社会救济》，天津人民出版社 2001 年版。

15. 蔡勤禹、李娜:《民国以来慈善救济事业研究》，天津人民出版社 2010 年版。

16. 蔡勤禹、王永君主编:《山东红十字会百年史》，中国海洋大学出版社 2012 年版。

17. 蔡勤禹、张家惠:《青岛慈善史》，中国社会科学出版社 2014 年版。

18. 王立忠、江亦曼主编:《中国红十字会百年》(上下卷)，新华出版社 2004 年版。

19. 孙立新、蒋锐主编:《东西方之间——中外学者论卫礼贤》，山东大学出版社 2004 年版。

20. 李旭:《寻找微尘—— 一座城市的良心》，青岛出版社 2008 年版。

21. 民盟山东省委员会编:《山东民盟贤达》，群言出版社 2009 年版。

论文、电子文献:

1. 周秋光:《晚清时期的中国红十字会论述》，《近代史研究》2000 年第 3 期。

2. 周秋光:《民国北京政府时期中国红十字会的慈善救护与赈济活动》，《近代史研究》2000 年第 6 期。

3. 周秋光:《民国北京政府时期中国红十字会的会内宣传与经费筹措》，《湖南师范大学社会科学学报》，2004 年第 4 期。

4. 周秋光、曾桂林:《沈敦和与中国红十字会》，《史林》2008 年第 6 期。

5. 何克明:《中国的红十字启蒙运动》，《中国红十字》1991 年第 11 期。

6. 张建俅:《中国红十字会经费问题浅析(1912—1937)》，《近代史研究》2004 年第 3 期。

7. 蔡勤禹、刘炜:《民国时期青岛的红十字会》，载池子华、郝如一主编:《红十字运动与慈善文化》，广西师范大学出版社 2010 年版。

8. 刘云飞:《青岛红十字会研究（1914—1949)》，中国海洋大学硕士研究生论文,2012 年。

9. 董根明:《抗战时期中国红十字会组织的整建与救护工作述评》，《抗日战争研究》2011 年第 3 期。

10. 博爱人间——青岛红十字会网站。

后 记

青岛红十字会是一个有百年历史的人道主义组织。在一个世纪里，沧海桑田，山河巨变，青岛红十字会随着世事变迁而起伏，一路走来，留下了许多值得纪念的篇章。为了总结过去，记载现在，展望未来，我们从历史中仔细爬梳，著成此书。全书是由蔡勤禹教授拟订写作框架，具体分工如下：

第一、二、三章：蔡勤禹、刘云飞

第四、五、六、十章、结语：蔡勤禹

第七、八、九章：王付欣

在本书写作过程中，得到了青岛市档案馆的大力支持，档案馆的工作人员为资料查阅提供了许多方便；中国海洋大学社科部李元峰主任对本研究给予大力支持；国内研究红十字文化的池子华教授和周秋光教授一直对本研究予以关注，经常将他们出版的著作和编纂的资料无偿惠赠，为本书完善资料和研究创新提供了鼎力支持；中国海洋大学文科处金天宇处长对研究给予支持，推动了本书的早日出版；青岛市红十字会将本研究列入 2013—2014 年研究计划，在前期研究中给予资料和经费方面支持；青岛市红十字会办公室岳立成主任在资料、调查、协调方面给予大力帮助。青岛红十字会常务副会长李然在书稿初审中提出了建设性意见。人民出版社赵圣涛先生为本书的出版和编辑付出了大量心血。对于上述诸位先生的襄助，我们表示衷心感谢。

本书时间跨度百年，许多资料散失不全，给研究工作带来不少困难。我们本着对历史负责、为现实服务的精神，尽可能将重要事件载入。虽然我们已经尽了很大努力，但仍有遗憾之处，敬希读者谅解。

蔡勤禹

2015 年 10 月

于青岛红十字文化与公益事业研究中心

责任编辑：赵圣涛
责任校对：吕　飞
封面设计：徐　晖

图书在版编目（CIP）数据

青岛红十字运动史 / 蔡勤禹，王付欣，刘云飞 著 .– 北京：
人民出版社，2016.5
ISBN 978 – 7 – 01 – 016171 – 6

I. ①青… II. ①蔡…②王…③刘… III. ①红十字会 – 历史 – 青岛市
IV. ① D632.1

中国版本图书馆 CIP 数据核字（2016）第 093310 号

青岛红十字运动史
QINGDAO HONGSHIZI YUNDONGSHI

蔡勤禹　王付欣　刘云飞　著

人民出版社 出版发行
（100706　北京市东城区隆福寺街 99 号）

涿州市星河印刷有限公司印刷　新华书店经销

2016 年 5 月第 1 版　2016 年 5 月北京第 1 次印刷
开本：710 毫米 ×1000 毫米 1/16　印张：21
字数：330 千字　印数：0,001 – 4,000 册

ISBN 978 – 7 – 01 – 016171 – 6　定价：66.00 元

邮购地址 100706　北京市东城区隆福寺街 99 号
人民东方图书销售中心　电话（010）65250042　65289539